Jeanette Gilge

Nur Mut, Mutter

JOHANNIS LAHR
EDITION VLM
Verlag der Liebenzeller Mission

Die amerikanische Originalausgabe erschien unter dem Titel »All Things Heal In Time« bei David C. Cook Publ. Co., Elyin/Ill., USA

Aus dem Amerikanischen von Andreas Pohlmann / Roland Consultant

ISBN 3-88002-473-1

im Verlag der St.-Johannis-Druckerei, Lahr/Schwarzwald
Umschlagzeichnung: Dewn Lande / Ben Wohlburg
Umschlaggestaltung: Graf. Atelier Arnold, Dettingen/Erms
Satz: Knipp EDV-Satz, Wetter
Herstellung: St.-Johannis-Druckerei, Lahr/Schwarzwald
Printed in Germany 10672/1991

Inhalt

Noch einmal von vorn

Ein winziges Baby weinte … weinte.

Frieda zog das Wolltuch um ihre kalten Schultern. »Warum kümmert sich niemand darum?« wunderte sie sich, und ihre Gedanken gingen zurück in die Vergangenheit. Sie hatte es nie zugelassen, daß ihre Babys so weinten. Es war schon so lange her – all diese Kinder. Vielleicht sollte sie aufstehen und sich um das kleine arme Ding kümmern. Doch sie hatte zwanzig Jahre lang schreiende Kinder gehabt; dreizehn von ihnen, um genau zu sein. Nun waren andere an der Reihe. Über ihren Gedanken schlummerte sie wieder ein, aber das Weinen ging weiter. Armes Baby –, sie sollte besser nachsehen. Frieda erhob sich von ihrem Bett, öffnete die Augen und der vom Mond erhellte Raum war deutlich zu erkennen.

Baby Jeanie! Emmis Baby – jetzt ihr Baby. Wie hatte sie es im Schlaf nur vergessen können?

Sie zog ihre Hausschuhe an, nahm das kleine Bündel auf und schlurfte in die Küche. »Na, na, Liebchen«, summte sie, als sie den kleinen Kerosinbrenner anzündete und Milch in einen blauweiß gesprenkelten Topf goß. Das Baby schrie in ihr Ohr, als sie den Trichter in den engen Flaschenhals steckte und ihn füllte.

Es war falsch, so falsch! Dieses Baby sollte warm und geborgen an der Brust seiner jungen Mutter sein.

Ein Schluchzen brach wie so oft in diesen Tagen hervor, als Frieda an diesen wundervollen jungen Körper dachte, der leblos oben auf dem Hügel neben Papa lag.

Als das Weinen des Babys vom befriedigten Saugen abgelöst wurde, neigte sie ihren Kopf gegen die Lehne des Schaukelstuhls.

Die Uhr schlug drei.

Noch drei Stunden Schlaf – falls das Baby schlief. Sie war so müde…

Sie fühlte das Baby aus ihren Armen rutschen und zuckte zusammen. Dieser verschwommene Traum… Wenn sie doch bloß das Kind einer anderen hätte schreien hören. Wenn sie nur noch den Haushalt für Roy, Carl und Hank hätte führen können: freiwillig beim Melken helfen, die Hühner füttern, im Garten arbeiten, stricken, telefonieren und die ganze Nacht schlafen.

»O Vater«, flüsterte sie, »ich verstehe nicht, wie du Emmi sterben und das Kleine allein lassen konntest. Und nun soll ich wieder mit einem anderen Baby von vorne beginnen? Ich werde zweiundsiebzig sein, wenn sie ihren Highschoolabschluß macht!« Sie machte es dem Baby in seiner Wiege gemütlich und kroch ins Bett. »Ich könnte eine Woche lang weinen«, sagte sie zu sich selbst, »aber dazu habe ich keine Zeit. Ich bin so mit der Arbeit im Rückstand. Morgen werde ich die Lampenzylinder putzen, Brot backen, die Fußböden schrubben und mit der Gartenarbeit beginnen. Und das Baby wird weinen und weinen.«

Ihr war selbst zum Weinen bis ihr einfiel, daß ja Gerti kommen würde.

Sie lächelte, seufzte und schlief ein.

* * *

Als Frieda hörte, wie Roy und Carl hinausgingen, um die Hausarbeit zu erledigen, schleppte sie sich aus dem Bett. Gott sei Dank mußte sie die beiden dazu nicht mehr auffordern, seit das Baby angekommen war.

Aber der vierzehnjährige Hank – sie nannte ihn immer Henny – war ein anderer Fall! Sie beschloß, sich erst anzukleiden und dann hinaufzugehen um ihn zu wecken, statt mit dem Schrubberstiel an die Decke zu klopfen. Sie könnte sonst das Baby aufwekken. Aber es war bereits zu spät. Die kleinen Hände des Babys griffen in die Höhe und es begann zu schreien.

Frieda eilte in die Küche, zündete den Kerosinofen an und entfachte ein Holzfeuer, während sie die Milch erhitzte.

»Als ob ich es nicht gewußt hätte!« murmelte sie, als die Kerosinflamme flackerte und ausging. »Leer.«

Ich muß Roy sagen, er soll mehr Kerosin kaufen, wenn er nach Omega geht, um Gerti abzuholen, sagte sie zu sich selbst, währenddem sie die stinkende Kanne hob und den Ofen füllte.

Als sie ihn gefüllt und angezündet hatte, schrie das Baby noch immer. Kein Grund hinaufzugehen und Henny zu wecken. Sie klopfte dreimal kurz an die Decke, und seine Ferse klopfte dreimal zurück. Nachdem die Milchflasche gefüllt war, legte sie rasch mehr Holz nach und ließ sich mit dem Baby im Schaukelstuhl nieder.

Kein Henny.

Auf dem einen Arm das schreiende Baby und in der anderen Hand den Schrubber, klopfte sie wieder dreimal: »Ich meine es ernst«. Henny pochte zweimal: »Ich komme« zurück.

Die Uhr im Blick, machte sie es sich wieder im Schaukelstuhl bequem. Als das Baby mit dem Weinen aufhörte, merkte sie, daß die Anspannung in ihr schon begonnen hatte, sich wie die Feder einer großen Uhr zusammenzuziehen – und der Tag hatte kaum angefangen. Zehn Minuten vergingen – kein Henny. Roy und Carl waren nicht zu geduldig mit ihm, was zu seinem Besten diente. Wenn er sich nur beeilte! Warum mußte er immer hinterherhinken? Auf das Knarren seines Bettes lauschend wartete sie, während das Baby aufstieß und döste. Ich bringe ihn lieber dazu aufzustehen, entschied sie sich, bevor das Baby wieder einschläft. Sie ging zur Treppe.

Auf halbem Wege durch das Eßzimmer hörte sie ihn kommen. Sie seufzte und setzte sich wieder. Sie versuchte, geduldig zu sein.

Während er seine Stiefel schnürte und die zerzausten Haare ihm über die Augen fielen, sagte sie: »Henny, es wäre sehr hilfreich, wenn du zusammen mit den Jungs aufstehst.«

»Hör'se nich.«

»Na dann steh auf, sobald ich rufe oder klopfe.«

»Ja, ja.«

»Jetzt beeile dich und hilf den Jungs, und nach dem Frühstück paßt du auf das Baby auf, während ich die Hühner füttere.«

»Och Mama! Alles was sie tut, ist brüllen, und ich weiß nicht, was ich mit ihr machen soll.«

»Schon gut, schon gut! Nun mach voran!«

Er warf die Tür zu, das Baby zuckte zusammen, und die Spannungsfeder in Frieda zog sich weiter zusammen.

»O Vater«, flüsterte sie. »Warum? Bitte hilf ihm, das zu tun, was er soll.«

Mit dem wieder eingeschlafenen Baby eilte Frieda in die Küche und stellte die große schwarze Pfanne auf die vordere Ofenplatte. Sie tat einen Löffel Schmalz hinein und griff nach dem Topf gekochter Kartoffeln, die sie immer am Abend vorher pellte. Er war leer. »Ich weiß, daß ich vorhatte, sie zu kochen … wie konnte ich es vergessen?« murmelte sie. Sie mußten einfach mehr Brot essen, und sie würde ein paar Eier mehr braten.

Frieda brühte Kaffee auf und wünschte, daß sie daran gedacht hätte, während das Baby wach war. Sie füllte den Topf und war noch nicht einmal mit dem Tischdecken fertig, als Carl mit der Milch hereinkam.

»Wann fängt dieses Kind an, aufzustehen und uns zu helfen? Er hat heute morgen nur eine Kuh gemolken!«

Frieda fühlte die Anspannung stärker werden. »Es ist schwierig, Carl. Ich will das Baby nicht wecken…«

»Das ist alles, was ich hier höre – wecke das Baby nicht!« Er warf die Tür zu, bevor sie antworten konnte.

Sie drehte sich um und griff in die Brotbox. »Oh nein!« klagte sie, den Rest des Laibes in einer Hand haltend. Sie würde Pfannkuchen backen müssen.

Die Jungs saßen gewaschen am Tisch, bevor der erste fertig war. Roy zeigte mit seiner Gabel auf Hank. »Heute morgen reinigst du die Scheune. Carl wird auf dem Feld sein, und ich werde Gerti abholen.«

»Aber ich muß die Hühner füttern«, protestierte Hank.

Carl kippte seinen Stuhl zurück und ließ einen Pfiff hören. »Was für eine Arbeit!« Roy blickte beide finster an. »Du säuberst auch noch den Pferdestall! Als ich vierzehn war…«

Hank winkte ab. »Oh, ich weiß, ich weiß. Du hast alles allein in Schwung gehalten.«

»Jungs, es reicht! Das Baby schreit wieder, und ich muß Pfannkuchen backen.«

Carl wickelte seine langen Beine vom Stuhl los, ging ins Schlafzimmer und kam wieder, das Baby unbeholfen tätschelnd. Es schien fast, als würde es vielleicht mit dem Geschrei aufhören.

Frieda gab Roy den ersten Pfannkuchen.

Hank brummte.

»Henny, beeile dich. Roy muß los – Gerti wird warten. Und du auch«, sagte sie zu Buckley, dem kleinen weißen Terrier, der zitternd voller Erwartung von Resten in sicherer Entfernung vom Tisch saß. »Roy, bist du sicher, daß die Straßen in Ordnung sind?«

Roy nickte. »Ich habe gestern mit dem Postboten gesprochen. Einige Stellen sind jetzt ausgebessert, aber ich werde vorsichtig sein. Er sagte, daß die Löcher die schlimmsten sind, seit er die Route fährt.«

Nachdem die Jungen gegessen hatten und gegangen waren, goß Frieda Kaffee in eine Tasse, spießte einen kalten Pfannkuchen auf und warf Buckley den Rest zu.

Ruhe – gesegnete Ruhe. Sie wollte an ihrem Kaffee nippen und über die letzten Wochen nachdenken – vielleicht sogar weinen und diesen Schmerz in ihrer Kehle loswerden –, aber dazu war keine Zeit.

»Emmi ist fort!« sagte sie sich zum hundertsten Mal. »Und das Baby … das Baby ist hier. Zum Glück.«

Sie spülte den letzten Bissen Pfannkuchen mit Kaffee hinunter und stellte das Geschirr zusammen, um Platz zum Anmengen des Brotteigs zu haben. Sie hoffte, den Küchenflur geschrubbt zu haben, bevor Gerti kam, aber als sie das Auto herauffahren hörte, hatte sie erst das Geschirr gespült und das Baby gebadet.

Der kleine Clyde platzte herein, gefolgt von Gerti, die den pausbäckigen kleinen Earl trug.

Frieda tätschelte Gertis frische jugendliche Wange, drückte den kleinen Clyde und griff nach Earl. »Meine Güte! Er wiegt eine Tonne, verglichen mit Jeanie. Und schau, wie er lacht!«

Gerti hielt Jeanie schon im Arm. »O Mama, sie ist so winzig! So dünn! Übergibt sie sich immer noch so oft? Hast du sie gewogen? Und ihre Wangen sind so rauh und rot!« Frieda sackte in den Schaukelstuhl. »Nun, sie übergibt sich nicht mehr ganz so oft – nicht so wie im Krankenhaus. Sie machten eine Flasche mit einem großen Loch im Sauger, und sie schluckte alles hinunter, übergab sich und weinte weitere vier Stunden.«

»Glaubst du, daß Emmi sie hören konnte?«

Frieda zog dem kleinen Earl den Pullover aus und zuckte mit den Schultern. »Ich weiß es nicht. Als ich dort war, hatten sie die Kleine irgendwohin gelegt, wo ein freies Bett war. Sie konnten

sie nicht auf die Säuglingsstation legen, weil sie dort nicht geboren worden war.«
Gerti schüttelte ihren Kopf. »Emmi war so glücklich – so stolz auf sie.« Sie hielt die Tränen zurück. »Mama, wenn du im Garten arbeiten möchtest, werde ich das hier drinnen übernehmen.«

Frieda nickte. »Ich würde gerne draußen anfangen. Letzte Woche hat Carl mir geholfen, ein paar Erbsen einzusetzen, aber es ist höchste Zeit, die Wurzelpflanzen unter die Erde zu bringen.« Sie setzte ihren Strohhut auf und steckte eine metallene Stricknadel durch den Hut und ihren Haarknoten, wobei sie Gerti erzählte, was sie als Mittagessen plante.

Während sie hackte und pflanzte, ließ ihre Anspannung allmählich nach. Es war gut zu wissen, daß Gerti bei dem Baby war. Wenn das Kind schrie, wußten die Jungen einfach nicht, was zu tun war.

Frieda richtete sich auf und rieb ihren müden Rücken. Die Blätter waren fast ausgewachsen. Der spanische Flieder sproß. Unten am Fluß blühten sicher schon die Veilchen, aber sie hatte keine Zeit, sie für die Gräber zum Heldengedenktag zu pflücken. Sie würde die rosa Geranie auf Emmis Grab legen und etwas Myrte von Papas Grab umpflanzen. Auf seins wollte sie eine rote Nelke pflanzen, genau wie in den letzten fünf Jahren. Fünf Jahre! – und nun war seine kleine Emmi bei ihm.

Sie riß einen Umschlag mit Karottensamen auf. Letztes Frühjahr – das schien nur eine kurze Weile her zu sein, als Emmi noch in Kennan unterrichtete, sehr erfreut darüber, den Arbeitsplatz ab dem nächsten Herbst näher zu Hause zu haben.

Ja, sie liebte Ed, aber mit neunzehn war sie noch nicht bereit zu heiraten. Doch es kam anders. Sie mußten heiraten, schnell und in aller Stille.

»Das Baby wird Mitte April geboren werden«, hatte Emmi gesagt. »O Mama, es war nur dieses eine Mal…«. Sie hatte unaufhörlich geweint.

Emmi hatte bis Weihnachten unterrichtet, und dann hatten sie ihre elfenbeinfarbene Schlafzimmerausstattung und ihre Zedernkiste zu den Phillips gebracht, zum Farmhaus von Eds Familie, in dem sein Bruder Charles und dessen Frau Sodonia lebten.

Emmi war glücklich, mit ihrer Freundin und früheren Schulkameradin Sodonia im selben Haus zu leben, und sie störte sich nicht an den kleinen Zimmern. Im Sommer würden sie ein Haus in der Stadt nahe bei Eds Garage kaufen.

Aber das Baby war am 31. März gekommen – während ein heftiger Schneesturm tobte, erst vier Tage später hatten sie Emmi auf einer Trage in den Gepäckwagen des Zuges geladen. Als sie im »Ashland General« eingewiesen wurde, wütete das Fieber, das am zweiten Tag ausgebrochen war. Frieda schreckte auf, als Hank die Gartenpforte zuwarf. »Gerti sagt, daß das Essen fertig ist.«

Beim Eintreten umfing Frieda der Duft frischgebackener Brote. Während sie die Stricknadel aus ihrem Hut zog, rumorte der kleine Clyde zu ihren Füßen und zeigte auf ihren Kopf. Sie hob ihn hoch. »Was ist denn, mein Süßer? Was möchtest du Oma erzählen?«

Gerti kam herüber, den Kartoffelstampfer in der Hand. »Erzähl es Mama. Was versuchst du zu sagen?«

Clyde untersuchte Friedas Kopf mit seinen kleinen dicken Fingern.

»O Mama! Er sucht nach dem Loch in deinem Kopf! Er denkt, du hättest die Stricknadel durch deinen Kopf gesteckt!«

Die Frauen lachten, und Clydes Lippen zitterten. Frieda drückte ihn an sich und lächelte: »Du Herzchen, wir lachen nicht über dich.« Sie nahm die Nadel und steckte sie durch ihren Haarknoten. »Siehst du, da geht sie durch!«

Die Jungen kamen herein, und Roy grinste. »Es tut gut, hier wieder jemand lachen zu hören.«

»Wißt ihr«, sagte Frieda, während sie nach dem Essen den Tisch abräumte, »das war das erste Essen, zu dem ich mich nicht überwinden mußte.«

Gerti lachte. »Das muß meine Kochkunst gewesen sein, und nicht die Ausbildung allein.«.

Frieda griff nach ihrem Strohhut.

»Mama, du siehst unglaublich müde aus«, sagte Gerti. »Warum machst du nicht ein kleines Nickerchen, bevor du wieder hinausgehst?«

»Nun, ich glaube, das ginge – für eine kleine Weile. Aber nicht lange. Ich will das Kohlbeet hacken und die Pflanzen aussetzen.«

Es war halb drei, als Friedas schlaftrunkenes Gesicht im Türrahmen der Küche erschien.

Gerti sah vom Lampenreinigen auf und lächelte. »Jetzt beschwer dich nicht, Mama. Du brauchtest den Schlaf.«

Frieda ließ sich schwerfällig nieder. »Ich dachte, es wäre Morgen, und ich hätte die ganze Nacht geschlafen.«

Gerti zog den Kaffeetopf auf die vordere Ofenplatte. »Ich bin hier gleich fertig, und dann können wir eine Tasse Kaffee trinken.«

»Aber es war nicht genug Kerosin da, und ich habe Roy vergessen zu sagen, daß er es in der Stadt besorgen soll.«

»Ich habe noch ein wenig in der Scheune gefunden«, sagte Gerti, den letzten Zylinder beiseite legend. »Für heute nacht ist noch genug da.«

Frieda goß heißen, dampfenden Kaffee ein, während Gerti die Lampen wegbrachte. Jeanies Fläschchen wurde im Teekessel erwärmt.

»Sieh mal, wer da aufgewacht ist«, sagte Gerti und drückte Baby Jeanies rauhe kleine Wange an die ihre. »Sie ist heute ein gutes Mädchen gewesen.«

Frieda seufzte. »Ich hoffe, sie wird heute Nacht schlafen.«

Gerti schüttete ein Paar Tropfen Milch auf ihr Handgelenk und setzte sich. »Gesegnet sei ihr kleines Herz, sie ist abgemagert! Oh, ich bin nicht dazu gekommen, es dir zu erzählen – ich habe am Sonntag Minni besucht.«

»Wie geht es ihr?«

»Schlecht. Sie wollte über alles Bescheid wissen. Du weißt, wie schwer es für uns zu begreifen ist, daß Emmi fort ist, und wir haben sie aufgebahrt gesehen, sind zum Begräbnis gegangen und so weiter.

Ich erzählte ihr, wie schön Emmi in dem rosa Chiffonkleid aussah, und von den Rosenknospen, die ich auf Eds Wunsch auf den Besatz des Sargtuchs heftete, und daß sie aussah, als würde sie bloß schlafen, und wie wundervoll Roger Evans gesungen hat. Sie weinte viel, aber es mußte aus ihr heraus.«

Frieda nickte. »Ella und ich sprachen neulich darüber, wie bitter es für Minni war, daß sie nicht anwesend sein konnte.« Sie biß sich auf die Lippe. »Der schlimmste Moment ist das Aufwachen am Morgen. Im ersten Moment ist alles so gut, und dann erinnere ich mich... Es war so anders, als Papa starb. Er war so krank und hat so lange gelitten.«

»Ich erinnere mich nicht daran, daß ich mich noch Monate später um Papa gegrämt hätte, nachdem ich seine Qualen ein bißchen vergessen hatte«, stimmte Gerti zu. »Ich bekam einen Brief von Ed, dem armen Mann. Er sagte, wenn es nicht für das Baby wäre, würde er nicht mehr leben wollen. Glaubst du, daß er sie zu sich nimmt, falls er wieder heiraten sollte?«

»Nein. Er versprach Emmi, es nie zu tun. Sie wollte, daß ich sie aufziehe.«

Gerti holte tief Luft. »Dann hat sie es wirklich gewußt. Sie hat es nicht zugegeben, als ich sie zum letzten Mal sah. Als ich kam, hustete sie sehr stark, und die Schwester bat mich, draußen in der Halle zu warten. Als ich dann hineinging, saß sie aufrecht im Bett, lächelte und sagte: „He, Gerti, das Kleid steht dir gut!" Und später sprach sie davon, aus ihrem blaßlila Schleierstoff-Kleid mit der weißen Stickerei ein Kleidchen für Jeanie zu machen, da es unter den Armen spannte.« Gerti hielt die Tränen zurück.

»An dem Tag, als ich das Baby nach Hause holte – das war nur fünf Tage bevor Emmi starb, erzählte mir eine der Schwestern, daß sie sie nachts weinen gehört hatten. Aber zu mir sagte sie nur: ›Du hast dich gut um uns alle gekümmert, und ich weiß, daß du dich gut um sie kümmern wirst‹. Bevor wir gingen, ließ ich sie ein paar Minuten mit dem Baby allein...« Friedas Stimme brach. »Ich glaube, daß ich es zu diesem Zeitpunkt wußte, aber ich wollte es nicht wahrhaben.«

Gerti legte das Baby nieder und nahm Frieda in die Arme. »O Mama, ich versuche, Gott nicht zu zürnen...«

»Ich weiß, ich weiß. Ich verstehe es auch nicht ... aber ich weiß, daß ich Gott liebe, und ich weiß, daß er uns liebt.«

Buckley

»Ich würde mich nicht so müde fühlen, wenn ich nicht daran gewöhnt wäre, durchzuschlafen«, sagte Frieda zu sich selbst, als sie am nächsten Morgen die Kartoffeln richtete, um sie zu braten. Sie versuchte erst gar nicht zu zählen, wie oft sie in der vergangenen Nacht wegen des Babys aufstehen mußte. »Ich fühle mich wie fünfundachtzig statt fünfundfünfzig.« Sie blickte prüfend durch das Küchenfenster zu dem grauen Himmel und dachte daran, daß sie fast keine sauberen Windeln mehr hatte. Sollte es nicht aufklaren, mußte sie die noch nassen Windeln auf der hinteren Veranda trocknen.

Dankbar für jeden Augenblick der Stille, nahm sie die Babyflasche und stellte sie zurück in den Teekessel.

Die Ruhe würde nicht lange dauern. Sie konnte den kleinen Clyde hören, wie er oben auf dem Bett herumsprang. Schon der Gedanke an Gertis heutige Abreise trieb ihr die Tränen in die Augen. Sie würde ihre Kameradschaft ebensosehr wie ihre Hilfe bei der Arbeit vermissen – weil sie diese Hilfe so nötig hatte.

Sie setzte ein Lächeln auf, als Gerti und die Kinder die Treppe herunterkamen. »Du gehst hinauf und weckst Onkel Henny«, sagte sie zu Clyde, »sage ihm, daß er sofort aufstehen soll!«

Als das Frühstück vorbei war, hatten Sonnenstrahlen die Pfähle der Veranda vergoldet. Die Frauen entschieden, daß doch noch ein wundervoller Waschtag werden würde. Sie spannten Henny dafür ein, Eimer um Eimer von der Pumpe bei der Küchentür herbeizutragen, um den großen Kupferboiler und zwei Waschschüsseln zu füllen. Während das Wasser erhitzt wurde, badete Gerti die Babys.

»Sollen wir Jeanie wiegen, Mama?«

»O ja! Das habe ich schon tun wollen.« Sie schleppte die große alte Waage aus dem Raum, in dem die Milchzentrifuge stand, und legte die Waagschale mit einem Handtuch aus. Während Gertis Hände sanft über das Bäuchlein des Kindes strichen, balancierte

Frieda die Waage aus. »Sieben Pfund und vierhundertfünfundzwanzig Gramm«, erklärte sie. »Fast acht Pfund.«

Gerti nahm das schreiende Baby zusammen mit dem Handtuch auf. »Das sind nur zweihundert Gramm mehr als bei ihrer Geburt, und sie ist fast zwei Monate alt.«

»Sie wog nur sieben Pfund, als ich sie vor drei Wochen nach Hause brachte. Glaubst du, mit ihr stimmt etwas nicht?«

Gerti runzelte die Stirn. »Ich weiß es nicht. Warum warten wir nicht noch eine Woche ab, und wenn sie bis dahin nicht weiter zunimmt, solltest du sie zu Dr. McKinnon bringen. Vielleicht kann er dir auch etwas gegen diesen Hautausschlag geben.«

Frieda nickte. »Ich werde mich bemühen, daß sie mehr trinkt.« Nachdem die Windeln und kleinen Kleidungsstücke gewaschen, gekocht und gespült waren, hängten Frieda und Gerti sie gemeinsam auf.

Frieda schüttelte eine Windel aus und ließ sie scharf knallen. »Ich hätte nie gedacht, daß auf diesen alten Leinen wieder Windeln trocknen würden.«

Nach ein paar Minuten ging Gerti, um nach den Kleinen zu sehen. Frieda dachte, daß sie im Garten arbeiten sollte, während Gerti noch hier war, aber schlafen und noch einmal schlafen war alles, was sie tun wollte. Sie wollte nicht darüber nachdenken. Als sie ins Zimmer kam, sammelte Gerti die Spielsachen und die Kleidung von Clyde und Earl zusammen. Roy hatte gesagt, daß er sie nach dem Mittagessen nach Hause bringen würde.

Frieda wollte Gerti sagen, wie gut es gewesen war, sie zu Hause zu haben, aber sie brachte den Satz nicht zu Ende und fing an zu weinen.

Gerti legte den Arm um Mamas Schultern, und Frieda trocknete sich mit ihrer Schürze die Augen. »Ich dumme Gans! Ich dachte nicht, daß ich weinen würde, nur bedaure ich es, dich gehen lassen zu müssen. Aber ich weiß, daß du auch eine Menge Arbeit verrichten mußt.«

»Blödsinn! Ich kann noch einen Tag bleiben. Joe wird nicht vor Freitag zu Hause sein. Wir wollen am Samstag in unserem Garten arbeiten.«

»O Gerti, würdest du das wirklich tun? Du weißt einfach nicht…«

»Ich bleibe – unter einer Bedingung.«

»Unter welcher?«

Gerti drohte Frieda mit dem Finger. »Daß du nach dem Mittagessen ein Nickerchen machst.«

Frieda setzte sich in den Schaukelstuhl und stieß einen Seufzer aus: »Darüber werde ich nicht einmal versuchen zu diskutieren.«

Später am Nachmittag fütterten sie die Babys, und Gerti fragte: »Willst du sie am Heldengedenktag mitnehmen? Du weißt, er ist nächste Woche.«

Frieda schüttelte den Kopf. »Ich glaube nicht. Sie weint so viel, daß ich den Sprecher vermutlich sowieso nicht hören werde. Und selbst wenn der Hautausschlag bis dahin vorüber wäre, glaube ich nicht, daß es gut für sie wäre.«

Gerti seufzte. »Ich wünschte, du könntest kommen. Es ist nur ein Mal im Jahr, daß die Gemeinschaft zusammenkommt und du alte Freunde siehst.«

»Ich glaube, ich würde sie so schnell nicht sehen wollen. Vielleicht wird es nächstes Jahr nicht mehr so schmerzen, über Emmi zu reden.«

»Ich fürchte mich auch davor, mit Leuten zu reden, obwohl sie es gut meinen. Aber ich freue mich darauf, den Rest der Familie zu sehen. Gestern sprach ich mit Maime, und sie sagte, daß die Jungen neue weiße Matrosenanzüge und Ruby ein neues blaues Kleid für den Heldengedenktag bekommen haben.«

Frieda lachte. »Von Art wird sie am nächsten Tag mit Sicherheit Grasflecken zu schrubben haben, während Paul fleckenlos sein wird. Wie Tag und Nacht, diese beiden Jungen.«

»Warte bis du all die kleinen Cousins siehst«, sagte Gerti zu Clyde, der sich an sie schmiegte. Frieda und Gerti gingen die Namen von 21 Cousins und Cousinen durch, und Clyde hörte mit großen Augen zu.

»Ich kann kaum Schritt halten«, sagte Gerti mit einem Lachen. »Was werden wir tun, wenn John, Roy, Carl und Hank einmal Kinder haben?«

Clyde wand sich los und rannte mit Buckley davon. Einen Moment später kam er weinend zurückgerannt und deutete auf den Hund, der sich unter dem Eßzimmertisch verkroch.

Gerti untersuchte Clyde. »Ich kann kein Zeichen eines Bisses oder auch nur eines Kratzers sehen.« Frieda ging ins Eßzimmer, bückte sich und fuchtelte mit ihrem Finger vor dem Kopf des Hundes herum. »Was ist los mit dir? Hast du ihn angeknurrt? Raus mit dir! Sofort!« Mit eingeklemmtem Schwanz schoß Buckley durch die Tür.

»Ich weiß nicht, was dem Hund fehlt. Könnte er eifersüchtig auf das Baby sein?«

»Vielleicht. Er war hier für eine lange Zeit der Mittelpunkt.« Gerti gluckste. »Er sollte wissen, daß er der erste Hund ist, der je in diesem Haus erlaubt war.«

Frieda schmunzelte. »Ich hatte immer gesagt, daß ich nie einen Hund im Haus haben würde, aber ich konnte nicht mit ansehen, wie er dort draußen gefroren hat. Als wir ihn bestellten, haben wir nicht daran gedacht, daß er ein so kurzhaariges Fell hat. Er ist ein braver Hund gewesen – bis auf das eine Mal, als ich ihn in der Speisekammer fand.«

»Auf dem Fliegenpapier?«

Frieda lachte. »Ich kann ihn immer noch vor mir sehen! Ich hatte gerade einen neuen Bogen Fliegenpapier ausgelegt, und er saß doch tatsächlich drauf!«

»Ich wünschte, ich hätte ihn gesehen.«

»Ich versuchte, nicht zu lachen, während ich ihn schalt, aber er schaute so schuldig drein wie ein kleiner Junge, den man mit der Hand in der Keksdose erwischt hat.« Frieda verzog das Gesicht. »Ich hoffe, ihm fehlt nichts. Ich würde den kleinen Freund vermissen.«

»Vielleicht braucht er nur mehr Aufmerksamkeit«, schlug Gerti vor und setzte Earl auf eine Steppdecke, die auf dem Boden lag.

* * *

Am Tag von Gertis Abreise setzte Frieda das Baby auf die Steppdecke. Buckley verließ seinen Lieblingsplatz unter dem Tisch und rollte sich auf einer Ecke zusammen. »Gut«, sagte Frieda zu sich selbst, »vielleicht ist er nicht mehr so eifersüchtig, wenn er ihre Decke teilen kann.«

Mittags brachte Carl die Post herein und setzte sich, um den

Youth Companion zu lesen. Ein paar Minuten später rief er laut nach Frieda, die in der Speisekammer war.

»Mama, was ist mit Buckley los? Er schüttelt fast sein Fell von sich.«

Frieda kam, um nachzusehen. »Nun, ich habe ihn das noch nie tun sehen. Es ist nicht kalt heute und ich frage mich, ob ihn etwas erschreckt hat.«

Carl wiegte Buckley in seinen Armen. »Was ist los, alter Junge? Tut etwas weh?«

Buckley leckte Carls Gesicht. »Huih! Sein Atem stinkt vielleicht!«

Frieda beugte sich näher heran, dann zog sie eine Grimasse. »Pfui! Ich vermute, daß seine Zähne schlecht sind. Er wird alt, weißt du. Wasch dich jetzt, das Essen ist fertig.« Frieda ließ das Baby auf seiner Decke im Eßzimmer, während sie in der Küche das Mittagessen einnahmen.

Buckley schien in Ordnung zu sein, er lag wieder zusammengerollt auf einer Ecke der Decke.

»Was wir brauchen«, sagte Roy und griff in die Schüssel mit den Kartoffeln, »ist ein Farmershund – ein Collie, dem wir beibringen können, die Kühe für uns zusammenzuhalten. Ich habe mir schon die Hacken nach diesen dummen Färsen abgelaufen.«

Eine gute Idee, dachte Frieda später und stellte einen Stapel Teller in die Spülschüssel. Wie alles, was die Arbeit der Jungen erleichtert.

Der gellende Schrei des Babys ließ sie auffahren, und sie lief in das Eßzimmer. Buckley war von seiner Ecke der Decke aufgesprungen, auf die das Baby gerollt war. Seine Fellhaare sträubten sich, und er fletschte die Zähne.

Frieda griff das Baby und funkelte ihn an. »Du böser alter Hund, du! Wage es nicht, das Baby zu verletzen. Jetzt verschwinde nach draußen.«

Sie hielt die Tür auf und sah zu, wie er hinausschlich. »Kleiner Hund«, sagte sie mit einem Seufzen, »ich fürchte, deine Tage sind gezählt.«

Gusties Rüge

Als der Heldengedenktag wolkenlos heraufdämmerte, änderte Frieda beinahe ihre Meinung über eine Teilnahme an der Versammlung der Gemeinde auf dem Friedhof. Aber da das Baby, während es gebadet wurde, die ganze Zeit schrie und immer nur für ein paar Minuten einnickte, wußte Frieda, daß sie zu Hause bleiben würde. Da sie heute nicht kochen mußte, hatte sie sowieso fast einen Tag Urlaub.

Die Damen der Norwegisch-Lutherischen Kirche servierten immer ein Essen, und die Jungen würden es genießen, dort zu essen. Sie würden auch Eiswaffeln verzehren, die von der amerikanischen Legion verkauft würden.

Nachdem sie fort waren, wischte Frieda die Küche und bereitete die Tagesration Milch für das Baby vor. Dann zog sie sich einen Pullover über und nahm ihre Stricksachen mit zu der Verandaschaukel. Mittlerweile würde das Programm in der Wilson-Schule vorbei sein und die Leute zum Friedhof hinübergehen. Die Schützentruppe würde einen Salut schießen; die Kleinen würden sich die Ohren zuhalten und die Babys verängstigt zu weinen beginnen. Da würden tränenüberströmte Eltern kleine Fahnen auf die Gräber ihrer Söhne stecken, und natürlich Dankgebete sprechen für die sichere Rückkehr von anderen. Wenn sie erstmal zu Hause und in Sicherheit waren, war es leicht, die Dankbarkeit zu vergessen.

Frieda unterbrach ihre Arbeit, um Gott wieder einmal für Eduards sichere Rückkehr zu danken. »Herr, ich weiß nicht, was Eddi heute in Eu Galle tut, aber zweifellos denkt er an seine toten Freunde und diese schrecklichen Zeiten. Vater, bitte nimm diese bösen Erinnerungen fort, damit sie ihn nicht davon abhalten, der Mensch zu sein, der deinen Erwartungen entspricht.« Wie sehr hatten sie versucht, Eddi zurückzubekommen, bevor Papa starb! Das Rote Kreuz hatte zu helfen versucht, aber Eddi war erst auf dem allerletzten Truppentransporter heimgekommen, und da war Papa schon sechs Wochen tot. Vielleicht wollte Gott es Eddi ersparen, seinen Vater so zerbrechlich und schwach zu sehen. Frieda schüttelte die Vergangenheit ab. Es hatte keinen Zweck, jetzt darüber nachzudenken. Sie wollte diese kostbare Zeit der Ruhe nicht vergeuden. Es tat gut, still dazusitzen und sich zu erholen.

Meine Güte, schon wieder das Baby! Mit einem Seufzer legte sie ihre Stricksachen hin und ging hinein, um ein Fläschchen aufzuwärmen.

Frieda setzte dem Baby die kleine Mütze auf, die Emmi gehäkelt hatte, und band das rosa Band unter seinem Kinn fest. Dann wickelte sie es in ein Handtuch und nahm es mit nach draußen zu der Schaukel. Beim Füttern versuchte sie zu singen, aber jedes Lied, das sie anstimmte, brachte sie fast zum Weinen.

In diesem Moment würden die Leute über den Friedhof gehen und Pflanzen und Blumen bewundern. Die Verleger-Gräber würden hübsch aussehen, mit den rosa Geranien, der roten Nelke und dem frisch gemähten Gras. Zumindest war es ihr gestern möglich gewesen, dort zu sein und zu helfen.

Ein paar Menschen würden an Emmis Grab stehenbleiben und sagen: »Was für ein Jammer«, oder: »Sie war ein besonderes Mädchen.«

Sogar bevor sie auf der Welt war, war Emmi etwas Besonderes. Frieda hatte kaum glauben können, daß sie tatsächlich noch ein Baby bekommen sollte. Drei Jahre zuvor, als sie das totgeborene Baby und die Infektion gehabt hatte, meinte der Doktor, daß sie nie wieder Kinder bekommen könne.

Deshalb war Emmi etwas ganz Besonderes. Weil alle Babysachen weggegeben worden waren, hatte Emmi neue. Es war aufregend gewesen, sie in ihre weichen, neuen Strampelanzüge einzukleiden.

Und jetzt dieses Baby. So anders, so schwierig.

»Ich habe noch nie ein Baby gehabt, das so viel geweint hat«, sagte sie zu sich selbst. »Und dieser Ausschlag – ich kann nie feststellen, ob es besser oder schlechter geworden ist. An einem Tag denke ich, daß ich sie zum Arzt bringen sollte, und am nächsten Tag sieht es besser aus, und so warte ich wieder ab.«

Sie sollte Jeanie besser hinlegen und weiterstricken. Letzten Winter hatten die Jungen so viele Socken abgetragen, daß sie wie toll würde stricken müssen, um sie zu ersetzen. Sie war kaum wieder zurück und hatte sich hingesetzt, als das Baby schon wieder weinte. »Was nützt es?« murmelte Frieda, als sie die kleine Mütze erneut festband, und das Baby wieder mit nach draußen nahm.

Sie wollte sich entspannen und den Blick in die glänzenden weißen Wolken und das satte Grün der Pinien und Fichten vor dem Himmel genießen, aber ihre Augen wanderten über den Löwenzahn entlang der Einfahrt hinweg. In den Garten wagte sie nicht zu blicken, in dem, wie sie wußte, das Unkraut fast das Gemüse überwucherte.

Sie hoffte, daß Ella und ihre Familie auf ihrem Heimweg anhalten würden, aber dann wäre es Zeit für die Hausarbeit, und sie müßten geradewegs nach Hause fahren.

Ich wünschte, ich hätte eine dieser Eiswaffeln, dachte sie. Wenn es um Eis geht, bin ich genauso schlimm wie die Kinder.

Frieda war so in ihre Gedanken versunken, daß sie das Auto, das die Auffahrt heraufkam, nicht bemerkte, bis es an der Rückseite der Veranda vorbei und weiter zur Rückseite des Hauses gefahren war. Sie hatte nur einen kurzen Einblick zu den Insassen – könnte es möglicherweise Gustie und einer ihrer Söhne sein?

Frieda eilte durch das Haus zur Hintertür. Sie hätte niemand lieber gesehen als ihre fröhliche Schwester. Wenn irgend jemand wußte, was Frieda durchgemacht hatte, dann war es Gustie. Ihr Haus in Ashland war während der fünf Wochen, in denen sie Emmi besuchten, ihre Zufluchtsstätte gewesen. Mehr als hundert Meilen auf im Frühjahr schlammigen Straßen zu fahren war nicht leicht gewesen.

Frieda riß die Tür auf. »Gustie! Du bist es! Ich bin so froh. Kommt rein, kommt rein. Luke – ich grüße dich, Junge. Hattet ihr eine gute Reise?«

Nachdem Frieda sie an sich gedrückt hatte, warf Gustie ihren Mantel von sich und griff nach dem Baby. »Immer noch ein dünnes kleines Ding, oder nicht? Ach, macht nichts. Eines Tages wirst du so dick wie deine Tante Gustie sein. Wie geht es ihr, Frieda?«

Frieda schüttelte ihren Kopf. »Sie weint so viel – und ihre Haut…«

»Sieht für mich wie ein Ekzem aus.«

»Ein Ekzem?«

Gustie zuckte mit den Schultern. »Ich weiß nicht genau, was es ist, aber eins von meinen Kindern hatte es auch. Der Arzt gab mir eine Salbe, und schließlich verschwand es.«

* * *

Kurz nach zwei am nächsten Morgen kam Gustie die Treppe herunter und streckte die Arme nach dem schreienden Baby aus. »Laß mich sie nehmen. Du brauchst Schlaf.«

»O nein! Du gehst zurück ins Bett. Ich würde sowieso nicht schlafen.«

»Versuch es«, bestimmte Gustie und zog das Baby aus Friedas Armen.

Und Frieda schlief – in einem durch, bis die Jungen aufstanden.

Während Gustie ihr bei der Arbeit zur Seite stand, schüttete Frieda ihre Trauer und Enttäuschung aus. Das weinende Baby, Hennys Aufsässigkeit, die fortwährende Arbeit. »Ab und zu sehe ich dieses – dieses Bild vor meinem geistigem Auge: Emmi kommt herein, mit leuchtenden Augen und gesund, und sagt: ›Mama, ich werde sie jetzt nehmen.‹ «

Gustie, normalerweise immer mit einer Spitzfindigkeit bei der Hand, sagte kein Wort.

»Warum ist das Aufpassen auf das Baby so eine Belastung für mich?« fragte Frieda sie geradeheraus. »Man denkt, daß es nach dreizehn Kindern einfacher wäre.«

»Zum einen«, antwortete Gustie, »vergißt du, daß auf viele dieser Babys mit Hilfe der älteren Kinder aufgepaßt wurde. Minni und Gerti haben sich um Henny fast mehr gekümmert als du, nachdem er entwöhnt war.«

Frieda seufzte. »Das ist eine andere Sache. Ich kann mich nicht an diese Flaschen gewöhnen. Dieses ganze Waschen und Kochen und Anrühren. Und es dauert ewig, sie zum Essen zu bewegen, während ich dasitze und sehe, was ich alles zu tun habe.«

»Dann stütze die Flasche ab und arbeite! Sie braucht nicht die ganze Zeit gehalten zu werden.«

Damit Frieda schlafen konnte, kümmerte sich Gustie diese Nacht wieder um das Baby.

Als es Zeit war zu gehen, drückte Gustie Frieda lange und fest an sich. Im Türrahmen drehte sie sich um und sagte: »Frieda, ich weiß nicht, wie du es schaffen willst.« Frieda nickte in stillem Einverständnis. Dann fuhr sie fort: »das Baby zu lieben und dich gleichzeitig selbst zu bemitleiden.« Sie ging zum Auto, Frieda sprachlos hinter sich zurücklassend.

Frieda drehte sich verdutzt um. Mich selbst bemitleiden? Das tue ich nicht! Alles, was ich tat, ist, ihr zu sagen, wie die Dinge stehen!

Sie holte die große Aluminiumpfanne zum Brotteigmischen hervor und formte ein Nest aus Mehl. »Hm!« murmelte sie. »Leicht für sie, so zu reden. Sie kann zu ihrem netten, ruhigen Haus zurückkehren.« Sie fügte Kartoffeln, Wasser, Backfett, Salz und die Gerste, die sie am Abend zuvor vorbereitet hatte, hinzu und rührte alles mit einem Holzlöffel unter das Mehl.

Die Verärgerung stieg in ihr auf wie Blasen in dickem Haferbrei. Verwöhnt. Verhätschelt. So war Gustie! Keine Hühner. Keine Zentrifuge, die gereinigt werden mußte. Nur ein behagliches kleines Haus in der Stadt, mit einem Badezimmer. Und wie die Jungen sie versorgten! Sie hatte selbst gesagt, das einzige, was sie zu tun habe, sei, Willie zu sagen, was sie wohin gepflanzt haben wolle, und schon sei es getan.

Henny kann ich mir so nicht vorstellen! Und ich dachte, sie würde mich verstehen!

Frieda siebte Mehl über den Löffel, rieb den weichen Teig ab und begann, das Brot zu kneten. Sie schniefte und rieb sich mit ihrem bemehlten Arm eine Träne von der Wange. Das Weinen des Babys überhörte sie.

Oh, Gustie war hilfsbereit gewesen, das konnte sie sagen. Aber warum auch nicht? Für ein paar Stunden oder Tage zu helfen war nicht schwer...

Zur Mittagszeit warf Carl einen Blick auf sie und sagte:« Mama, was ist mit dir los?«

Sie tat, als hätte sie ihn nicht gehört. »Einer von euch könnte das Baby nehmen«, sagte sie kurz und trug das Essen auf.

Sie war sich bewußt, daß sie Blicke austauschten und mit den Achseln zuckten. Roy hob die kleine Jeanie hoch.

Nach dem Mittagessen versuchte sie, sich für ein paar Minuten hinzulegen, aber sobald sie es tat, begann das Baby zu schreien. »Ach, was soll's?« murmelte sie. Sie nahm sie und begann an der Längsseite des Hauses auf und ab zu gehen.

Warum? Warum mußte es so sein? Das Telefon klingelte. Es war Mrs. Allen, eine Lieblingsnachbarin.

»Frieda! Wie geht es dir?« fragte sie, aber das Baby begann zu weinen, bevor Frieda antworten konnte.

»Ach du liebe Zeit! Ich höre das Baby. Ich lasse dich in Ruhe. Ich wollte dir nur sagen, daß ich dich sehr bedaure. Ich weiß nicht, ob ich mit einem Kleinen wieder von vorn beginnen könnte. Kopf hoch!«

Frieda dankte ihr und legte mit einem Gefühl der Befriedigung auf. Sie legte das Baby nieder und ließ es weinen, während sie den Brotteig in Formen füllte, aber ihr Kiefer schmerzte vor Anspannung, und innerlich fühlte sie sich schwach.

»Ich kann es nicht!«, schluchzte sie, und bedeckte die Laibe mit einem sauberen Geschirrtuch. Sie setzte sich in den Schaukelstuhl, ihre Schürze über dem Gesicht, und schluchzte leise. »Vater, ich fühle mich so elend! Hilf mir!«

Sie dachte wieder an Gusties Worte: »Ich weiß nicht, wie du es schaffen willst – das Baby zu lieben und dich gleichzeitig selbst zu bemitleiden.«

Sie trocknete ihre Augen und ging auf Zehenspitzen zum Schlafzimmer, in dem das Baby schlief. Sie nahm ihre alte, in Leder gebundene Bibel und blätterte bis zu dem linierten Papier, das diese besondere Passage im 1. Korinther-Brief markierte.

Frieda las leise: »Die Liebe ist langmütig und freundlich, die Liebe eifert nicht.«

O Herr, ich beneide Gustie.

Sie las weiter, und die Sätze sprangen ihr ins Auge. »Die Liebe stellt sich nicht ungebärdig… sie verträgt alles, sie glaubt alles, sie hofft alles, sie duldet alles.«

Sie stolperte zurück zum Schaukelstuhl in der Küche. »Liebe« und Nächstenliebe gehören zusammen, das wußte sie; Pfarrer

Fischer hatte es der Frauengruppe eines Sonntagnachmittags erklärt.

»O Herr«, stöhnte sie, »ich begreife, daß ich nicht beides zur gleichen Zeit tun kann. Ich muß eine Entscheidung treffen. Wie wird sie ausfallen?«

Sie schloß ihre Augen, und die Worte »ertragen, aushalten, gütig, langmütig« wiederholten sich in ihrem Kopf.

»Alle diese üblen Gedanken. Vergib mir, ich schäme mich so, und hilf mir – ich will genauso lieben.«

Wieder begann das Baby zu weinen, aber statt des normalen leicht abwehrenden Gefühls überkam eine sorgende Wärme – so wie sie es früher für ihre eigenen kleinen hilflosen Babys empfunden hatte. »Es ist alles gut. Es ist ja alles gut. Oma liebt dich.«

Eines Tages lachten die Jungen über das Baby und sagten, daß sie »nur Mund« sei, wenn sie gähnte. Frieda rügte sie, und Roy sagte: »Schon gut, Mama Henne, plustere dich nicht auf. Wir werden über dein Küken nicht lachen.«

Ja, Jeanie begann, sich wie »ihres« zu fühlen. Dann lachte das Baby eines Tages nach dem Fläschchen – ein ehrliches Ich-kenne-dich-Lachen. Frieda drückte es an sich.

»O du kleine Süße! Es tut so gut, dich lachen zu sehen!«

Bald darauf machte sie eine weitere Entdeckung: das Baby weinte nicht mehr, wenn der Plattenspieler lief. Frieda wünschte nur, daß die Platten zehnmal so lang liefen. Wenn das Baby während der Mahlzeiten unruhig war, wechselten die Jungen sich mit aufspringen und Platten auflegen ab.

»Wenn wir zusätzlich etwas Geld bekommen«, sagte Frieda, als sie »Where the Silvery Colorado Winds Its Way« lauschten, »laßt uns eine neue Platte kaufen. Ich glaube, daß ich sie alle schon hundert Mal gehört habe. Vielleicht können wir eine weitere Hymne von Henry Burr kriegen.«

Selbst der Ausschlag des Babys beunruhigte sie nicht mehr so sehr, seit Gustie gesagt hatte, daß er sowieso verschwinden würde – bis Ed eines Sonntags kam. Jeanies kleines Gesicht war rauh und wund, und sie sah die Tränen in Eds Augen, obwohl er seine Qual zu verbergen suchte.

Sie versuchte zu erklären, was Gustie gesagt hatte, aber es klang auch für sie nicht sehr überzeugend.

»Vielleicht solltest du sie zu Dr. McKinnon bringen«, sagte Ed, fügte aber schnell hinzu, »aber tu, was du für richtig hältst.«

Frieda betupfte die nässenden Stellen, die aufbrachen, wenn das Baby weinte oder lachte und sagte, daß sie es für eine gute Idee hielt. Sie hatte ihre Kinder nie zum Arzt gebracht – aber dieses hier war anders.

Ed brachte an diesem Tag ein Kinderbett mit. »Sie kann sich umsehen und wird zufriedener sein«, sagte er.

Als es aufgestellt war, faltete Frieda ein großes Laken und schlug es um die Matratze. Sie legte das Baby hinein, und beide sagten sie gleichzeitig: »Sie sieht so klein aus.« Er brachte auch eine Segeltuchschaukel, die man in den Türrahmen hängen konnte, aber das Baby war so dünn, daß Frieda ein aufgerolltes Laken um es wickeln mußte, damit es nicht herausfiel.

* * *

Am Dienstag regnete es, und Roy konnte draußen nicht arbeiten. Er schlug vor, das Baby zum Arzt zu bringen.

»Infantiles Ekzem«, erklärte Dr. McKinnon. »Bleibt normalerweise, bis die Zähne gekommen sind. Machen Sie sich keine Sorgen darüber. Es wird verschwinden.«

»Wird sie Narben zurückbehalten? Ihre Wangen springen oft auf und bluten.«

Der Doktor schüttelte den Kopf. »Hab nie eins mit Narben gesehen. Schütten Sie dies hier statt dem Zeug, das Sie benutzen, in ihre Milch.« Er gab Frieda eine Büchse Melon's Food. »Und hier ist etwas Salbe, die ein wenig helfen könnte.«

Als Frieda an diesem Abend Ed anrief, war er sehr erleichtert.

»Es ist einfach nicht dasselbe wie eins, das man selbst auf die Welt gebracht hat«, sagte sie zu Roy. »Es ist wie eine Arbeit, bei der einem ständig jemand über die Schulter sieht.« Sie wollte mehr sagen, aber sie konnte von einem 21jährigen kein Verständnis dafür erwarten, wie man sich fühlt, wenn man die ganzen Jahre des Kinderaufziehens vor sich sieht, während die eigenen Kräfte langsam dahinschwinden.

Als sie sich auszog, wuchs ihre Besorgnis zu kalter Furcht.

Was wäre, wenn sie nicht so lange leben würde, bis Jeanie für sich selbst sorgen könnte?

Bis spät in die Nacht versuchte sie, sich Jeanie im Heim jedes ihrer Kinder vorzustellen. Jedes Mal paßte sie einfach nicht hinein.

»Vater«, bat sie, »bitte erhalte mich stark und gesund, bis sie mich nicht mehr braucht.«

Colonel

In der letzten Juniwoche rief Gerti an. »Minni hat letzte Nacht einen kleinen Jungen bekommen. Sein Name ist John. Alles ist in Ordnung. Dr. McKinnon war frühzeitig genug da.«

Frieda war froh über diese Nachrichten. »Und gestern habe ich Jeanie gewogen«, berichtete sie, »acht Pfund und zweihundertfünfundzwanzig Gramm! Sie nimmt zu!«

»Die ›Melons Babynahrung‹ muß ihr gut bekommen.«

»Scheint aber nicht gegen den Ausschlag zu helfen. Ich habe gehofft, daß er verschwinden würde. Oh, habe ich dir über den Ärger erzählt, den wir mit Buckley haben? Er hat öfter diese Zitteranfälle, und er ist so bissig. Es widerstrebt mir, ihn loswerden zu müssen, aber ich fürchte, daß er das Baby beißen könnte. Bei den schlechten Zähnen, die er hat, könnte sie davon Blutvergiftung bekommen.«

* * *

Zwei Tage später lagen Buckley und das Baby gemeinsam auf der Steppdecke, während Frieda und die Jungen frühstückten. Plötzlich schrie das Baby, und alle eilten hin, um nach dem Grund zu sehen.

Buckley verschwand unter dem Tisch, aber auf Jeanies kleinen Arm waren Abdrücke von seinen Zähnen zu sehen. Die Haut war nicht verletzt – Jeanie war eher verängstigt als verletzt – aber Friedas Stimme zitterte.

»Das ist genug! Ich kann den Hund nicht die ganze Zeit im Auge behalten, und wir können nicht riskieren, daß sie gebissen wird. Er muß erschossen werden – noch heute.«

Roy aß die letzten Bissen seines Frühstücks stehend und sagte: »Ich muß wegen eines Ersatzteils für den Mäher in die Stadt. Carl, du mußt das Gemähte zu Ende harken.« Carl nickte, und weg waren sie.

»Nun«, sagte Frieda zu Henny, der gebückt über seinem Teller saß, »ich kann es nicht tun. Du mußt das in die Hand nehmen. Er ist alt und krank, und wir können nicht zulassen, daß er das Baby verletzt.«

Einige Zeit später, als Frieda sich dazu entschied, Buckley zum Abschied noch einmal zu kraulen, waren sowohl Henny als auch der Hund verschwunden. »Auch gut, es hat keinen Sinn, sich zu grämen. Es muß getan werden.«

Sie versicherte sich selbst, daß Henny ein guter Schütze war – er konnte mehr Wild erlegen als die beiden Jungen zusammen. Er würde keinen Ärger haben.

Als er wiederkam, war sie in der Speisekammer beschäftigt, und sie hörte ihn durch die Küche und das Eßzimmer gehen, um das Gewehr in die Kammer unter der Treppe zu stellen. Sie würde erfahren, wie die Dinge gelaufen waren, wenn er in die Küche zurückkam.

Aber Henny kam nicht zurück. Statt dessen hörte sie Schluchzen.

Ihre Hände an der Schürze trocknend, eilte Frieda zur Treppe. Sie drängelte sich neben ihn auf die Stufe, auf der er saß, seinen Kopf in den Armen vergraben.

»O Henny!« Sie legte ihren Arm um seine zuckenden Schultern.

»Mama, der erste Schuß... Er hat ihn nur verwundet. Er winselte und kroch auf mich zu, damit ich ihm helfe.« Er schluchzte weiter, und Frieda weinte mit ihm. »Aber ich konnte nicht – konnte ihm nicht helfen. Ich mußte ihn schnell erledigen.«

Immer noch schluchzend drehte er sich um und vergrub den Kopf wie ein kleiner Junge an ihrer Schulter. »Ich werde diesen Blick niemals vergessen. Er konnte nicht begreifen, daß ich ihn verletzt hatte. O Mama! Warum mußte ich das tun?«

Frieda drückte ihn an sich. »Es tut mir leid. Es tut mir so leid.«

In diesem Moment ihres gemeinsamen Schmerzes überschnitten sich ihre Lebenskreise.

Er hatte sich tatsächlich an sie gewandt statt von ihr ab, wie er es normalerweise tat. Frieda wollte diesen schnell entfremdeten Sohn dicht bei sich behalten.

»O Henny, Henny. Ich wünschte, es hätte nicht so kommen

müssen. Ich wünschte, du hättest es nicht tun müssen aber du wirst es vergessen.«

Er schüttelte den Kopf. »Ich werde es nie vergessen.« Er setzte sich auf und zog ein Taschentuch aus seiner Tasche, um sich die Nase zu putzen und seine Tränen zu trocknen. »Mama, du wirst Carl und Roy nicht erzählen, daß ich geweint habe, oder?«

Sie drückte seine Schulter. »Natürlich nicht.«

Ihr Herz schmerzte, als sie sich wieder an die Arbeit machte, und sie wollte es ihn wissen lassen, aber Henny mied ihren Blick am Mittagstisch. Sie bemerkte, daß er nur wenig aß. Als er an diesem Abend hereinkam um etwas zu trinken, legte sie ihm ihren Arm um die Schulter, aber er schüttelte ihn ab und warf die Kelle zurück in den Eimer. Das auf dem Boden verschüttete Wasser übersah er und stolzierte hinaus.

»O Vater im Himmel, was habe ich diesem Jungen getan? Hilf ihm! Hilf ihm!«

In dieser Nacht betete Frieda noch einmal für ihn, während sie mit dem Baby im Flur auf und ab ging.

Am nächsten Morgen war Henny noch verschlossener als sonst. Friedas Gedanken drehten sich fast nur um ihn – bis Carl mit der Post hereinplatzte.

»Ratet mal!« schrie er. »Fred kommt heim!«

Frieda griff nach dem Brief. »Wann?«

»In der ersten Augustwoche!«

»Glaubt ihr, daß Ed auch nach Hause kommen kann?« fragte Roy, als er hereinkam.

»Ich hoffe es, vielleicht aber auch nicht. Postboten können nicht einfach so ein paar Tage von der Arbeit fernbleiben.«

»Ich weiß nicht einmal mehr, wie Fred aussieht«, murmelte Henny.

Friedas Gabel stoppte mitten in der Luft. »Nun, das glaube ich gern. Er ist nicht mehr zu Hause gewesen, seit Papa vor fünf Jahren gestorben ist, und er hat eigentlich nicht mehr hier gewohnt, seit du auf der Welt bist. Er muß dir eher wie ein Onkel als wie ein Bruder erscheinen.«

»Ich erinnere mich an Fred, als sei er irgendwie ruhig«, sagte Carl.

Frieda lachte. »Oh, er kann sehr viel erzählen. Diese ganze Fa-

milie hat die Gabe eines guten Mundwerks. Aber er hat nie laut geredet. Er war als Junge nicht sehr kräftig. Groß, aber nicht so muskulös wie die anderen. Ich glaube, deshalb hat er uns mehr im Haus geholfen als die anderen Jungen. Aber er war kein Weichling!« fügte Frieda rasch hinzu. »Es war nur so, daß ihn die Hausarbeit nicht gestört hat. Er konnte auch besser backen als wir Frauen. Ich erinnere mich, als wir einmal drüben bei Ella waren, hatte sie Kekse gebacken. Zucker und Backfett waren damals knapp, und sie hatte versucht, so sparsam wie möglich zu sein. Deshalb waren die Kekse sehr mehlig und schrecklich dick. Nun, Fred nahm einen dieser dicken Kekse, betrachtete ihn eine Minute und sagte dann: ›Ella, wenn ich Kekse backe, backe ich Kekse, und wenn ich Biskuits backe, backe ich Biskuits.‹ «
Carl schmunzelte: »Wurde sie böse?«

»Nein, ich glaube nicht. Wir haben alle herzlich gelacht, mehr nicht.«

* * *

Als Frieda später mit Gerti sprach, sagte sie: »Es wäre lustig, all die Babys auf einem Haufen zu sehen!«

»Willst du, daß ich sie alle anrufe und für den Sonntag ihrer Heimkehr ein Wiedersehen plane?« fragte Gerti.

»Würdest du das tun? Ich habe schon daran gedacht, aber ich habe so viel zu tun! Ich weiß nicht, wie ich das Haus bis dahin in Ordnung bringen soll. Ich habe es noch nicht geschafft, in diesem Frühjahr die Vorhänge zu waschen – und du weißt, wie gut Freds Helen den Haushalt führt.«

»Ach Mama, jeder weiß, was diesen Frühling passiert ist – aber ich werde kommen und dir ein paar Tage helfen. Weißt du, wir haben noch einen Monat Zeit.«

* * *

Ein paar Tage später hielt Frieda das Mittagessen warm und wartete auf Carl, der zu Ziglars Laden gefahren war. »Wird auch Zeit«, murmelte sie, als er endlich heimkam. Die Gartenpforte wurde zugeworfen, und Carl rief: »Mama!, komm eine Minute heraus.«

Was in aller Welt? Sie hastete hinaus und sah, daß sich die Jungen über etwas beugten. Ein Welpe!

Carl trat beiseite, damit sie an ihn herankam.

»Millers sagten, daß wir ihn haben können. Sie ziehen um und können ihn nicht mitnehmen. Er ist etwa drei Monate alt und ziemlich schlau, und er wird ein guter Hütehund sein. Er ist eine Mischung zwischen Collie und Schäferhund, wobei der Anteil des Collie überwiegt. Sein Name ist Colonel. Wie gefällt er dir?«

Frieda tätschelte seinen weichen braunen Kopf und kraulte seine weiße Brust. »Hübscher weißer Kragen.« Colonel wedelte mit dem Schwanz und versuchte ihre Hand zu lecken, aber er sprang sie nicht an.

»Seht auf seinen Schwanz!« sagte Roy. »Ständig in Bewegung.«

»Colonel ist ein guter Name für ihn«, sagte Frieda. »Ich habe immer an einen würdevollen Colonel gedacht, und er ist einer. Er springt nicht überall an einem hoch wie einige verrückte Welpen.«

Hank stand etwas weiter weg und streckte seine Hand nach oben. »Komm her, Junge, los.«

Colonel trottete hinüber, und Hank schloß den flauschigen kleinen Freund in die Arme.

Ich habe ihn seit Tagen nicht mehr so grinsen sehen, dachte Frieda. »Carl, hol Jeanie her.« Carl hielt dem Hund das Baby hin, damit er es sehen konnte, und der schnüffelte an ihren Füßchen. Sie guckte und winkte mit den Ärmchen und quiekte.

»Gut«, sagte Frieda und nahm Carl Jeanie ab, »sieht so aus, als könnten sie miteinander auskommen. Trotzdem, noch etwas: er wird draußen bleiben – die ganze Zeit.« Sie drohte ihnen mit dem Finger. »Ich will nicht, daß er einen Fuß in das Haus setzt! Habt ihr verstanden?«

Drei Köpfe nickten.

»Gut, dann los, laßt uns essen.« Sie ging voran.

Das letzte, was Frieda vor ihrem geistigen Auge sah, bevor sie einschlief, war Henny grinsend.

Familientreffen

»Ich kann nicht begreifen, wie ich die letzten Tage überstanden habe«, sagte Frieda zu Gerti, während sie in der Küche herumwirbelte. »Fühlt es sich nicht gut an, über irgend etwas aufgeregt zu sein?«

Gerti lud einen Stapel frisch gestärkter Vorhänge auf dem Küchentisch ab. »Ich glaube, daß es das ist, was sie ›motiviert sein‹ nennen. Es gibt nichts, was wir nicht tun können, wenn wir es nur wirklich wollen.«

»Hm. Ich glaube, das ist richtig.« Frieda lachte. »Ich muß mir nur noch vorstellen, wie sehr ich etwas will, wenn wir keinen Besuch haben. Ich kann Dinge sehr schnell erledigen, wenn ich sie mit den Augen anderer sehe.«

Einen Augenblick später sagte sie: »Sieh dir die Gladiolen entlang der Einfahrt an. Sie sollten in voller Blüte stehen, wenn Fred und Helen kommen. Ich würde gern einen hübschen Strauß in ihr Zimmer und einen in das vordere Zimmer stellen.«

»Oder einfach auf den Küchentisch. Hier werden wir die meiste Zeit sein.«

»Richtig, ich kann sie genausogut dort hinstellen, wo wir sie genießen können. Ich werde die Vasen holen und auswaschen, während ich darüber nachdenke. Sie haben seit dem letzten Herbst im Keller gestanden.«

Es war schön, mit Gerti zu reden und zu arbeiten, aber sie hatten nicht daran gedacht, daß Earl überall herumkroch und dazwischenkam. Sie hatten versucht, ihn zwischen auf die Seite gelegten Küchenstühlen im Zaum zu halten, aber es dauerte nicht lange, bis er ausgebrochen war. Er begnügte sich eine Weile mit Jeanies Schaukel, und dann mußten sie ihn wieder beobachten.

»Wenigstens ist hier kein Schmutzwassereimer, in den er hineinklettern kann, wie damals, als ihr Kinder klein wart«, sagte Frieda. »Ich werde nie vergessen, wie glücklich ich war, als Papa mir erzählte, daß er beim Bau der Küche ein Waschbecken mit Abfluß einbauen wollte. Aber als ich die Männer diesen langen tiefen Graben bis hin zu den Hügeln graben sah, hatte ich ein sehr schlechtes Gewissen. Diese ganze Arbeit, nur damit ich keinen Schmutzwassereimer zu tragen brauche!«

Gerti nahm ein flaches Eisen vom Ofen, benetzte ihre Finger mit Wasser und berührte schnell den Boden des Eisens. Es zischte nicht, deshalb testete sie ein anderes.

»Ich wette, daß es dir nie leid getan hat, den Abfluß zu haben!«

Frieda besprenkelte den Vorhang mit Wasser und rollte ihn fest zusammen. »Natürlich nicht. Weißt du, Papa hat immer davon geredet, fließendes Wasser hereinzulegen, aber dann wurde er krank. Doch wenn man all die Jahre Wasser vom Fluß und von der Quelle herbeigetragen hat, ist es ein Luxus, die Pumpe direkt neben der Hintertür zu haben.«

Gerti wechselte die Eisen und begann den nächsten Vorhang zu bügeln, während Frieda den fertigen auf eine Stange schob.

»Mmm – riecht sauber und frisch. Ich bin froh, daß du mich überredet hast, auch die Vorhänge von oben zu waschen. Wir sollten noch einen Satz Laken für die Betten bügeln.« Sie hob die Hände. »Sag es nicht! Ich weiß. Du bügelst immer deine Laken. Nun, das ist in Ordnung, wenn man die Energie dazu hat, aber ich war froh, in der letzten Zeit die Kissenbezüge gebügelt zu haben.

Man muß sich entscheiden. Ich kann nicht alles erledigen und noch genug Energie übrighaben, um nett zu den Jungen und dem Baby zu sein – deshalb lebe ich mit Falten.«

Gerti seufzte. »Ich weiß – aber es ist so schön, in ein glattes Bett zu gehen.«

Frieda ordnete die Falten an dem Vorhang und sagte: »Irgendwann wird irgend jemand einen Stoff erfinden, der nicht gebügelt werden muß.«

»O Mama! Wer hat denn schon von so etwas gehört?«

»Nun, warum denn nicht. Die Bibel sagt: ›Ihr habt nicht, weil ihr nicht bittet.‹ Gut, ich werde Gott darum bitten, jemandem zu helfen, diese Sorte Stoff zu erfinden. Es gibt eine Menge anderer Dinge, die ich statt Bügeln tun sollte.«

Am Tag nach Gertis Abreise summte Frieda bei der Arbeit vor sich hin und dachte dabei, daß es gut war, daß Fred und Helen erst jetzt kamen, statt gleich nach Emmis Tod. »Es war eine solch harte Zeit, sich an das Bemuttern des Babys zu gewöhnen«, sagte sie zu sich selbst. »Ich wäre keine angenehme Gesellschaft gewesen.«

Es war noch immer nicht leicht. Das Baby wachte während der Nacht einige Male auf und weinte auch am Tag oft. Der Ausschlag brauchte auch sehr viel Pflege, aber nun war Frieda mit dem Herzen bei der Sache. Eines Nachts hatte sie geträumt, daß Emmi zurückgekommen war – so, als ob sie irgendwo auf einer Reise gewesen sei. Eine Woge der Freude hatte Frieda erfaßt, aber augenblicklich wurde diese Freude von einem Gedanken abgeschwächt: »O weh! Sie wird mir Jeanie wegnehmen!«

* * *

Am Tag, an dem Fred und Helen eintreffen sollten, war Frieda dabei, ihre normale Arbeit zu tun und trotzdem mit den Vorbereitungen fertigzuwerden.

Fred hatte geschrieben, daß sie die Fähre von Muskegon nach Milwaukee nehmen, dort über Nacht bleiben und am nächsten Morgen früh in Milwaukee aufbrechen wollten. Roy hatte gesagt, daß sie gegen achtzehn Uhr eintreffen sollten, sofern sie keinen Ärger mit dem Wagen hatten. Er sollte es wissen; einmal hatte er für Ed ein neues Auto von Milwaukee zurückgefahren.

Die Jungen entschieden sich dafür, das Melken vor dem Abendessen zu erledigen, aber Frieda bemerkte, daß jeder von ihnen es schaffte, herein zu schlüpfen und sich Brot und Marmelade zu nehmen, bevor sie die Hausarbeiten erledigten.

Um achtzehn Uhr wendete Frieda das Hühnchen in der Pfanne. Es war schön goldbraun. Wenn sie doch nur kommen würden, bevor es austrocknet, dachte sie, als sie wieder die Straße entlangsah.

Sie könnten jetzt jede Minute hiersein – genau hier vor ihren Augen. Würde Fred sehr viel älter aussehen? Ob der kleine Kermit Fred oder eher Helens Familie ähnlich sah? Und Everett! Noch ein Enkelkind, das sie noch nie gesehen hatte. Wenn sie doch nur genau jetzt kommen würden!

Frieda wechselte ihre Schürze, glättete ihr Haar, hängte ein sauberes Handtuch auf und wischte mit dem verschmutzten ein paar Flecken vom Spiegel.

Achtzehn Uhr dreißig. Vielleicht hatten sie Ärger mit dem Auto.

Das Baby begann zu weinen. Frieda wickelte es, setzte es in die Schaukel und starrte wieder aus dem Fenster der Speisekammer.

Sie kontrollierte den Tisch und prüfte das Hähnchen. Pickles! Sie könnte in den Keller laufen und ein Glas von Freds Lieblingsdill holen.

Als sie wieder zurückkam, stand Fred am Auto und streckte seine langen Arme und Beine.

Frieda hielt den Atem an. »Meine Güte, er sieht aus wie Papa«, flüsterte sie. Ein paar große Schritte, und Freds Arme waren um sie geschlungen, und dann hielt er sie auf Armeslänge von sich. »Du siehst gut aus, Mama. Ich war nicht sicher…«

»Oh, mir geht es gut. Es tut so gut, dich zu sehen, Junge!«

Frieda versuchte, Helen, Kermit und das Baby alle zur gleichen Zeit zu begrüßen. Kermit erlaubte seiner Oma, ihm seinen blonden Kopf zu tätscheln, und rannte dann los, um Colonel zu streicheln.

* * *

Am selben Abend, während Helen die kleinen Jungen ins Bett brachte, setzte Frieda sich mit Fred zusammen, der immer noch an seinem Kaffee nippte.

»Ich weiß, wie schwer Emmis Fortgang für dich zu begreifen sein muß. Wir haben hier alles direkt durchgemacht, und manchmal denke ich immer noch, daß es nicht wahr sein kann.«

»Für mich war sie immer noch ein kleines Mädchen«, sagte Fred und versuchte dabei, die Kontrolle über seine Stimme zu behalten. »Sie war erst vierzehn, als ich sie das letztemal sah. Ich konnte sie mir kaum als Lehrerin vorstellen – geschweige denn verheiratet und als Mutter.«

Er räusperte sich. »Wir wußten, wie sie gelitten haben muß. Ich meine nicht nur an ihrer Krankheit dieses Frühjahr – ich meine, als Lehrerin aufzuhören, zu heiraten und so weiter.« Er schüttelte den Kopf. »Das war das Letzte, von dem ich glaubte, daß es Emmi passieren könnte.«

Frieda folgte mit einem Löffel dem Muster der Tischdecke. »Ja, sie hat gelitten. Sie wollte es immer richtig machen, und es tat ihr so leid. Ich bin sicher, daß es immer welche geben wird, die sich an das als falsch erinnern werden, aber diejenigen, welche sie gut kannten, wissen, wie reuevoll sie war. Sie bat um die Vergebung des Herrn und nahm sie an.«

Frieda wischte ein paar Krümel vom Tisch in ihre Hand und zerrieb sie zwischen den Fingern zu feinem Pulver, während sie erzählte. »Oh, ich habe eine Zeit durchgemacht, in der ich dachte, wenn sie doch Ed nie getroffen hätte, und wenn sie doch an diesem Juliwochenende nicht auf der Farm seines Bruders geblieben wäre, und wenn Ed doch nicht so versessen auf eine Heirat gewesen wäre. Es war schrecklich schwer, ihn nicht zu beschuldigen. Emmi wollte ein paar Jahre länger unterrichten, bevor sie heiraten wollte, aber Ed war neunundzwanzig und mochte nicht warten.«

»Das ist alles Vergangenheit, Mama. Das Kleine ist jetzt wichtig. Es muß hart für dich sein, mit einem Baby wieder von vorn zu beginnen – aber sie wird dir eine Erleichterung sein, wenn die Jungen heiraten und ihre eigenen Familien haben. Du hast sie, um dich um sie zu kümmern.«

Frieda griff über den Tisch und umklammerte Freds Hand, seinen Blick aber mied sie. »Was ist, wenn mir etwas zustößt?«

Sie hörten Helen die Treppe herunterkommen. Ihre Blicke trafen sich kurz, und Frieda entzog ihre Hand Freds bestätigendem Griff.

»Mutter! Wie lieb von dir, die Gladiolen in unser Zimmer zu stellen. Sie sind wunderschön!«

Frieda errötete. »Ich hoffte, daß ein paar mehr aufgeblüht wären. Vielleicht werden es morgen mehr sein. Nun, wegen morgen. Kirche ist um halb zehn. Ich werde mich um die Kleinen kümmern, damit ihr gehen könnt.«

Helen legte ihre Hand auf Friedas Schulter. »Nein. Wir haben darüber geredet. Wir wissen, daß du nicht sehr oft gehen kannst, deshalb werde ich mich um die Kinder kümmern und Fred wird dich begleiten.«

Es tat gut, Freds Stimme beim Singen von »Fels des Heils…« über den Gang zu hören. Es hatte Frieda nie gestört, auf der Frauenseite der Kirche zu sitzen, aber heute wünschte sie, sie würde bei ihren Söhnen sitzen.

Während der Predigt wanderten ihre Gedanken und erwogen alle Dinge, die sie tun mußte, wenn sie wieder nach Hause käme. Ab und zu versuchte sie sich auf die Worte des Pfarrers zu konzentrieren, aber schon waren ihre Gedanken wieder fort.

Nach der Predigt holte sie ihr Geld für die Kollekte hervor und tat es in den Klingelbeutel, als Gust Zielkie ihn an dem langen Griff durch die Reihe reichte. Die kleine Glocke, die am Boden des Samtbeutels gehangen hatte, war schon vor langer Zeit verloren gegangen. Während die Orgel spielte, sprach Frieda in ihrem Herzen ein Gebet.

»O Vater, es tut mir leid, daß ich während der Predigt geistig abwesend war. Vergib mir – und hilf mir heute, nichts zu vergessen, was ich sagen oder tun sollte. Du weißt, daß ich ein Segen für meine Kinder sein will – wie die tugendhafte Frau in den Sprüchen. Laß mich nie etwas sagen oder tun, das sie beschämen würde. Und Herr, hilf mir, liebevoll zu sein, selbst wenn ich müde werde…«

Sie ließ sich den letzten Vers von: »Ich vertraue dir, Jesus dem Herrn« durch den Kopf gehen:

Ich vertraue dir, Jesus dem Herrn;
laß mich niemals fallen.
Ich vertraue dir für immer
und für alles.

Die Gedanken, die sie während der Predigt geplagt hatten, waren verschwunden. Frieda seufzte. Jetzt, als es an der Zeit war, nach Hause zu gehen, war ihr Geist bei Gott.

Pastor Fischer erteilte den Segen, und dann standen plötzlich Friedas Freunde um sie herum, fragten nach dem Baby und wünschten ihr alles Gute.

* * *

Frieda und die Jungen waren gerade zu Hause, als die Wagen einzutreffen begannen.

Als erste kam Ellen mit ihrer Familie an, und alle quollen aus dem Auto. Sie tummelten sich auf dem Rasen, ihre Arme mit Schüsseln voller Speisen beladen.

»Ma«, rief Ellen, »die Jungen wollen unten in ›Omas Badeteich‹ zum Schwimmen gehen. Soll ich sie gehen lassen, oder sie dazu bringen, hierzubleiben und erst zu essen?«

»Oh, laß sie gehen«, sagte Frieda mit einem Abwinken. »Wer weiß, wann wir mit dem Essen soweit sein werden.« Sie zwickte Klein-Harolds Nase, und er grinste sie von unten her an. »Sie werden schön hungrig sein, wenn sie zurückkommen.«

Die Jungen rannten johlend und lärmend davon – und Henny mit ihnen.

Frieda wandte sich an Ellens Mann Henry, der neben ihr stand. »Das bringt mich immer zum Lachen: ›Omas Badeteich‹! Ich bin nie in meinem Leben geschwommen; es war den Mädchen nicht erlaubt. Gustie hat es natürlich trotzdem getan. Es gab nicht viel, was Gustie nicht versucht hat.«

Bertel und Georg kamen mit ihren Frauen und Kindern; dann traf John mit Ed, Jeanies Vater, ein. John drückte Frieda zur Begrüßung mit einem Arm und sagte: »Hier sind ein paar Zitronen für Limonade. Ich wußte nicht, was ich mitbringen könnte.«

Gertis Clan kam als nächster an, und dann Minnis. Frieda streckte ihre Arme aus, um John zu halten, ihren jüngsten Enkel.

Nels, Minnis ruhiger Ehemann, begrüßte sie und eilte ins Haus. Frieda wußte, daß er einen ungestörten Flecken finden und den Rest des Tages dort bleiben würde. Seine schlimme Rückgratverkrümmung hatte Minni sicher nicht davon abhalten können, ihn attraktiv zu finden. Frieda hatte gehofft, daß ihm ihre Heirat neues Selbstvertrauen geben würde, aber er schien dieses Jahr noch zurückhaltender zu sein als vorher.

Was für eine Jammer, dachte sie, der Mann hat höchstwahrscheinlich eine höhere Intelligenz und mehr Fähigkeiten als der Rest von uns zusammen. Es schien, als würde es für ihn keine Grenzen geben, wenn es um irgend etwas Elektrisches oder Mechanisches ging.

Frieda wollte wieder hineingehen, wartete aber, als sie Leonhard und Nora herbeifahren sah. Nora stieg graziös aus dem Wagen. Wie immer bewunderte Frieda ihre schlanken Knöchel und ihr glänzendes, dunkelrotes Haar. Wäre Nora nicht so ein lieber

Mensch, hätte Frieda ihr städtisch würdevolles Benehmen unangenehm gefunden.

»Sind wir die letzten?« rief Len quer über den Rasen.

»Scheint so«, rief sie zurück. »Eddi und Conni konnten natürlich nicht kommen, aber alle anderen sind hier.«

Als Len sie begrüßte, fügte er hinzu: »John ging es in der letzten Zeit wirklich gut. Er hat schon lange nicht mehr bei der Arbeit gefehlt.«

»Oh, bin ich froh«, sagte sie mit einem schnellen Blick über die Schulter. »Ich dachte, er würde Esther heute mitbringen.«

Len zuckte mit den Achseln. »Sie hatten wieder einen Beziehungsstreit.«

* * *

Während alle auf dem Rasen herumsaßen, versuchte Frieda, sich alle Gesichter im Gedächtnis einzuprägen. Alle acht Söhne hatten Papas Grübchen im Kinn und große Ohren, aber wie die Variationen eines Themas in der Musik waren alle unterschiedlich.

Wenn Ed nur dabei sein könnte – und Emmi. Ein plötzlicher Stich der Trauer schoß durch Frieda. Sie konnte sich Emmi hier vorstellen, Jeanie liebkosend und mit den anderen die Gespräche junger Mütter führend.

Frieda schluckte schwer und schüttelte den Kopf. Sie wollte jetzt nicht über Emmi nachdenken. Jetzt war es an der Zeit, alles, was geschah, in sich aufzunehmen. Es könnte lange Zeit vergehen, bis sie alle wieder so zusammen wären.

Es störte sie nicht, daß sie nicht an den Gesprächen beteiligt war. Sie brauchte diesen wertvollen Moment, um die Szene und die Geräusche zu speichern. Eine Woge der Dankbarkeit überkam sie. Es gab keine Konflikte zwischen ihnen.

Papa würde so glücklich sein, so stolz. Sie konnte direkt sehen, wie er herumschlendern, die Mädchen necken und mit den Jungen reden würde um ihr dann und wann einen Blick zuzuwerfen, wie um zu sagen: »Sind sie nicht großartig, Frieda?«

Sie lächelte zu den Kindern hinüber, die wie bunte Vögel hier und da herumflatterten. Der junge Colonel trottete herum, alle Aufmerksamkeit auf sich ziehend – ganz besonders die von Shirley Frieda, die vor Vergnügen quiekte, wenn er versuchte, sie abzulecken. Len setzte sich mit einem Grinsen im Gesicht neben Frieda. »Shirley Frieda erzählte mir: ›Er leckt mich, weil er mich mag!‹ «

Frieda lachte. »Sie ist so ein nettes Püppchen. Ich liebe es, sie reden zu hören.«

Len sah zur Sonne auf. »Wir sollten lieber ein paar Bilder machen, solange das Licht gut ist. Ich hole Bertel.«

Schließlich war jedermann vor Bertels Kamera getrieben worden – alle außer Nels, der unter dem Buchsbaum blieb.

Später, als alle wieder dabei waren, hier und da in Gruppen herumzustehen und zu reden, hörte Frieda ein lautes Lachen und forschte nach der Ursache.

»Komm und setz dich«, rief Maime. »Die Männer erzählen Jagdgeschichten!« Frieda setzte sich und winkte Maime zu, während sie Carl beim Erzählen beobachtete, dessen Hände genauso mit der Erzählung beschäftigt waren wie sein Mund.

»John! Er ist ein Glückspilz!« sagte Carl. »Erinnert ihr euch an das Jahr ohne Schnee? Ein ganzer Haufen von uns – John, ich, Roy und Hank – Eddi muß dabei gewesen sein und du auch, Len. Wir hatten den ganzen Tag unten bei der alten verbrannten Stelle eine Treibjagd nach der anderen abgehalten. Gegen vier hörten wir auf – kein Schnee um Spuren zu verfolgen. Wir gingen ziemlich widerwillig heim. John, Len, ich und Hank schlugen den Weg entlang der Schonung ein. Dann änderte John seine Meinung und wollte durch den Sumpf abkürzen, um die anderen zu treffen, und deshalb sagten wir: ›Zieh los. Wir werden diesen Weg nicht gehen.‹ «

John grinste und nickte.

»Nun, als wir fast am Camp angekommen waren, hörten wir östlich von uns Schüsse. Also wandten wir uns in diese Richtung.«

»Ja«, sagte Roy. »Wir hörten die Schüsse und gingen in die Richtung aus der sie kamen.«

Carl deutete mit dem Finger auf Roy. »Wir sahen euch Jungs kommen und konnten nicht herausfinden, wer die Schüsse abgegeben hatte. Dann kamen wir auf einen kleinen Hügel, und da war

John, unten an der Kante eines alten Walls – und was tat er? Er zog einem prächtigen Bock das Fell ab!«

John grinste. »Achtzehnender.«

»Das einzige Wild, das irgend jemand den ganzen Tag über zu Gesicht bekam«, sagte Len. »Das ist Glück!«

Frieda sah zu Ed, der alles in sich aufsog. Es war gut, ihn lachen zu sehen.

»Sag mal, Carl«, sagte Ed, »ich habe etwas über ein Stinktier gehört, das dich am Tag deiner Konfirmation erwischt hat. Hattest du nichts besseres zu tun, als dich mit einem Stinktier anzulegen?«

Die, die sich daran erinnerten, fingen an zu kichern, und sie nötigten Carl, Ed den Vorfall zu erzählen.

»Stinktierfelle brachten in dem Jahr einen guten Preis. Hank und ich überlegten, daß wir mit einer Zucht beginnen könnten, wenn wir einige Pärchen fangen würden, also bauten wir unten am Fluß einige Käfige. Wir hatten gelesen, daß ein Stinktier nicht spritzen könne, wenn man es am Schwanz packt und seine Füße vom Boden löst.

Nun, es funktionierte. So fingen wir ein Paar. Aber an diesem Sonntag rannte ich schnell raus, um die Fallen zu kontrollieren, und ich hatte einen ganz schönen Brocken erwischt. Ich bekam ihn heil heraus und wanderte zu den Käfigen, aber der Stinker biß mich in den kleinen Finger! Ich hielt ihn in der rechten und einen Stock in der linken Hand, also gab ich mich geschlagen und verpaßte ihm eine auf die Nase, damit er meinen Finger loslassen sollte.«

Carl lachte so sehr, daß er kaum fortfahren konnte. »Er ließ tatsächlich los! Nicht nur meinen Finger, sondern auch seinen Sprühapparat! Mein Gesicht war etwa fünfzig Zentimeter entfernt, also hat es mich erwischt – voll erwischt! Ich konnte nicht sehen, ich konnte nicht atmen. Ich konnte den Fluß etwa fünfunddreißig Meter weiter weg hören, also stolperte und kroch ich hin und tauchte ein. Ich wusch und wusch, und endlich konnte ich genug sehen, um nach Hause zu gelangen.«

An diesem Punkt unterdrückte Gerti ihr Gelächter, um fortzufahren: »Wir schrubbten und schrubbten ihn, und dann überschütteten wir ihn mit Talkumpuder und Parfüm.«

Carl verzog die Nase. »Dieses Zeug war schlimmer als das Stinktier!«

»Und wir gingen zur Kirche«, fuhr Gerti fort.

»Der kürzeste Konfirmationsgottesdienst in der Geschichte!« fügte Roy hinzu.

»Das war ein Ereignis, das Mama nicht übersehen konnte«, sagte Gerti. »Aber da sind sicherlich ein paar Dinge, die sie bis heute nicht weiß!«

Len lachte. »Wie Eddi k. o. geschlagen wurde, als wir mit einem Floß gespielt hatten, während die Stämme geflößt wurden?«

»Ja«, sagte Gerti, »und als Eddi, John, Roy und ich versuchten, unten an der zweiten Flußbiegung den großen alten Baumstumpf umzukippen.«

»Emmi und ich waren auch dabei«, sagte Carl. »Wir waren damals kleine Grünschnäbel, aber ich erinnere mich daran.«

»Ich erinnere mich nicht, davon gehört zu haben«, sagte Frieda.

»Dieser Stumpf muß etwa fünf Meter hoch gewesen sein«, erzählte Gerti weiter, »und jedes Mal, wenn wir daran vorbeigingen, gaben wir ihm einen heftigen Stoß. Gut, an diesem Tag begann er tatsächlich nachzugeben, also schoben wir alle und brachten ihn zum Schaukeln. Aber statt sich an den Wurzeln zu lösen, brach oben ein großer Klotz ab und ist heruntergekracht. Er erwischte Eddi und schlug ihn nieder. Er konnte sich nicht bewegen und nicht reden. Wir waren sehr erschrocken!

John sagte: ›Ich wette, sein Rücken ist gebrochen!‹ und ich fragte: ›Würde er nicht bluten, wenn er gebrochen wäre?‹ und John erwiderte: ›O ja, es wäre eine Menge Blut zu sehen.‹ Also drehten wir Eddi um und zogen sein Hemd hoch. Er hatte ein paar rote Flecken, aber man sah nicht einmal Hautabschürfungen, und wir sagten: ›Na, wenigstens ist sein Rücken nicht gebrochen.‹ Mittlerweile konnte er wieder Luft holen. Da er nicht blutete, glaubten wir, daß er in Ordnung sei, also hievten wir ihn hoch und erzählten ihm, er solle sich nicht so anstellen.«

»Und ihr nahmt Emmi und mir das Versprechen ab, den Mund zu halten«, sagte Carl. »Wir klammerten uns aneinander und zitterten wie Espenlaub!«

»Armer Eddi«, sagte Roy. »Kein Wunder, daß er der kleinste von uns Jungen blieb.«

Gerti drehte sich zu Frieda um. »Mama? Hast du vermutet, daß etwas nicht in Ordnung war?«

»Nein, das habe ich nicht. Falls Eddi steif und verletzt war, habe ich es nie gewußt – und die Kleinen haben nie ein Wort gesagt.« Sie lachte. »Da seht ihr, was auf euch zukommt!«

* * *

Viel zu schnell begannen die Frauen damit, die Kinder und das Geschirr einzusammeln, und Frieda sagte immer und immer wieder »auf Wiedersehen«. Es war nicht so schwer bei denen, die in der Nähe wohnten – aber wie sollte sie Fred und Helen und die kleinen Jungen am nächsten Morgen verabschieden?

Als sie sich an diesem Abend für das Bett fertigmachte, konnte sie immer noch Fragmente des Tagesgeschehens hören – Minnis Klatsch, Kinderlachen, Männerstimmen.

Sie konnte Mütter mit ihren Babys sehen, die Zärtlichkeit in Eds Augen, als er die kleine Jeanie hielt, Shirley Friedas Entzükken über Colonel, das Kichern der kleinen Mädchen – sie wünschte, es würde einen Weg geben, dies alles zu erhalten.

Morgen würden Fred und Helen in den kleinen schwarzen Ford steigen und heimfahren. Würde es bis zum Wiedersehen erneut fünf Jahre dauern? Rasch stiegen Tränen in Friedas Augen, und für einen Moment dachte sie, sie könne es nicht ertragen, sie gehen zu lassen. Die kleinen Jungen – sie würden andere Menschen sein, wenn sie sie wiedersähe. Sie kroch ins Bett, vergrub ihr Gesicht im Kissen und schluchzte. Vielleicht wäre es einfacher, am Morgen die Tränen zurückzuhalten, wenn sie sich jetzt das Weinen erlauben würde.

Aber am nächsten Morgen verschwamm die Pfanne vor ihren tränenverschleierten Augen, als sie die Bratkartoffeln wendete. Sie verkroch sich in die Speisekammer, trocknete ihre Augen mit der Schürze und versuchte, ihren schmerzenden Hals zu vergessen.

Als Frieda ihnen beim Beladen des Wagens half, war sie heiter, aber als Fred sie festhielt, hielten Schluchzer all die Worte zurück, die sie hatte sagen wollen. Dann wendeten sie in der Einfahrt, winkten und riefen Abschiedsgrüße…

Frieda und die Jungen – Carl, Roy, und Henny – sahen ihnen nach, bis das Auto hinter dem Hügel verschwunden war. Dann, ohne ein Wort zu sagen, ging jeder seiner Wege, um in den Alltag zurückzufinden.

Unausstehlich

Wohin Frieda sich diesen Morgen auch wandte, sah sie Arbeit – und nochmals Arbeit.

Wenn sie die Wahl gehabt hätte, wäre sie ins Bett zurückgekrochen, aber sie konnte das Weinen des Babys nicht ignorieren; auch nicht den kleinen Windelstapel oder das Haus, das aussah, als ob am Tag zuvor vierzig Leute gefeiert hätten.

Sie beschloß, am Vormittag hart zu arbeiten, aber nach dem Mittagessen würde sie ein Nickerchen machen. Hatten ihre Freunde in der Kirche nicht bemerkt, wie müde sie aussah und ihr nicht nahe gelegt, auf sich zu achten?

Um die Mittagszeit bemühte sie sich, die Augen offenzuhalten.

»Die Drescher kommen hierher«, sagte Roy am Tisch. »Sie sollten bis Freitag hiersein.« Frieda stöhnte leise. In ein paar Tagen eine Dreschmannschaft zum Durchfüttern, das fehlte ihr jetzt gerade noch.

Statt eine Mittagsruhe einzulegen, müßte sie hinausgehen und Bohnen, Tomaten und Gurken pflücken. Sie brauchte Henny, um das Fallobst einzusammeln, auch wenn er nörgelte.

* * *

Viele der Tomaten waren überreif. Sie mußte sie sofort eindosen. Sie ging in den Keller und lud sich den Arm voll mit Einmachgläsern. Eins davon ließ sie gleich fallen. Frieda wollte das zerbrochene Glas einfach liegenlassen, aber sie zwang sich dazu, runterzugehen und die Scherben einzusammeln.

Dann mußte sie ein Feuer entfachen; sie brauchte ja kochendes Wasser, um die Gläser auszuwaschen und die Tomaten abzubrühen. Zu allem Überfluß war auch noch der Holzkasten leer und es hatte keinen Zweck, nach Henny zu rufen. Er war unten im Obstgarten – oder sollte dort zumindest sein. Sie mußte sich also ihr Holz selbst holen.

Das Baby schrie, als Frieda mit einem Armvoll Holz wieder

hereinkam, aber sie nahm sich die Zeit, das Feuer zu machen, bevor sie das Baby hochnahm.

Für eine Weile saß Jeanie zufrieden in ihrer Schaukel, aber dann quäkte und lärmte sie wieder. Frieda setzte sie auf den Boden, wo sie weiter herumquäkte und nörgelte.

Als Frieda an diesem Abend die Spülschüssel aufhing, war sie so müde, daß sie gerade noch ins Bett taumeln konnte. Wenn die Jungen nach dem Einbrechen der Dunkelheit noch aufbleiben wollten, konnten sie sich selbst Licht machen. Sie würde sich zurückziehen, um diesen schlechten Tag zu beenden.

* * *

Das erste, was sie am nächsten Morgen hörte, war Hennys Schrei. »Mama! Ich habe keine Socken mehr!« Wenigstens war er aufgestanden.

»Geh und sieh in Carls oder Roys Schublade nach«, rief sie zurück.

»Roys letztes Paar«, sagte er und hielt sie hoch, als er die Treppe herunterkam. »Carl hat auch keine mehr.«

Frieda seufzte. Sie hatte sowieso vorgehabt, heute zu waschen, aber wo waren all die Socken? Ein kurzer Blick in den Stopfkorb löste das Rätsel. Ich hätte Socken stopfen sollen, als ich die letzte Woche plante, schalt sie sich selbst. Sie kam nicht einmal in die Nähe der Bohnenstangen oder der Gurken, geschweige denn der Äpfel.

Es dauerte den ganzen Morgen, die Wäsche zu waschen und das Baby ruhig zu halten. Während sie zu Mittag aßen, klingelte das Telefon, und Roy antwortete. Als er an den Tisch zurückkam, sagte er: »Wir könnten am Freitag hier dreschen.« Er tat die letzte Butter auf seine Kartoffeln. »Frank Knorn wird morgen bei den chellers sein. Wir müssen dort helfen und am nächsten Tag bei Hank und Ella.«

Carl reichte Frieda die leere Butterschale. Sie machte ein finsteres Gesicht. »Geh und hol dir selbst welche. Das eine Mal wird es dir nicht schaden.«

Carl schluckte, holte seine langen Beine unter dem Tisch hervor und strebte auf den Keller zu, einen Blick über die Schulter werfend.

»He, warum starrst du mich so an? Es gibt keinen Grund, warum ihr euch hier nicht ein kleines bißchen um euch selbst kümmern könnt«, fauchte Frieda.

Nachdem der Abwasch erledigt war, entschied sie, Gerti anzurufen, bevor sie die Tomaten konservierte. Sie drehte an der Kurbel und hielt den kleinen Knopf gedrückt, damit die Glocke nicht klingeln konnte.

»Die Nummer bitte«, sagte die Zentrale.

»58, bitte.«

Das Telefon klingelte zweimal, und Gerti nahm ab. »Oh, Mama! Ich wollte dich heute schon anrufen, denn ich fühle mich irgendwie einsam. Hast du dich von der ganzen Gesellschaft erholt?«

»Ich denke schon. Aber ich komme mit der Arbeit nicht nach. Und die Dreschmannschaft wird am Freitag hiersein.«

»Ich wünschte, ich könnte dir helfen, aber mit Earl, der überall dazwischengerät, bin ich eher eine Last als eine Hilfe.«

»Ich weiß.« Frieda seufzte. »Ich wünschte nur, daß die Jungen ein bißchen hilfreicher wären. Sie haben keine Ahnung, wie es für mich ist…«

»Wir haben sie so sehr verzogen, sind immer für sie dagewesen.«

Frieda machte sich wieder an die Arbeit, mit noch mehr Selbstmitleid und einsamer denn je zuvor. Sie arbeitete den ganzen Nachmittag an den Tomaten, außer in der Zeit, die sie mit dem Abnehmen und Falten der Wäsche verbrachte. Die gestärkte Kleidung lieber nicht anfeuchten, erinnerte sie sich selbst. Wer weiß, wann sie Zeit zum Bügeln haben würde. Die Bohnen und Gurken konnte sie noch nicht einmachen.

Als sie den Tisch für das Abendbrot deckte, brummte sie in sich hinein: »Wie soll ich denn braten, Apfelkuchen backen, Socken stopfen, das Einkochen beenden, diese dreckigen Böden schrubben und dabei noch das Baby bei Laune halten?«

Sie konnte Ed sehen, wie er Jeanie am Sonntag den anderen zeigte. »Leicht für ihn, stolz zu sein und zu strahlen«, murmelte sie. »Er muß nicht jeden Tag mit ihr fertigwerden.«

Roy kam mit einem großen Riß in seinem Overall herein. »Kannst du den vor morgen früh nähen, Mama?«

»Ich bin beschäftigt, zieh dir einen anderen an.«

Er hob die Achseln. »Kann keinen ohne große Löcher finden. Ich dachte, daß dieser am schnellsten zu nähen wäre.«

»Oh, schon gut! Zieh dich um und bring ihn her.« Sie würde das Geschirr stehenlassen und erst die Hose flicken müssen. Kein Vergnügen bei Lampenlicht.

»Sie glauben, ich bin immer noch ein junges Küken«, brummelte sie und trat in die Pedale ihrer alten Nähmaschine. »Nie gehört, daß mir einer seine Hilfe anbot.«

Als sie in der Dämmerung das Geschirr spülte, konnte sie Henny im Hintergarten lachen hören, wo er mit Byron Olafson Ball spielte. Diese ganze Arbeit muß erledigt werden, und er sieht darüber weg.

»Henny!« brüllte sie, das Spülwasser in ihrer Hast verschüttend, »geh und mach den Hühnerstall zu. Es ist fast dunkel.«

»Och Mama.«

»Nichts och Mama! Mach es jetzt, bevor du es vergißt. Es ist sowieso zu dunkel zum Ballspielen.«

Sie stampfte zurück ins Haus und blickte zur Uhr. Wahrhaftig Zeit, das Geschirr vom Abendessen zu erledigen. Ich wette, daß jede Frau im Umkreis von Meilen fertig ist –, besonders jede in meinem Alter. Sie sitzen in ihrer Verandaschaukel oder in ihrem Schaukelstuhl.

* * *

Offensichtlich war das pünktliche Aufstehen an zwei aufeinanderfolgenden Morgen genug für Henny. Am Mittwochmorgen mußte Frieda zweimal mit dem Schrubberstiel klopfen. Sie weckte das Baby auf, aber Henny kam immer noch nicht herunter.

Als er sie die Stufen heraufkommen hörte, sprang er voller Eile aus dem Bett.

Während er sich die Schuhe zuband, schimpfte sie die ganze Zeit auf ihn ein. Henny wartete, bis sie aufhörte, um Atem zu holen, und sagte: »In der letzten Zeit bist du unausstehlich. Carl und Roy haben das auch gesagt.« Und weg war er.

»Na schön!« rief sie aus. »Dann bin ich also unausstehlich? Ich würde nur gern erleben, wie sie mit dem fertigwerden würden, mit dem ich fertig werden muß!« Sie konnte es nicht erwarten, Ella anzurufen.

Beim Frühstück sagte Roy: »Mama, hast du letzte Nacht den Hühnerstall verschlossen?« »Ich sagte Henny, daß er es tun solle.«

Roy blickte ihn über den Tisch finster an. »Ein Stinktier muß eingedrungen sein. Sie gackern immer noch, und eines fehlt.«

»Man kann sich überhaupt nicht auf den Jungen verlassen«, murmelte Frieda, als sie den Brotteig knetete – während das Baby die ganze Zeit schrie. Sie deckte den Teig ab, setzte Jeanie in ihre Schaukel und ging zum Telefon. Sie drehte die Kurbel; lang, kurz, kurz, lang.

Ellen klang atemlos, wie immer. Sie erzählte ihr, was Henny gesagt hatte. Ellen lachte, entschuldigte sich dann schnell. »Du bist sicherlich immer noch von dem Wiedersehen und der Gesellschaft erschöpft, Mama. Du brauchst Hilfe. Warum stellst du nicht eines von den Zielkie-Mädchen ein, um dir beim Kochen für die Dreschmannschaft zu helfen?« »Um alles in der Welt«, erwiderte Frieda. »Ich koche seit Jahren für die Mannschaft. Ich brauche keine Hilfe. Und davon abgesehen, wer hat in diesen Tagen das Geld, um eine Angestellte zu bezahlen?«

* * *

Bis Mittag war Frieda zum Umfallen müde. Sie hatte die Bohnen eingedost, solange das Baby schlief, aber dann erwachte es und begann zu weinen.

Frieda setzte Jeanie in die Schaukel. Sie schrie. Frieda gab ihr die Flasche und legte sie wieder hin. Sie schrie. Frieda setzte sie auf den Fußboden. Sie schrie wieder.

Schließlich hob Frieda sie auf und schüttelte sie. »Du weinst und weinst und weinst!

Egal was ich für dich tue – du weinst! Du bist bloß ein verwöhnter kleiner Stinker, das bist du!«

Das Baby starrte sie mit schreckensweiten Augen an – dann zitterte seine Unterlippe, und es begann zu schluchzen.

Sofort verschwanden Friedas Ärger und Niedergeschlagenheit.

»O Liebchen, Liebchen! Es tut mir leid! Es ist nicht dein Fehler.« Frieda hielt das Baby an sich gedrückt und ignorierte die Tränen, die unter ihrer Brille hervorkamen. »Ich bin so müde – so entmutigt.«

Sie setzte sich mit dem weinenden Baby im Arm in den Schaukelstuhl. »O Vater«, weinte sie, »es tut mir so leid, bitte vergib mir. Ich habe seit Montag nur an mich, immer nur an mich gedacht. Ein schöner Segen bin ich für meine Familie gewesen!«

Sie sah die Furcht in Jeanies Augen und weinte weiter. »Ich will so nicht sein. Bitte hilf mir!«

Worte kamen in ihre Gedanken, und sie flüsterte sie. »Ich kann alle Dinge durch Christus tun, der mich stärkt.«

Das Baby wimmerte immer noch.

»Es ist gut! Es ist gut!« summte Frieda, und das Baby beruhigte sich. Sie versuchte es wieder mit der Schaukel. Das Baby lächelte.

Kurz darauf klingelte das Telefon. Zweimal lang und zweimal kurz.

Es war Ellen, die berichtete, daß die Dreschmannschaft nicht vor Samstag kommen würde.

Frieda räusperte sich. »Weißt du, Ella, ich habe darüber nachgedacht«, sagte sie. »Ich werde eines von den Zielkie-Mädchen einstellen.«

Diphterie

An diesem Oktobermorgen bat Frieda Henny nicht einmal darum, Waschwasser für sie zu holen. Wasser pumpen würde ihr ermöglichen, tiefe Züge der frischen Luft einzuatmen und den blauen Himmel so intensiv zu betrachten, daß sie sich an ihn während der grauen Wintertage erinnerte.

Sie mußte die Kürbisse einkellern, und die Karotten ausgraben und in Sand legen; und die Äpfel sortieren, damit die schlechten nicht die guten verderben würden, und die Fenster putzen und die Sturmfenster einsetzen. Wie gut würde es sein, auf den Rasen bis hin zum Hügel durch schöne, saubere Fenster zu blicken, statt durch all diese Fliegenflecken! Colonel sprang zu ihren Füßen hin und her, als sie den nächsten Wassereimer vollpumpte, und Frieda rief sich Shirley Friedas Entzücken über ihn im letzten Sommer ins Gedächtnis.

Gestern war ihr zu Ohren gekommen, daß Nora und Shirley Frieda krank waren, aber sie wußte nicht, was ihnen fehlte. Wahrscheinlich waren sie jetzt schon wieder wohlauf. Frieda dachte an ihre jüngste Enkelin, eine andere kleine Shirley – Eddis und Connies Baby, das am 24. September geboren worden war. Sie hoffte, daß sie im nächsten Sommer kommen würden. Sie füllte noch einen Eimer und ging, um nach Jeanie zu sehen. Sie schien zu schlafen. Das Telefon klingelte, und Frieda beeilte sich, um es abzunehmen, bevor es das Baby aufweckte.

»Tantchen? Hier spricht Klein-Anne.«

»Anne, wie geht es dir? Es ist so lange her, seit ich dich das letzte Mal gesehen habe, daß man denken könnte, wir lebten hundert Meilen auseinander statt zehn.«

Sie tratschten ein paar Minuten, und Frieda ging lächelnd wieder an die Arbeit. Nett von Anne, anzurufen. Es schien erst kurze Zeit her zu sein, daß Anne wie Jeanie von ihren Onkels verwöhnt worden war.

Jetzt begreife ich, daß es für meine Mutter nicht einfach war, sie aufzuziehen, dachte Frieda. Wir haben es für ganz natürlich gehalten – haben nie begriffen, was für eine Anstrengung es für Mama gewesen sein muß, wieder ein Kleines im Haus zu haben. Jetzt weiß ich, wie sie um meine Schwester Ann getrauert haben muß, und wie traurig sie gewesen sein muß, als Langley die anderen beiden Kinder ins Waisenhaus gebracht hat. Es schauderte Frieda, als sie daran dachte. Ihre Mutter war zweiundfünfzig gewesen, als sie Klein-Anne zu sich nahm. Und Klein-Anne war erst dreizehn gewesen, als Mama gestorben war. Frieda versuchte, den strahlend blauen Himmel zu genießen, aber sie kämpfte den ganzen Vormittag gegen sorgenvolle Gedanken.

Nach dem Mittagessen brachte sie Henny dazu, ihr die Sturmfenster aus dem Werkzeugschuppen zu holen. Er reinigte die Außenseiten der Fenster und sie die Innenseiten, und jeder zeigte dem anderen, was er übersehen hatte.

Was für ein stattlicher Junge, dachte sie und nahm sein Gesicht unter die Lupe. Vielleicht der bestaussehende von ihnen allen.

Als er bemerkte, daß sie ihn anstarrte, schnitt sie ihm eine Grimasse und zeigte auf eine andere Stelle, die er vergessen hatte.

Während Henny davonging, um mehr Fenster zu holen, nahm sich Frieda einen Moment Zeit, um ihre Leistung zu genießen. Sie sah aus dem Fenster der Speisekammer und fragte sich, welche Farben sie wohl benutzen würde, um die vom Fenster eingerahmte Szenerie zu malen.

Sie bemerkte, daß der Himmel viele Blautöne aufwies. Die Wälder, die über die Hügelspitzen sahen, waren dunkelgrün, die Straße rotbraun. Das Weideland – nun, es sah aus, als ob irgend jemand eine alte Decke hingeworfen hätte, mit Löchern, aus denen ein bißchen Wolle heraussah. Irgendwann einmal, wenn die Grasnarbe über sie hinkroch, würden diese Findlinge total verdeckt sein.

Wie könnte sie das Schimmern des Flüßchens malen? In weiß? Der Garten war jetzt im Herbst zerstoppelt, aber sie würde ihn so nicht malen, sondern daraus einen Frühlingsgarten machen, in verschiedenen Grüntönen. Aber das würde nicht richtig zu den anderen Herbstfarben passen. Es mußte entweder alles Frühling oder alles Herbst sein.

Frieda schüttelte den Kopf. Ich eine Künstlerin! Dummer Gedanke!

In dem Moment kam ein Auto die Einfahrt herauf und unterbrach ihre Tagträume. John! Wieso in aller Welt! Er kam doch nie mitten in der Woche. Hatte Len ihn gefeuert?

John hielt den Kopf gesenkt, als er auf sie zukam. Er legte den Arm um ihre Schultern und sagte: »Wo sind die Jungen?«

»Ich weiß nicht, wo Roy und Carl sind. Nur Henny ist hier. Warum?« Sie drehte sich um, um nach ihm zu rufen: »Henny! Geh los und suche die Jungen!«

John wartete, bis Henny zur Scheune gelaufen war. »Mama…« Seine Stimme brach. »Die kleine Shirley Frieda ist tot. Diphtherie. Nora hat es auch.«

»Nein!« schrie Frieda und brach in Johns Armen zusammen. »Nicht das kleine Püppchen!« Als die Jungen kamen, fanden sie ihre Mutter und ihren Bruder am Tisch sitzend und in die Kaffeetassen starrend vor. John teilte ihnen die Nachricht mit, und sie setzten sich wie betäubt.

Frieda nahm sie der Reihe nach in den Arm. »Ich werde besser Gerti anrufen«, sagte sie.

John schüttelte den Kopf. »Ich habe auf dem Weg unten gehalten.«

»Dann werde ich Ella anrufen.«

Die Sonne stand tief, bevor die ganze Familie verständigt worden war.

Die Jungen erledigten die Hausarbeit, und Frieda erinnerte sich an die Windeln, die auf der Leine hingen. Konnte es erst ein paar Stunden her sein, als sie sang, ohne Sorgen, während sie Wasser pumpte?

Nora mit dem silberhellen Lachen. Nora mit der hellen Haut und den glänzenden roten Haaren.

»O Vater, bring sie durch«, betete Frieda, als sie ging, um Jeanies Windeln zu holen. »Len, die anderen Mädchen, ihre Mutter – sie alle brauchen sie.« Sie tupfte ihre Augen mit einer Windel ab. »Gott, ich weiß nicht, warum diese Dinge passieren, aber ich weiß, daß du sie nicht willst. Ich fühle, daß du mit uns weinst. Du bist ein Gott der Liebe. Ich verstehe nicht, warum einige sterben müssen und andere verschont bleiben, aber bitte laß Nora gesund und die anderen nicht krank werden!«

* * *

Am nächsten Morgen rief John von Phillips aus an und sagte, daß Nora immer noch in einem kritischen Zustand sei. Sie könnten kommen und vor der Beerdigung Shirley Friedas kleinen Körper durch ein Fenster sehen. Frieda dachte, daß dieser Moment sicherlich einer der traurigsten in ihrem Leben war. Ein Blick durch ein Fenster und ein kurzer Friedhofsgottesdienst, und sie waren wieder auf dem Weg nach Hause. Sie hatte sich danach gesehnt, Len zu trösten, aber die Furcht vor Ansteckung hatte die Leute auf Abstand gehalten. Ihnen war gesagt worden, daß Noras Zustand sich nicht gebessert hatte. »Vater«, seufzte Frieda, »ich kann nicht mehr beten und ich kann nicht mehr weinen. Ich ruhe in deinen allmächtigen Armen.«

An den nächsten drei Tagen war der Bericht immer derselbe. Sie arbeiteten automatisch und sprachen wenig – zumindest die Jungen. Frieda verbrachte eine Menge Zeit damit, entweder Telefonanrufe entgegenzunehmen oder anderen von Noras Zustand zu berichten.

»Es ist, als ob die ganze Welt den Atem anhielte«, erzählte sie Bertel und Maime am dritten Tag. »Selbst die kleine Jeanie spürt, daß etwas nicht in Ordnung ist. Die Jungen spielen mit ihr nicht mehr das Guck-Guck-Spiel oder schleudern sie herum, und sie hat mich so oft weinen sehen. Sie hat den traurigsten Gesichtsausdruck.«

Am vierten Abend, als sie um den Tisch herumsaßen und redeten, sagte Frieda: »Sicherlich fühlt Nora all die Gebete, und Len auch.«

Henny rollte den Youth Companion auf, den er gelesen hatte, und schlug damit auf den Tisch. »Nun, meine fühlen sie nicht! Ich bete nicht zu einem Gott, der kleine Kinder tötet!« Frieda war so überrascht, daß sie kein Wort herausbrachte.

»Warum hat er sie sterben lassen?« verlangte Henny zu wissen. »Er kann doch alles – oder nicht?«

Roy blickte fragend zu Frieda.

Henny schob seinen Stuhl zurück, stand auf und schritt durch den Raum, das Magazin auf seine Handfläche schlagend. »Ist das nicht richtig? Gott kann doch alles?«

Frieda legte ihr Strickzeug hin. »Ja, das kann er.«

Hennys Augen blitzten. »Nun gut, warum hat er sie dann nicht gesund gemacht?«

Frieda schluckte. »Erst beantwortest du mir etwas. Bringt Gott uns dazu, irgend etwas zu tun? Mag er alles, was wir tun?«

Henny hielt an. »Nein – nein. Aber was hat das damit zu tun?«

»Insofern, daß er alles tun kann, aber nicht immer tut. Er hätte uns so erschaffen können, daß wir ihm gehorchen, aber das hat er nicht getan. Wir können selbst entscheiden, was wir tun oder glauben wollen, oder nicht?«

Henny nickte.

Roy und Carl lauschten gebannt.

»Seht ihr es nicht, Jungs?« sagte Frieda und stieß mit einer Stricknadel in die Luft, um ihre Worte zu unterstreichen. »Wenn Gott uns restlos beherrschte, müßten wir ihn automatisch auch lieben, und was für eine Liebe wäre das? Liebe ist nicht Liebe, außer wir können uns dafür entscheiden, zu lieben.«

Roy und Carl nickten, aber Henny setzte sich und brummte.

»Seh' ich nicht ein, was das mit Shirley Friedas Tod zu tun hat.«

Frieda brachte einen langen Seufzer hervor und lehnte ihren Kopf gegen den Schaukelstuhl.

»Ich weiß, daß es nicht einfach ist. Ich weiß nicht, warum Gott tut, was er tut, aber ich weiß, daß er ein liebevoller Gott ist! Er trauert, wenn wir nicht so leben, wie es am besten für uns ist. Vor langer Zeit begannen die Dinge im Garten Eden falsch zu laufen, weil der Mensch seine eigenen Wege gehen wollte und immer noch geht. Wir können Gott nicht die Schuld für das geben, was durch unsere Sünde hervorgerufen wurde.«

Henny scharrte mit seinem Stuhl und warf das Magazin auf den Tisch. »Für mich ergibt es keinen Sinn«, murmelte er und stapfte davon, um zu Bett zu gehen.

Carl und Roy tauschten Blicke aus, wünschten Frieda eine gute Nacht und folgten Henny ins Bett.

»O Vater«, betete Frieda allein in ihrem Schaukelstuhl, »die Trauer über den Tod ist schwer, aber die Trauer über ein hartes Herz ist schlimmer. Hilf diesem Jungen!«

* * *

Der fünfte Tag zog vorüber. Die Jungen aßen ihr Abendbrot, redeten nur, wenn nötig, und machten sich an die Hausarbeit.

Frieda saß am Tisch und nippte lauwarmen Kaffee. Das Baby saß auf ihrem Schoß und schlug mit einem Löffel auf den Tisch. Das Telefon klingelte, sie setzte Jeanie ab und beeilte sich, um abzunehmen.

»Nora geht es besser!« weinte Gerti. »Der Arzt sagt, daß sie leben wird!«

Frieda lief zur Scheune und weinte dabei den ganzen Weg: »Hab Dank, Herr! Hab Dank, Herr!« »Jungs!« schrie sie. »Nora geht es besser! Sie wird leben!«

Sie hielt nicht an, um zu sehen, wie sie reagierten. Es gab zu viele Anrufe zu erledigen.

Jeanies erste Weihnachten

Henny schob den Montgomery-Ward-Katalog über den Tisch und hielt dabei den Finger auf dem Artikel, den er Frieda zeigen wollte. »Sieh dir das an, Mama. Es wird Stehaufmännchen genannt. Glaubst du, daß Jeanie es gefallen würde?«

»Hm. Das Stehaufmännchen richtet sich auf, wenn es umgestoßen wird«, las Frieda. Sie hielt den Katalog in einem anderen Winkel, um die schwachen Strahlen der Lampe aufzufangen. »Siebeneinhalb Zentimeter im Durchmesser, wird hier gesagt. Sie würde es festhalten können. Ich glaube, es könnte ihr gefallen.«

»Soll ich es für sie bestellen?«

»Wo willst du neunundvierzig Cents herbekommen? Das ist der Lohn eines halben Tages!« Henny kaute auf seiner Lippe. »Ich dachte, ich könnte Wiesel fangen. Wette, ich habe einen ganzen Haufen vor Weihnachten. Es hat nur einen Haken – ich muß sie aufspannen und verschicken; und somit könnte die Bestellung nicht rechtzeitig bezahlt werden!«

Frieda lächelte. »Wenn ich die Wiesel sehe, bekommst du deinen Lohn.«

Henny grinste. »Dein Geschenk werde ich in der Stadt kaufen, damit du es nicht auf dem Bestellschein siehst.«

Frieda lächelte in sich hinein. Selten sah sie ihren mürrischen Jungen so aufgeregt und über jemand anderen nachdenken.

Aber der Gedanke an Weihnachten war schmerzlich. Sie sehnte sich nach Len und Nora und erinnerte sich an die ersten Weihnachten, an denen Papa gefehlt hatte. Sie hatten alle versucht, fröhlich zu sein und an den eigentlichen Grund für diese Freude zu erinnern – aber sie vermißten Papa so sehr.

Seitdem war jedes Weihnachten eine Qual. Die Jungen heuchelten Freude über die selbstgemachten Geschenke – Socken und Fausthandschuhe – und die Pfeifen und Kleinigkeiten, die sie einander schenkten, aber selbst das Aufstellen eines Baumes war eine Arbeit geworden. Dieses Jahr würde es noch viel schlimmer werden, jetzt, wo Emmi auch fort war – nur durch das Baby gab es einen Unterschied.

* * *

Ein paar Tage später stapfte Carl herein und sagte: »Warte, bis du den feudalen Baum gesehen hast, den ich gefunden habe. Duftend, wie du immer wolltest, und er ist perfekt. Glaubst du, wir können einige kandierte Kirschen und Glaskugeln und so'n Zeug bestellen?« Er gab Jeanies Schaukel einen Stoß.

»Warte, bis du den Weihnachtsbaum siehst, Kind!« Frieda lachte, als sie Jeanie über Carls dumme Grimassen kichern sah. Ja – das Baby würde einen Unterschied machen – aber Frieda fürchtete immer noch den leeren Platz, den niemand außer Emmi ausfüllen konnte. Als sie die Pfeffernüsse in Backformen legte, konnte sie plötzlich Emmi und die Jungen sehen, wie sie sich neckten, als sie im letzten Jahr den Weihnachtsbaum vorbereiteten. Die Trauer brachte sie wie eine unvorhergesehene Ozeanwoge aus dem Gleichgewicht. Sie lief zur Speisekammer, damit das Baby sie nicht hören konnte, und ließ ihren Tränen freien Lauf. Wie würde sie Weihnachten ohne Emmis perlendes Gelächter überstehen?

* * *

Am Nachmittag des Weihnachtsabends stellte Carl den Baum in den alten Ständer, den Papa aus gekreuzten Hölzern gemacht hatte. Er ließ ihn auf der Veranda, um ihn nach dem Kirchgang ins Haus zu bringen.

»Das Baby geht aus«, erzählte Frieda Jeanie. Sie sang, als sie sie ankleidete:

Häng auf des Babys Söckchen,
denk daran, vergiß es nicht.
Denn das süße kleine Schätzchen
kennt das Weihnachtsfest noch nicht.

Roy kam grinsend herein und fiel in die nächste Strophe ein:

Ich erzählte ihr alles, was darüber bekannt.
Sie sah mich an mit Augen so blau,
ich bin sicher, daß sie alles verstand,
denn sie blickte so gescheit und schlau.

Als in dieser Nacht die Kerzen am Baum mit einer an einem langen Stab befestigten Kerze angezündet wurden, machte Jeanie große Augen.

Kein Weinen in dieser Nacht, aber sie schaukelte hin und her, als die Kinder ihre Verse aufsagten.

Nach dem Gottesdienst versammelten sich groß und klein um sie herum, strichen über ihr glänzendes Haar und bemerkten, daß sie gewachsen sei. Das Baby gab ein kleines Lächeln und ein großes Gähnen von sich, und Frieda lachte.

»Ich hoffe, daß sie immer noch so müde ist, wenn wir nach Hause kommen.«

* * *

»Geht und holt den Baum herein«, sagte Frieda zu den Jungen, als sie Jeanie auszog. »Sie weiß ja nicht, was vor sich geht.« Aber sie weigerten sich, ihn hereinzuholen, bevor sie nicht sicher im Bett war. Es mußte eine totale Überraschung sein.

Als Frieda aus dem Schlafzimmer herauskam, stand der Baum an seinem Platz, und die Jungen drehten ihn hierhin und dahin, um die schönste Seite zu finden.

»Es ist ein wundervoller Baum«, versicherte Frieda Carl, als Henny und Roy hänselnd auf fehlerhafte Stellen zeigten.

Frieda ging, um die Schachtel mit dem Schmuck zu holen, und Carl brüllte: »Mama! Henny ißt das Popcorn, das wir letzte Nacht gemacht haben.«

»O ihr Jungs! Ruhe jetzt, oder ihr werdet das Baby aufwekken.«

Roy legte »Herbei, o ihr Gläubigen« auf den Plattenspieler, und Frieda summte mit, während sie duftende, wohlschmeckende Äpfel für ihre Kristallschale polierte.

Im letzten Jahr hatte Emmi Ed erklärt: »Wir haben jedes Weihnachten Äpfel in dieser Schale gehabt, solange ich zurückdenken kann.« Und er hatte ihre Hand gedrückt und gesagt: »Das gefällt mir. Wenn wir im nächsten Jahr unser eigenes Haus haben, können wir mit unseren eigenen Bräuchen beginnen.«

Aber sie haben nicht einmal ein Weihnachtsfest in ihrem eigenen Heim erlebt, dachte Frieda bitter.

»Hei, Mama?« rief Carl und unterbrach ihre Gedanken. »Ist diese Kerze weit genug von dem Ast entfernt?«

»Ich glaube nicht.« Sie stand auf und half ihm bei der Suche nach einem besseren Platz für den Kerzenhalter. Dann ging sie los, um die Schachtel zu holen, die sie im Sahnetrennraum versteckt hatte. Sie öffnete die kleinen braunen Päckchen mit Bonbons, Schokoladendrops, Erdnußbruch und verschiedenen Nüssen, holte ein bißchen hervor und bat die Jungen, sich nur ein wenig zu nehmen, damit noch genug für den nächsten Tag übrigbliebe.

Die Jungen holten ihre Geschenke für Jeanie hervor – nicht eingewickelt, damit sie sie gleich sehen konnte – und die in Seidenpapier eingewickelten Geschenke für jeden von ihnen. Henny stellte das Stehaufmännchen sorgfältig vor den großen Rollkuchen, den Carl gekauft hatte, und blickte mißbilligend auf den flauschigen braunen Teddybär von Roy. »Frag mich, ob sie ihn überhaupt ansieht«, murmelte er.

Frieda holte die Lumpenpuppe hervor, die sie während Jeanies Nickerchen genäht hatte, und dachte an die vielen Lumpenpuppen, die sie in all den Jahren gemacht hatte.

»Und nun bring sie am Morgen nicht her, bevor wir die Kerzen angezündet haben«, erinnerte Carl seine Mutter.

Dann mußten sie natürlich noch die Kerzen anzünden. Selbst Roy und Henny mußten zugeben, daß es einer der hübschesten Bäume war, die sie je hatten. Nach ein paar Minuten der Bewunderung bliesen sie die Kerzen aus und trotteten nach oben, wie kleine Kinder in der Hoffnung, daß der Morgen kommen würde, je eher sie ins Bett gingen. Frieda füllte die Bonbon- und Nußschalen wieder auf – sie hatte nicht damit gerechnet, daß die Jungen nach einer Probe wieder aufhören würden. Noch ein Holzscheit in jeden Ofen, und ihre Tagesarbeit war getan. Sie setzte sich einen Moment und sog den Harzgeruch und den Duft der Kerzen tief ein. Aber in dieser Nacht rief er Trauer hervor, nicht die glücklichen Erinnerungen, die einst damit zusammenhingen. Sie fühlte sie wachsen und sich tief in ihr sammeln, und sie flüchtete in das Schlafzimmer. »Vater, hilf mir! Laß mich den Tag für die Jungen nicht verderben – und für Ed, falls er kommt. Und Vater, tröste Len und Nora, hilf ihnen über den Tag hinweg…«

Bevor sie die Lampe ausblies, zog sie die Decke höher über Jeanies kleine Schultern und küßte ihre rauhe kleine Stirn. »Gott segne dieses Kind«, murmelte sie. »So eine kleine Süße.«

Heute morgen wird es kein Problem sein, Henny aus dem Bett zu kriegen, dachte Frieda, und schnürte ihren alten rosa Flanellmorgenrock zu. Sie konnte die Jungen herumschleichen hören und roch den Schwefel der Streichhölzer vom Anzünden der Kerzen. Einer von ihnen schüttelte die Asche aus dem Heizofen und legte Holz hinein, und ein anderer tat dasselbe in der Küche. Sie spähte um den Türrahmen. »Fröhliche Weihnachten, Jungs! Seid ihr fertig?«

Carl kam aus der Küche gehastet, als Frieda Jeanie aus der Wiege hob und ein Laken um sie wickelte. »Es ist Weihnachtstag, Liebes! Laß uns gehen, um nachzusehen.«

Jeanie verkroch sich an Friedas Schulter, aber als Frieda sie so drehte, daß sie den Baum sehen konnte, kam ihr kleiner Kopf hoch. Sie bekam große Augen.

Frieda sah vom Gesicht des Babys weg, um die grinsenden Jungen zu beobachten. Sie setzte Jeanie auf den Boden, mit Laken und allem.

Henny war sofort neben ihr und führte ihr das Stehaufmännchen vor. Jeanie wackelte mit den Ärmchen und gab zufriedene Geräusche von sich und versuchte es zu fassen, wenn es zu ihr zurückkam. Dann fesselte der Rollkuchen ihren Blick, und sofort zeigte Carl ihr, wie man ihn zum Wackeln brachte.

Roy stand lächelnd daneben, die Arme verschränkt, und beobachtete sie. Er fing Friedas Blick auf und zwinkerte. Jeanie würde den Teddybär und die Lumpenpuppe schon noch finden.

Als es für die anderen an der Zeit war, ihre Geschenke zu öffnen, dachte Jeanie nicht daran, ruhig zu sitzen. Sie kroch herum und verstreute das Papier und die Schachteln, und griff dann nach einem niedrigen Ast des Baumes.

»Nein!« schimpfte Frieda. »Sieh! du verletzt die Finger!« Vorsichtig steckte sie Jeanies kleine Finger zwischen die Nadeln.

Einen Moment später griff Jeanie nach tiefhängendem Baumschmuck.

»Nein!« rief Frieda und gab ihr einen Klaps auf die kleine Hand. Jeanies glückliches kleines Gesicht verzog sich, und sie schluchzte. »Seht mich nicht so an«, sagte Frieda zu den Jungen. »Sie muß es lernen.«

»Wir könnten ihn dieses Jahr auf den Tisch stellen«, schlug Carl vor. »Unsinn! Wir haben den Baum nie aus der Reichweite von irgendeinem von euch gestellt.«

* * *

Ed kam einige Zeit vor dem Mittagessen und versicherte sich der Hilfe der Jungen, um den Wagen auszuladen.

»Was hat Papas kleines Mädchen bekommen? Zeig es Papi!« sagte Ed und sah zu Jeanie hinunter, die beschäftigt war mit ihren Spielsachen. »Würdest du sie bitte für mich hochheben, Roy?«

Manchmal vergaß Frieda, daß Ed eine schwere Stütze trug. In seiner Armeezeit hatte er sich einen Rückenwirbel gebrochen, und ein Stück eines Beinknochens war in sein Rückgrat eingesetzt worden. Er mußte ihm wieder Schmerzen bereiten.

»Warte, bis du siehst, was Papa dir mitgebracht hat!« sagte er. »Carl, willst du die große Schachtel aufmachen?«

»Ein Schaukelpferd!« rief Carl aus.

Es war für ein kleines Kind gemacht worden – mit einem Rahmen um den Sitz, um den kleinen Reiter festzuhalten. Frieda fuhr mit der Hand über den gebogenen Holzkreis, der den Sattel umschloß und untersuchte die Griffe, die vom Kopf des Pferdes hervorstanden.

Jeanie war so winzig, daß sie weder die Fußstützen noch die Handgriffe erreichen konnte.

»Das werden wir richten«, sagte Frieda und stopfte ein Laken hinter ihr fest. »Wird nicht lange dauern, dann wird sie selbst schaukeln.«

Ed deutete auf zwei große, flache Pakete. »Dies sind deine, Mutter.«

Frieda setzte sich und öffnete eins. Es war ein großes Portrait in einem ovalen Rahmen. »Oh, Ed! Vielen Dank! Mensch, sahst du in Uniform stattlich aus!«

Henny pfiff. »Ist der Rahmen aus echtem Gold?«

Ed lächelte. »Blattgold, glaube ich.« Er rieb seine Hände nervös aneinander, während er wartete, daß Frieda die zweite Schachtel öffnete.

Mit klopfendem Herzen griff sie danach. »Hilf mir, Vater«, betete sie leise und lüftete den Deckel der Schachtel.

»Oh, Emmi!« sagte sie. Ihre Stimme brach beim Anblick des nahezu lebensgroßen Bildes.

Ed erklärte zögernd, daß es von ihrem Klassenfoto abgezogen worden sei. »Ich wollte eins, auf dem sie lächelt – sie war selten so ernst. Aber wir konnten kein anderes Bild finden, das scharf genug für eine Vergrößerung war.«

»Es ist wunderschön, Ed. Weißt du, ich werde beide wie meinen Augapfel hüten.«

Die Jungen blickten kurz darauf und verschwanden.

So eine lebendige Erinnerung brauchten sie nicht, dachte Frieda. Ich muß einen Weg finden, um die allgemeine Stimmung zu heben.

Aber bevor sie über irgend etwas nachdenken konnte, bellte Colonel. Es kam jemand.

»Es sind Bertel und Maime und die Kinder«, rief Henny.

»Ich danke dir, Herr«, flüsterte Frieda und ging, um sie zu begrüßen.

Sie waren kaum im Haus, als Georg mit einem Grinsen im Gesicht hereinkam.

»Ratet mal, was wir zu Weihnachten bekommen haben.« sagte er zu Bertels Kindern.

»Einen groooßen Schlitten?« fragte der kleine Art und streckte seine Arme so weit aus wie er konnte.

»Nein« antwortete Georg und warf Art in die Luft. »Wir haben ein brandneues Baby bekommen. Ihr Name ist Ardis.«

Der kleine Art schien kein bißchen beeindruckt, aber Frieda und Maime bestürmten Georg mit Fragen.

* * *

An diesem Abend lehnte sich Frieda zurück, schloß die Augen und genoß die Ruhe. Nur das gelegentliche Knistern des Feuers und das Ticken der Uhr war zu hören. Die Jungs waren zu Bett gegangen, aber sie mußte den Tag noch einmal durchleben – Weihnachten 1924.

Sie lächelte, als sie sich an das Erstaunen des Babys erinnerte, und an die Kerzen, die sich in seinen Augen spiegelten, und an Henny und Carl, die mit ihr zusammen auf dem Fußboden spielten.

Dieser besondere Moment wortloser Verständigung mit Roy über die Köpfe der Jüngeren hinweg. Was würde sie ohne diesen gesegneten Jungen anfangen? Sie sollte wirklich damit aufhören, ihn als kleinen Jungen zu betrachten, dachte sie. Bald wird er dreiundzwanzig. Irgendwann wird er ein eigenes Heim und eine Frau haben wollen. Aber das dauert sicher noch lange.

Sie dachte an Ed, der sich so an Jeanie in ihrem Schaukelpferd erfreut hatte. Er schien nicht sehr stark zu sein, weder körperlich noch seelisch, und Friedas Herz weinte um ihn.

Und was für ein Schock, Emmis Gesicht zu sehen. Eines Tages würde es befriedigend sein, diese schöne, reine Gestalt zu betrachten, dessen war sich Frieda sicher… eines Tages. Gott sei Dank waren Als Familie und Georg zum rechten Zeitpunkt gekommen.

»Vater, ich danke dir«, flüsterte sie. »Nur dieser eine dunkle Fleck. Aber es tut mir leid, daß wir deinen Geburtstag nicht so gefeiert haben, wie ich es gern getan hätte, Jesus. Wir haben nur an uns selbst gedacht, nicht an dich.

Hilf uns, aus dem Weihnachten im nächsten Jahr einen Tag zu machen, der dir gefällt. Ich möchte Jeanie alles von dir erzählen. Ich möchte, daß sie dich liebt. Bitte laß mich bei ihr sein, bis sie mich nicht mehr braucht. Und, Vater, hilf mir, ein Segen für meine ganze Familie zu sein…«

Ein neues Jahr

Frieda schloß den letzten Knopf von Jeanies kleinen schwarz-braunen Schuhen; dann legte sie den Stiefelknöpfer in die Schublade des Waschtischs und hob das kleine Mädchen hoch, damit es sich im Spiegel betrachten konnte.

»Sieh dir das große Mädchen an! Ein Jahr alt ist sie heute!« Frieda küßte ihre kleine Wange. »Jetzt werden wir das neue Kleid anziehen, das dein Papa dir geschickt hat, und du wirst darin sehr hübsch aussehen, wenn Tante Gerti und die Jungen kommen.«

Das erste, was Gerti nach der Ankunft sagte, war: »Sieh dir ihr Gesicht an! Es ist ganz glatt!«

Frieda strahlte. »Und es ist auch nichts von einer Narbe zu sehen. Sie hat noch ein paar Flecken in den Kniekehlen und an den Ellbogen, aber das ist nicht so schlimm.«

»Ich habe meine Kamera mitgebracht«, sagte Gerti. »Laß uns ein paar Bilder von den Kindern machen, solange sie noch sauber sind und die Sonne hoch steht.«

Frieda trug Jeanie hinaus und stellte sie auf einen sonnigen Fleck, aber sie fiel sofort ins Gras. Ihre Cousins Clyde und Earl tobten herum, und sie versuchte, hinter ihnen herzukriechen.

»Gerti! Nimm sie einfach sitzend auf, oder sie wird schmutzig sein!« Die beiden Frauen sahen den Kleinen beim Spielen im feuchten Gras zu.

»Ich kann mich nicht daran erinnern, daß der Rasen Ende März schon einmal so gegrünt hat«, bemerkte Gerti. »Scheint kaum möglich, daß wir im letzten Jahr um diese Zeit einen Schneesturm hatten.«

Frieda seufzte. »Als Ed an jenem Morgen anrief, um zu sagen, daß das Baby angekommen war, konnte ich uns schon sehen, wie wir hingehen würden, um sie zu besuchen. Ich stellte mir vor, wie stolz Emmi sein würde....«

Gerti legte ihren Arm um Friedas Schulter, und sie gingen auf das Haus zu. »Es ist ein schweres Jahr gewesen, Mama. Dieses wird leichter sein.«

Bertels und Ellas Familie kamen auch zu der Feier. Als Frieda hin und her eilte, um den Geburtstagskuchen zu servieren, schnappte sie Teile der Unterhaltung über »Schöpfung« und »Evolution« und den Gouverneur von Tennessee auf, aber sie konnte sich keinen Reim darauf machen. Als jeder bedient war, setzte sie sich schließlich neben Bertel und fragte ihn, worum es ging.

»Scheint so, daß es Lehrer gibt, die unterrichten, daß der Mensch vom Affen abstammt, statt von Gott geschaffen worden zu sein. Der Gouverneur von Tennessee hat gerade einen Gesetzesentwurf unterschrieben, der es für einen Lehrer dieses Staates als ungesetzlich erklärt, etwas anderes als die Schöpfungsgeschichte der Bibel zu lehren.«

»Nun, das will ich hoffen! Ich hoffe, daß jeder Staat ein Gesetz wie dieses erläßt.«

Bertel schüttelte den Kopf. »Sieht so aus, als ob wir noch eine Menge mehr von dieser Evolutionslehre zu erwarten hätten. Viele Leute glauben eher den Theorien von Darwin, als an die Bibel.«

»Meine Güte! Sie müssen einfach nur um sich blicken, dann können sie sehen, daß dies alles nicht durch Zufall entstanden ist. Ich kann mir nicht vorstellen, daß das irgend jemand glaubt.«

»Nels sagt, daß er es tut«, sagte Gerti und hielt ihre Augen auf den Teller gesenkt.

Frieda schüttelte den Kopf. »Armer Nels. Manchmal können kluge Männer so dumm sein. Aber er ist noch jung… Er wird seine Meinung ändern.«

Diese Unterhaltung verfolgte Frieda für einige Tage. In was für einer Welt würden die Kleinen leben, in der solche Ideen wuchsen? Aber jedes Mal, bevor sie sich bis zum Zittern fürchtete, verbannte sie diese ängstlichen Gedanken durch ein geflüstertes Gebet: »Vater, nimm dich dieser Kleinen an. Ich vertraue dir!«

* * *

Im Monat Mai erinnerte sich Frieda bei der Gartenarbeit an das, was Gerti gesagt hatte – daß dieses Jahr leichter sein würde. Sie stimmte zu – bis sie Jeanie ein paarmal mit den Augen die Auffahrt hinunter verfolgt hatte.

Während sie arbeitete, führte sie den Monolog fort.

»Das ist Rinde von dem Baum. Äh! Nicht in den Mund nehmen. Oh, sieh da! Ein Angelwurm. Streck deine Hand aus. Sieh, wie er sich windet. Magst du ihn nicht? Ach, er ist ein netter kleiner Wurm.«

Sie hatte vergessen, wie es war, die Welt durch die Augen eines kleinen Kindes zu sehen. Sie pflückte Löwenzahn und drehte sich um, um ihn Jeanie zu geben, aber das Kind war fort.

»Dieser kleine Schelm! Wie konnte sie so schnell verschwinden?«

Frieda sah in die Einfahrt, auf die Westseite des Hauses und hinter den Fliederbusch, die ganze Zeit rufend. Dann hörte sie eine hohe dünne Stimme von der Vorderseite des Hauses rufen: »Mama! Mama!« – als ob die Jungen sie rufen würden.

Sie fand Jeanie bei dem großen, alten Geißblattbusch, den linken Fuß zwischen den unteren Zweigen festgeklemmt. Frieda konnte sich das Lachen nicht verkneifen, als sie Jeanie befreite, und drückte sie an sich. Sie mußte es den Jungen beim Mittagessen erzählen.

Mitte Juni rief eines Tages Maime an und lud Frieda zu der Geburtstagsfeier von Bertel ein. »Wie wäre es, wenn Bertel gegen ein Uhr kommt und dich abholt? Du könntest den Nachmittag mit uns verbringen, und die Jungen könnten zum Abendbrot hier sein. Wir bekommen so selten die Chance zu einem Besuch.«

An diesem Tag fühlte sich Frieda schuldig, als sie die Küchentür mit der ganzen Arbeit dahinter abschloß. Aber sie erinnerte sich daran, daß es auch wichtig war, die Zeit mit anderen Mitgliedern ihrer Familie zu verbringen. Als sie an Bertels gemütliches grünes Haus dachte, konnte Frieda den dampfender Kaffee schon beinahe riechen. Es war immer angenehm, Maime mit ihrem weichen norwegischen Akzent zu besuchen. Sie war selten ohne Lächeln, und sie mußte nie lange suchen, um einen Grund zum leisen Lachen zu finden. Es tat Frieda gut, nur daran zu denken, dort zu sein.

Bertel setzte sich mit den Frauen hin, um eine Tasse Kaffee zu trinken.

»Wenn jemand etwas von mir will, kommen sie zum Haus«, sagte er. »Ich habe nie geglaubt, daß die Zeit kommen würde, in der die Schmiedekunst ein absterbendes Handwerk ist, aber ich sehe es so kommen.«

Frieda zog die Stirn in Falten. »Was willst du tun? Mehr Kühe besorgen?«

Bertel schüttelte den Kopf. »Nein. Ich denke, ich könnte es in der Stadt versuchen. Vielleicht in Muskegon. Hat keinen Sinn, herumzusitzen und die Autos finster anzublicken, die vorbeifahren – könnte sie genauso gut bauen.«

Maime schenkte ohne Kommentar Kaffee ein. Frieda wußte, daß sie es hassen würde, ihre alten Eltern zu verlassen, die nur ein paar Meilen entfernt lebten.

»Oh, ich habe gute Nachrichten«, strahlte Frieda. »John und Esther werden nächsten Monat heiraten. Roy wird Trauzeuge sein.«

Bertel bemerkte spöttisch: »Ich hoffe, daß sie besser als jetzt miteinander auskommen werden, wenn sie verheiratet sind.«

»Ach Bertel«, schalt Maime, »das waren bloß Liebesstreitigkeiten.«

Frieda seufzte. »Das hoffe ich. Esther ist einfach kein glücklicher Mensch.«

Maime beugte sich dichter zu Frieda. »Sind wir zu der Hochzeit eingeladen?«

Frieda schüttelte den Kopf. »Nicht einmal ich bin eingeladen. Sie werden im Pfarrhaus getraut.«

»Oh..., das wußte ich nicht.« Maime legte ihre Hand auf Friedas Arm.

»Ich weiß nicht viel über Esthers Familie, nur, daß ihr Vater tot ist und daß sie einen Bruder hat.«

Die Gittertür flog auf, und die Jungen kamen hereingeplatzt.

»Oma!« brüllte Art. »Magst du Erdbeeren pflücken? Da sind eine Menge.«

Mit dem einen Arm drückte Frieda Art und mit dem anderen Paul. »Nichts lieber als das, wenn ihr helft, auf Jeanie aufzupassen.«

Maime gab jedem von ihnen eine Blechtasse und folgte ihnen nach draußen. »Wir können Bertels Geburtstagskuchen doch nicht ohne Wilderdbeeren machen, oder?«

»Ich glaube aber, hier sind eine ganze Menge davon!« rief Frieda aus, als sie den Waldrand auf der anderen Seite des Fahrwegs erreichten. Sie pflückte einen mit vier glänzend roten Beeren beladenen Stengel und drehte ihn zwischen ihren Fingern.

»Hier sind genug für eine Million Mürbeteigkuchen.«

Paul gab Jeanie eine Beere. Sie nahm sie in den Mund, preßte ihre Äuglein zu und schüttelte sich. Art versuchte, ihr noch eine zu geben, aber sie rannte davon. Die Kinder spielten und jagten einander und stoppten ab und zu, um ein paar Beeren in ihre Tassen zu pflücken.

Frieda streckte ihren Rücken und beobachtete Bertel, der auf die Schmiede zuwanderte.

»Ich hätte merken müssen, daß nicht mehr so viele Pferde beschlagen werden, jetzt, wo sich jeder ein Auto kauft. Aber es wird immer Arbeitspferde geben.«

Maime schüttelte den Kopf. »Bertel sagt, daß es nicht mehr lange dauern wird, bis die Bauern auf den Feldern Traktoren statt Pferde benutzen.«

Frieda lachte. »Oh, dieser Junge! Wer hat denn schon von so etwas gehört?«

»Nun, August Johnson hat über Jahre einen Traktor gehabt, und Edgar Weiland auch.«

»Ja, aber ich dachte, daß sie sie benutzten, um etwas zu ziehen. Ich habe nie gedacht, daß sie Traktoren wie Pferde auf dem Feld einsetzen könnten. Ich bin nicht mehr auf dem laufenden und glaube, daß ich manchmal nicht aufpasse, weil ich nicht sehen will, wie sich die Dinge ändern. Ich will nicht einmal über euren Umzug nachdenken.«

Maime richtete sich auf und sagte: »Sieh dir an, wie die kleine Jeanie mit den Kindern spielt. Sie ist kein Baby mehr!«

Frieda nickte und sagte gedankenvoll: »Ja – aber es wird noch so viele Jahre dauern, bis sie selbständig ist.«

Maimes Lächeln verschwand. »Ich glaube, ich weiß, wie du dich fühlst. Ich hatte solche Angst, als ich krank und Ruby noch ein Baby war. – Art!« rief sie, »sei vorsichtig!« Zu spät. Er und Paul hatten den Wagen mit ihrer kleinen Schwester und Jeanie gezogen und hatten zu scharf gewendet. Die kleinen Mädchen kullerten heraus!

Widerwillig verschloß Frieda ihre Gefühle, die sie fast mitgeteilt hätte, tief in ihrem Innern. Eines Tages würde es eine andere Gelegenheit geben, um über sie zu reden.

Es schien, der Sommer hätte kaum begonnen, als es auch schon wieder Zeit zum Dreschen wurde.

»Ich bin seit dem letzten Jahr ein gutes Stück weitergekommen«, sagte Frieda zu sich selbst, als sie die Zimmerpflanzen im Erkerfenster goß. Statt sich zu sehr belastet zu fühlen, war sie aufgeregt. »Ich werde ein richtig gutes Essen kochen«, entschied sie. »Ich will nicht, daß meine Jungs sich genieren müssen.« Sie lächelte, als sie daran dachte, wie der alte Motor mit seinem Puttputtputt, über den Hügel kam. Wie der schwere alte Kasten unter Rattern und Quietschen seinen Weg bis zum Dreschboden machen würde. Der alte Frank würde den Traktor an der Hügelseite aufstellen und ihn in den alten Löchern verankern, und den großen Riemen vom Traktor bis zur Dreschmaschine ausdehnen. Ladung um Ladung von Haferbündeln würden auf das Förderband gelegt werden und in seinem lauten Inneren verschwinden, während Sack um Sack voller Hafer aus seinem anderen Ende gezogen würde. Das Stroh würde durch das Rohr auf den Dachboden geblasen werden. Sie wollte Jeanie mit hinunternehmen, damit sie es beobachten konnte – falls sie keine Angst bekam.

Frieda schob den Farn auf ein sonniges Fleckchen und wandte sich der Geranie zu, die sich dem Licht entgegenstreckte. Ich kann genausogut Gerti anrufen, während ich hier neben dem Telefon stehe, dachte sie sich.

Gerti bot an, zu kommen und zu helfen, solange die Drescher da wären, oder wenigstens Jeanie davon abzuhalten, zwischen ihre Füße zu geraten.

»Ich habe mich nur gerade an die entsetzlichen Tage erinnert, die ich letztes Jahr während der Dreschzeit durchgemacht habe«, sagte Frieda mit einem Seufzer. »Ich muß nur damit anfangen, mich selbst zu bedauern, und schon bin ich erledigt.«

»O Mama. Jeder hat das Recht, sich dann und wann selbst zu bemitleiden«, sagte Gerti mit einem Lachen. »Ich denke mir, ich könnte es auch, da es sonst niemand tut.«

»Aber wir können nicht lieben, wenn wir alle mit Selbstmitleid beschäftigt sind!« protestierte Frieda.

»Wer sagt, daß wir immer lieben müssen?«

»Hör mal, Gerti! Du weißt, was die Bibel über die Liebe sagt.«

»Mama, ich muß gehen, Earl schreit.«

Frieda legte auf und schüttelte den Kopf.

»Lieber Vater«, flüsterte Frieda. »Ich fürchte um sie. Sie muß die Dinge immer perfekt machen, und sie arbeitet, bis sie beinahe zusammenbricht. Dann fühlt sie sich niedergeschlagen, weil keiner sie bemitleidet. Bitte hilf ihr zu erkennen, daß der alte Satan nur darauf wartet, daß wir müde werden, damit er uns dazu bringen kann, falsch zu denken. Hilf auch mir, mich daran zu erinnern!«

* * *

Frieda hatte nach dem Dreschen noch nicht alle liegengebliebene Arbeit erledigt, als der Mais gefror und sie für die Silofüller kochen mußte.

Wieder bot Gerti an, daß sie für ein paar Tage kommen und helfen würde, falls es den Jungens nichts ausmache, wenn Clyde dabei wäre.

»O ich glaube, das stört sie nicht«, versicherte ihr Frieda. »Sie sagten, daß er während der Dreschzeit keine Last war. Er hat sich hingesetzt, wo sie ihm sagten und ist dort geblieben.«

Gerti gluckste. »Er ist als alter Mann geboren worden. Warte, bis Earl in dem Alter ist – ich fürchte, er wird nicht so willkommen sein.« Als Gerti dann bei ihrer Mutter war, nahm sie die Kinder mit auf den Rasen, während sie Korn enthülste, das einen Dampfkessel füllte und die Kartoffeln schälte, welche in einem großen Topf waren. Earl und Jeanie rollten und purzelten herum wie ein paar junge Bären.

Frieda sah vom Fenster aus zu und lächelte. Es war gut für Jeanie, ein paar ältere Kinder zum Spielen zu haben. Während das Essen kochte, nahmen die Kinder sie mit zum Silo, um zuzusehen, wie die Wagen herbeikamen und der Mais auf dem Fließband in die Schneidemaschine und das Gebläse transportiert wurde. Jeanie klammerte sich an Friedas Hals und starrte auf das Rohr, das an der Außenseite des Silos hochlief und in dem Strünke und Maiskolben rasselten und rumpelten und schließlich zusammen mit den saftigen Stengeln in den Silo fielen.

* * *

Wie ein Stein immer schneller wird, wenn er einen Hügel hinunterrollt, vergingen die Wochen schneller und schneller, bis es plötzlich wieder an der Zeit war, Weihnachten vorzubereiten.

Die Feiertage kamen und gingen unter einem Schleier von Ereignissen, und wieder einmal war Silvester.

Als Frieda dasaß und über das vergangene Jahr nachdachte, realisierte sie, daß es das erste Weihnachten seit Papas Erkrankung gewesen war, an dem sie sich – dank der kleinen quirligen Jeanie – wirklich glücklich gefühlt hatte .

Sie fuhr zusammen, als ein Windstoß an den Fensterläden rüttelte. Frieda tat ihr Strickzeug beiseite und legte Holz in beide Öfen. Der Duft der Baumkerzen hing immer noch in der Luft, und das Lametta glitzerte im Schein des Feuers.

Frieda schlich auf Zehenspitzen in das Schlafzimmer und stopfte die Decken fest um Jeanies Nacken. »Segne ihr kleines Herz«, flüsterte sie. Noch ein paar Monate, und sie würde zwei Jahre alt sein.

Erst zwei. Noch sechzehn Jahre waren zu bestehen. Frieda setzte sich erschöpft nieder und begann, ihre Haarnadeln herauszuziehen. Wie weise es von Gott ist, dachte sie, die Zukunft vor uns zu verschließen. Wie könnten wir jemals weitermachen, wenn wir wüßten, was passieren wird?

Aber heute Nacht würde sie nicht darüber nachdenken, was alles passieren könnte. Jetzt dachte sie an die glücklichen Tage, die gerade vergangen waren.

Sie schloß die Augen und sah im Geist die Ereignisse vor sich – den langbeinigen Carl, ausgestreckt auf dem Boden, um für Jeanie Türme aus Klötzen zu bauen. Henny, den Stuhl auf zwei Beine gekippt, die Arme vor der Brust verschränkt, der über Jeanies Possen lachte.

Und ihre Lieblingsszene: Roy im Schaukelstuhl, Jeanie mit dem Gesicht zum Weihnachtsbaum auf seinem Schoß und Weihnachtslieder singend. Jedes Mal, wenn ein Lied zu Ende war, hatte sie ihre kleine Hand ausgestreckt und ihm auf die Wange geklopft, und sie sagte: »Mehr! Mehr!« Was für ein guter Vater er eines Tages sein würde, dachte sie, während sie beide beobachtete.

Der einzig schmerzliche Teil der Feiertage war der Besuch von Ed. Er hatte versucht, fröhlich zu sein und Jeanies Zuneigung zu gewinnen, aber er war für sie ein Fremder. Wenn irgend jemand sie auf Eds Arme gab, wand sie sich sofort wieder heraus, und er kämpfte mit den Tränen. Armer Mann.

»Ich werde so böse über mich selbst«, hatte Frieda Gerti erzählt. »Ed hat nie ein Wort der Kritik gesagt, aber wenn er kommt bin ich so auf mich selbst bedacht und angespannt. Ich fürchte immer, daß ich etwas falsch mache.«

Die Uhr schlug neun. Zeit, um zu beten.

Tag für Tag betete Frieda für ihre Familie als Gruppe und für jeden, der es besonders nötig hatte. Aber diese Nacht plante sie, für jeden einzelnen individuell zu beten, und das würde einige Zeit dauern.

Ihre Lippen bewegten sich, als sie jeden einzelnen – von Bertel bis hin zu Henny – vor den Herrn brachte. Dann betete sie für ihre Brüder und Schwestern, für Präsident Coolidge, für Pastor Fischer, für Dr. McKinnon, für den Postboten, für den Milchmann und für alle Nachbarn in einer Meile Umkreis und noch darüber hinaus.

Sie gähnte, kämmte ihr Haar und flocht es zu einem langen Zopf. Schläfrig nahm sie ein paar lange Haare vom Kamm und wickelte sie um den Zopf, damit sich das Geflochtene nicht auflöste.

»Dann bin da noch ich, lieber Vater«, fuhr sie fort. »Ich bin nicht stolz darüber, wie ich das letzte Jahr gelebt habe – die ganze Zeit war ich ängstlich und habe mir Sorgen gemacht … und manchmal habe ich die Jungs angefahren und war mit der kleinen Jeanie ungeduldig. Und meistens vergaß ich die Vorbilder, die du mir in den Sprüchen Salomos und in den Korintherbriefen gegeben hast.

Ich weiß, daß ich einige Dinge, die tugendhafte Frauen taten, nicht tun kann.« Sie lächelte bei dem Gedanken, hinauszugehen und ein Feld zu kaufen. Die Vorstellung der jungen Gesichter, wenn sie nach Hause käme und erzählte: »Ich habe gerade vierzig Hektar von Hank und Ella zurückgekauft.«

Abrupt brachte Frieda wieder Ordnung in ihre Gedanken, aber die Abschweifung war ihr nicht peinlich. Den Herrn würde ihre kleine Flucht in die Phantasie wahrscheinlich erfreuen.

»Herr, ich kenne mein eigenes Herz nicht. Will ich eine Frau wie diese sein, damit meine Kinder mich loben? Ich will nicht nach Lob streben, aber ich möchte ein Segen für sie sein. Und darüberhinaus möchte ich durch dich ein Segen sein. Ich kann aus eigener Kraft nichts tun, was dich befriedigt, aber du lebst in mir.« Die Tränen flossen über ihr Gesicht und sie sagte: »O Herr, ich möchte sein, was du willst. Ich möchte, daß dein Wille mein Wille ist. Ich möchte mit deiner Liebe lieben.«

Die Uhr schlug zehn. »Vater, Jesus, Heiliger Geist – ich liebe dich. Ich danke dir dafür, daß du mich liebst. Was immer 1926 passiert, ich weiß, daß du bei mir sein wirst.«

Frieda saß still da, in Gottes Liebe und Frieden geborgen, bis ein Windstoß die Fensterläden erschütterte. Automatisch legte sie Holz in den Ofen, zog sich aus und kroch ins Bett, immer noch von seinem Frieden umhüllt.

Schnell vergehen die Jahre

Nur drei Teller auf dem großen Tisch. Die Feiertage waren vorüber, Roy war wieder ins Holzfällerlager zurückgekehrt und Carl nach Phillips, wo er fast den ganzen Winter für Len arbeitete.

Frieda seufzte, als sie den Tisch fertig deckte. Sie brauchten Arbeit. Die paar übriggebliebenen Kühe brachten kaum genug Geld, um Mehl, Zucker, Hafer, Kerosin und Benzin für das Auto zu kaufen. »Warum habe ich mich von Gerti und John jemals dazu überreden lassen, nach Papas Tod so viele Kühe zu verkaufen?« fragte sie sich wieder, wie sie es schon so oft getan hatte.

Mittlerweile war Frieda froh, wenn Carl Arbeit fand und unabhängig war, obwohl sie seinen lockeren Humor vermißte. Und mit ganzem Herzen stimmte sie zu, daß Roy im Lager arbeiten sollte. Wie sonst könnten sie Geld für Maschinenreparaturen oder ein neues Auto bekommen? Der Ford, den Roy und Emmi gekauft hatten, würde nicht ewig laufen.

Aber es war nicht einfach, ohne Hennys Hilfe für die Herde zu sorgen. Sein Herz war bei seinen Fallen. In diesem Moment machte sich Frieda Sorgen um ihn, er war den ganzen Tag draußen in der bitteren Kälte und hatte nur gefrorene belegte Brote zu essen, aber im nächsten Moment wollte sie ihn schütteln, weil für ihn die Farmarbeit nicht im Vordergrund stand.

Finster blickte sie aus dem Fenster. Wenn er doch nur zu einer annehmbaren Zeit heimkommen würde.

Das Blau des Abends aus Schnee und Himmel machte einem Grau und Schwarz Platz, und nur, indem sie ihre Hand um die Augen legte und ihr Gesicht gegen das Fenster preßte, konnte sie überhaupt nach draußen sehen.

Immer noch kein Henny. Vielleicht hatte er einen Unfall. Nein! Ich werde so etwas nicht denken!

Sie rührte im Eintopf und schob ihn wieder auf den Herd zurück. Wenn doch Papa bloß hier wäre! Sie müßte sich nicht um das Vieh, die Hühner, die Größe des Holzstapels oder Hennys Meckerei kümmern. Papa würde sich das nicht gefallen lassen.

Sie ruckte mit dem Kopf. Einfach dumm, so zu denken! Ich muß darüber nachdenken, was jetzt getan werden muß – so, wie die Dinge liegen!

Sie wollte mit der Hausarbeit beginnen, auch wenn es ihn wütend machen würde. Sie hatte es auch an einem Tag in der letzten Woche getan, an dem er spät gekommen war.

Henny war in die Scheune hereingekommen und hatte gebrüllt: »Du weißt, daß ich komme. Warum zum Kuckuck kannst du nicht warten?« Er hatte mit dem Arm einen Halbkreis beschrieben. »Sie werden sich nicht zu Tode hungern!«

Aber Frieda hielt es nicht aus, an die hungrigen Tiere zu denken, oder an die arme Molly, die sie vor kurzem erworben hatten, und die darauf wartete, gemolken zu werden. Sie schluckte. Man konnte von einem Mann kein Verständnis erwarten für den Schmerz, den ein Verzögern des Melkens verursachte.

»Komm her, Liebchen!« sagte sie so fröhlich, wie sie konnte. »Laß uns nach den Kätzchen und den Schäfchen und den buckligen Kühen sehen!«

Sie steckte Jeanies wenig hilfreiche Ärmchen in die Ärmel und stopfte ihre Hände in Fausthandschuhe. Dann zerrte sie das kleine Mädchen auf ihren Schoß und zog Überschuhe über die sich drehenden und wendenden Füße. Als sie versuchte, die steifen Metallspangen zu schließen, schoß der Schmerz durch ihre arthritischen Finger. Oh! Sich selbst anziehen und aus dem Haus gehen können, allein … unbehindert.

Jeanies lächelndes kleines Gesicht strahlte zu ihr hinauf und Friedas Augen verschleierten sich. Sie drückte Jeanie fest an sich. Dann zündete sie die Laterne an, nahm Jeanies Hand und suchte sich, von langen Schatten begleitet, ihren Weg über die vereisten Stellen.

In der Scheune sang Frieda: »Wohin er mich führt, werde ich folgen, mein lieber Retter, ich will folgen…« Sie lachte, als die alte graue Katzenmutter Jeanies Griff entfloh. Rasch molk sie Molly. Sie tätschelte ihre Flanke. »So, jetzt! Das fühlt sich besser an, nicht wahr?«

Frieda war froh, mit den täglichen Hausarbeiten begonnen zu haben. Die warme Scheune und die gewohnten Gerüche erleichterten die Spannung des Wartens. Sie konnte die meiste Arbeit selbst erledigen, außer das Heu hinunterwerfen und wenige andere Dingen. Die Probleme kamen erst später, wenn ihr Energievorrat erschöpft war, bevor die Hausarbeit getan war.

Sie zog gerade das Heu zu den Kühen, als Henny pfeifend hereinkam. Sie schüttelte den Kopf. Man wußte nie, in was für einer Stimmung er sein würde.

»Du mußt heute ein paar gute Fänge gemacht haben.«

»Jau!« antwortete er.

Sie wünschte, daß er ihr so über die Tiere erzählen würde, wie er es immer Floyd Olafson erzählte, wenn dieser herüberkam. Wo hatte er so viel über die Natur gelernt? Sicherlich nicht aus Büchern.

Nun gut, dachte sie, wenigstens hat er heute Abend gute Laune.

* * *

Es tat Frieda überhaupt nicht leid, als das Frühlingstauwetter zeitig kam, die glatten Straßen aufbrach und die Holzarbeit beendete. Roy war wieder daheim. Er brachte ihr zu ihrem Geburtstag am 18. April Maiglöckchen mit, die er im Wald gefunden hatte. Frieda tat sie in den kristallenen Zahnstocherhalter und nahm sich selbst das Versprechen ab, mit Jeanie zu den Steinhaufen zu gehen, sobald die Frühlingsblumen in Blüte standen.

Zwei Wochen später, an einem sonnigen Nachmittag, nahm sie Jeanies Hand und ging mit ihr über das Stoppelfeld östlich des Hauses. »Laß uns hübsche Blumen pflücken.«

Aber Jeanie hörte nicht auf sie, sie ging weiter auf den Abflußgraben zu, der durch das Feld lief.

»Nein! Nein! Das Wasser ist zu kalt. Nun los! Laß uns Blumen suchen.« Frieda mußte sie ergreifen, bevor sie in das Wasser ging, und den Rest des Weges tragen.

Sie setzte sie zwischen die ersten Maiglöckchen. »Sieh mal die hübschen Blumen, Liebchen!« Aber Jeanie war schon weg und schrie jedesmal: »Mehr Bumen, mehr Bumen«, wenn sie den nächsten Flecken fand. Frieda schmunzelte und ließ sie laufen. Irgendwann würde sie über ihre flauschigen Stengel und klaren Farben staunen, ein Wunder nach der leblosen Kälte.

»Mama! Mama! Schnee!« rief Jeanie ganz aufgeregt.

Schnee? Es kann kein Schnee mehr übrigsein, dachte Frieda und ging langsam zu der Stelle um nachzusehen.

»O Süße! Das ist kein Schnee! Das ist ein Felsen mit Glimmer darin. Sicherlich glitzert er wie Schnee.« Wo hatten die Gletscher diesen Felsen gefunden – und all die anderen, die jetzt teilweise in der Grasnarbe eingebettet waren?

Sie gingen zurück, und Frieda trug Jeanie, bis sie den Graben überquert hatten. Sie sog die frische, kühle Luft in tiefen Zügen ein.

»Ich bin glücklich!« sagte sie zu sich selbst. »Ich bin wirklich glücklich.«

* * *

Der Frühling eilte vorüber und brachte seinen Teil an Freude. Eddi und Conni schrieben von der Geburt ihrer zweiten Tochter, und Len rief an, um zu verkünden, daß Nora eine weitere Tochter geboren hatte. Die kleine Joy Ann würde Shirley Frieda natürlich nicht ersetzen, aber sie brachte die Freude, die ihr Name verriet.

Als Roy im Juni über ein neues Auto zu reden begann, sagte Frieda, daß das alte Modell es noch lange machen würde. Sie verabscheute es, wenn er all sein im Holzfällerkamp verdientes Geld für ein Auto ausgab. Aber an einem Morgen im Juli weigerte es sich, anzuspringen. In dieser heißen, staubigen Kiste mit den schlackernden Seitenvorhängen sitzend und den Jungen bei der Untersuchung zusehend, merkte sie, daß Roy recht hatte.

Sie konnte die Kirchenglocken läuten hören. Wenn sie irgend etwas haßte, dann war es, zu spät zur Kirche zu kommen.

* * *

Ein paar Wochen später kam Roy mit einem nagelneuen Overland angefahren. »Ka-oo-ga! Ka-oo-ga!«. Er drückte die Hupe auf dem Weg in den Hof, und die anderen kamen herausgeeilt.

»Er ist hübsch«, sagte Frieda, kletterte hinein und zog Jeanie neben sich. Sie drückte die grauen, weichen Sitzbezüge und kurbelte das Fenster herunter.

Roy streckte seinen Kopf durch das andere Fenster und grinste.

»Kein leckendes Dach mehr, Mama! und keine schlappenden alten Seitenvorhänge.«

Carl und Henny öffneten sofort die Haube und besahen sich den Motor. Frieda stieg aus und bewunderte das glänzende Chrom und die tiefblaue Lackierung.

Roy legte die Rechnung auf den Tisch, als er zum Essen kam.

»Sechshundertvierzig Dollar!« rief Frieda aus.

Carl pfiff. »Guter Kauf!«

»Für mich klingt das nach einer schrecklichen Menge Geld«, widersprach Frieda und legte den Topfuntersetzer auf den Tisch. Sie drohte den Jungen mit dem Finger. »Jetzt haben wir keine Entschuldigung mehr. Jetzt werden wir pünktlich in der Kirche sein!«

* * *

Frieda bemerkte, daß Roys Schritt mehr Elan hatte, seit er den Wagen besaß. Woher die Jungen die Energie hatten, nach der harten Arbeit des Tages noch im Pearson-See zum Schwimmen zu gehen oder Ball zu spielen, wußte Frieda nicht. Aber es war gut, sie lachen und sich gegenseitig necken zu sehen. Der Winter würde früh genug kommen, und dann waren sie wieder ans Haus gebunden.

»Ich frage mich, ob Ed noch vor dem Winter herkommt, um Jeanie zu sehen«, sagte Frieda an einem Tag im Herbst. Und ein paar Tage später erschien er dann.

Er erzählte ihnen über Johns und Esthers jüngste kleine Tochter Jean. Laut Ed war John ein so stolzer Vater, wie ein Vater nur sein kann, aber als Frieda ihn über Esther fragte, schüttelte er den Kopf.

»Ich verstehe diese Frau nicht. Sie sagt, daß sie nie wieder ein Baby haben will. Wie ich gehört habe, hatte sie keine ungewöhnlich schwere Geburt.«

Nachdem er fort war, rief Frieda Gerti an. »Ed tut mir so leid«, erzählte sie ihr. »Jeanie ist nicht auf ihn zugegangen.«

»Hat sie ihm vorgesungen?«

»O ja. Sie saß im Schaukelstuhl und hat von vorne bis hinten »Let me call you Sweetheart« gesungen. Und du weißt, wie die

Jungs ihr die ganzen Automarken beigebracht haben. Sie fragten: „Welche Autos verkauft Papi?“, und sie leierte die ganze Liste herunter, vom Chevy bis zum Whippet. Ed hat sich wahnsinnig darüber gefreut.«

Frieda hatte gehört, daß sich Ed mit Amanda, seinem Jugendschwarm, traf. Es würde hart sein, zu sehen, wie eine andere Frau Emmis Platz einnahm, aber sie gab Ed keine Schuld. Sein Leben mußte ziemlich einsam sein.

* * *

Schnell löste der Winter den Herbst ab. Ein paar Wochen vor Weihnachten war Frieda gerade bei Ellen, als die Kinder von den Proben für das Kirchenprogramm zurückkehrten.

Harold gab Frieda ein Blatt Papier, auf dem etwas geschrieben stand.

»Wir haben Mrs. Semrow erzählt, wie gut Jeanie erzählen kann, und haben sie gefragt, ob sie ihr eine Rolle geben könnte. Mrs. Semrow sagte, daß sie natürlich eine haben könne!«

»O Harold. Ich bin mir nicht sicher. Sie ist erst drei.«

»Wir werden es ihr beibringen, Oma!«

Bevor sie nach Hause gingen, konnte Jeanie schon den ganzen Text aufsagen:

Es ist schön zu wissen,
daß auch Jesus einst ein Baby war.
Wir versuchen zu sein wie er,
liebend, rein und wahr.

Am Weihnachtsabend zog Frieda Jeanie neue rosa Satinschlüpfer, das von Ed geschickte rot-samtene Kleid und Lacklederschuhe an, die sie mit Petroleumgel poliert hatte. Frieda war sich sicher, daß sie nervöser als Jeanie war. Würde sie tatsächlich vor all den Leuten sprechen?

Es war eine frische, kalte, sternenklare Nacht mit schnell ziehenden Wolken. Carl trug Jeanie in die Kirche, und sie zeigte auf den Mond. »Mond geht schnell.« Carl lachte. »Nein. Die Wolken gehen schnell.«

Jeanie schüttelte den Kopf. »Ähh! Der Mond geht schnell.«

Carl grinste Frieda an und hob die Achseln. »Nun gut…«

Als Jeanies Vortrag angekündigt wurde, flüsterte Frieda: »Geh jetzt die Stufen hoch.« Jeanies kleine Beine waren zu kurz, um hinaufzugehen, also krabbelte sie mit Unterstützung ihrer Hände und zeigte dabei viel von ihrem rosa Schlüpfer. Während sie kletterte, sprach sie ihren Text, und als sie oben angekommen war und sich umdrehte, war sie fertig! Sie blinzelte mit den Augen, zog ihre kleinen Schultern hoch und hielt die Hand vor den Mund, wie um zu sagen: »Was soll ich jetzt machen?«

Mrs. Semrow flüsterte: »Sag es noch einmal.«

Jeanie flüsterte so laut zurück, daß man es auch in der letzten Reihe verstehen konnte: »Hab ich schon!«

Frieda winkte sie zu sich, und sie kletterte auf die gleiche Weise wieder herunter und lief in Friedas Arme.

Frieda lächelte, aber sie konnte den Gedanken nicht unterdrükken: Wenn nur Emmi hier wäre, um sie zu sehen. Wie viele Male würde sie in den kommenden Jahren noch so fühlen … bei all den Schul- und Kirchenveranstaltungen … beim Abschluß der Highschool … bei Jeanies Hochzeit. Oder würden vielleicht dann andere denken: Wenn doch Oma sie sehen könnte?

Große Veränderungen

Frieda und Clara verweilten nach dem Neujahrsessen am Tisch. »Ich kann nicht darüber hinwegkommen, wie gut du aussiehst«, sagte Clara lächelnd zu Frieda.

Frieda schenkte Kaffee nach. »Ich fühle mich wirklich wieder gestärkt wie eins«, antwortete sie.

Sie stellte den Topf auf den Herd und rückte mit ihrem Stuhl ein bißchen dichter an ihre Schwägerin heran, damit sie sich trotz der lauten Gespräche der Männer im Nebenraum verstehen konnten.

»Weißt du, ich fühle mich jetzt jünger als mit fünfzig.«

»Das ist kein Wunder! Diese schrecklich harten Jahre, als Bertel krank war, haben dir viel abverlangt.«

Jeanie tapste herein und kletterte auf Claras Schoß. Frieda goß noch etwas Milch in ihre blaue Tasse mit dem holländischen Jungen auf der Seite. Dann schüttete sie Zucker in ihren Kaffee.

»Löffel, Löffel!« verlangte Jeanie.

Clara lachte. Sie gab Jeanie einen Teelöffel.

Frieda sagte: »Aber keinen Zucker in die Milch, Liebchen. Du kannst einen Sirupkeks haben.«

Jeanie mampfte ein paar Minuten vor sich hin und rannte dann weg, um zu sehen, was die Männer taten.

»Meine Güte, wie sie wächst«, staunte Clara.

Frieda lächelte. »O ja. Sie sagt Kinderreime auf und singt mehr Lieder, als ich zählen kann, und sie ist noch nicht einmal drei. Aber es wird noch so viele Jahre dauern…«

»Diesen Winter muß es leichter für dich sein, wenn du Roy im Haus hast.«

»Wir haben jetzt so viel Vieh, daß er sich hier gebraucht fühlt. Außerdem übernimmt er bei uns einige Holzfällerarbeiten. Macht einen Riesenunterschied, ihn hierzuhaben. Henny hingegen sitzt tagein, tagaus in dieser kleinen Holzhütte, die er sich im Wald gebaut hat. Ich mag es nicht, ihn dort allein zu lassen, aber er sagt, daß es besser sei als jeden Tag acht Meilen zusätzlich zu wandern.«

»Kommt Carl jedes Wochenende heim?«

»Normalerweise. Er ist in einem Lager unten bei Merril.« Frieda griff nach einem Keks. »Natürlich vermisse ich ihn. Er hat immer etwas zu erzählen. Roy ist eher ruhig – meist mit seinen eigenen Gedanken beschäftigt.«

»Die Kinder sind alle so verschieden. Max leistet mir Gesellschaft. Ich wüßte nicht, was ich ohne den Jungen anfangen würde.«

Die Frauen blickten in den Nebenraum, wo Max mit Jeanie auf dem Rücken am Boden kniete und »Wilder Hengst« spielte.

»Er wird seine Knie ganz schmutzig machen. Sieh nur, was sie heute hereingeschleppt haben! Ich brauche in der Küche einen neuen Fußbodenbelag. Eine Abwechslung der Farben braun und beige – vielleicht grün, wäre ganz nett.«

»Ist es nicht schön, die Dinge farbenfroher zu machen? Wir brauchen Farbe, besonders im Winter.«

»Farben heben die Stimmung. Ich habe einen Stoff mit gelben Gänseblümchen gesehen. Glaubst du, daß er als Vorhang hübsch aussehen würde?«

Clara nickte. »Auf jeden Fall bist du voller Pläne.«

Frieda schmunzelte. »Es scheint so lange her zu sein, daß ich die Zeit hatte, mich umzusehen und festzustellen, wie es hier aussieht. Jetzt, wo Jeanie etwas größer ist, ist es viel leichter. Gerade jetzt fühle ich mich, als ob ich immer so weitermachen könnte – für uns drei, und für die anderen beiden, wann immer sie nach Hause kommen, die Landwirtschaft zu führen.«

* * *

Eines Tages im Februar saß Roy am Küchentisch und schrieb mit einem kurzen Bleistift Beträge auf. »Die Milchrechnung könnte im Frühling ganz gut aussehen«, erzählte er Frieda. »Wir haben sechs neue Kälber, und alle Kühe geben viel Milch.«

»Ich dachte daran«, sagte Frieda und kratzte mit einem kurzen Besen einen Dreckhaufen von dem ausgetretenen Linoleum, »daß es schön wäre, einen neuen Linoleumfußboden und einige neue

Vorhänge zu haben.« Sie warf ihm von der Seite einen Blick zu und fegte den Schmutz auf die schwere, schwarze Kehrichtschaufel.

»Wir werden sehen«, sagte er und runzelte die Stirn.

Nun gut. Man konnte nicht erwarten, daß ein Mann sich über einen neuen Fußboden und neue Vorhänge freute. Sie würde es im Frühling wieder erwähnen.

* * *

Als mit der Zeit immer mehr Kühe Milch gaben, begann Frieda abends beim Melken zu helfen, außer wenn es zu stürmisch war und Roy ihr untersagte, in die Scheune zu kommen. Es war außerdem eine nette Abwechslung für Jeanie, vor allem, als die Lämmer geboren wurden.

Frieda zeigte ihr, wie man Klee zwischen dem Heu fand, um die Mutterschafe zu füttern.

»Klee gibt schöne reichhaltige Milch für die Babys«, erklärte sie.

Jeanie hielt Kleebüschel in der Hand und kicherte, als die Schafe es ihr aus der Hand fraßen. Sie regte sich über die Lämmer auf, die nicht dicht genug an die Begrenzung des Pferchs kommen konnten, um sich von ihr streicheln zu lassen.

»Sei geduldig«, erzählte Roy ihr jedes Mal. »Wenn ich mit dem Melken fertig bin, werde ich eins herausholen, damit du es streicheln kannst.«

Er genoß es, sich ein paar Minuten Zeit zu nehmen und sie zu beobachten, wenn sie mit dem Lamm sprach und die weiche Babywolle streichelte. Einmal band Frieda Jeanie eine saubere Schürze um und kämmte rasch ihr Haar, damit Roy sie mit einem Lämmlein fotografieren konnte.

»So, wie sie die Tiere liebt, sollte sie eine gute Farmersfrau abgeben«, bemerkte Frieda. Aber es war nicht leicht für Jeanie, die Zeit der Schafschur zu begreifen. Da Carl fort war, bot Frieda sich als Hilfe an – aber sie hatte nicht mit Jeanies Reaktion gerechnet. Jedesmal, wenn sie ein sich wehrendes Schaf sah, oder die Scheren bei einem einen kleinen Kratzer verursachten, weinte Jeanie und bat sie, die Schafe nicht zu verletzen. »Ist schon gut,

Liebling!« versuchte Frieda sie zu beruhigen. »Sieh mal, wir reiben sie mit Salbe ein, und der Schmerz wird vergehen. Sie sind nur erschreckt, wenn sie treten und herumrollen. Sie sind nicht verletzt.«

Die Schafschur hatte nie zu Friedas bevorzugten Aufgaben gehört, und in diesem Jahr war es sehr anstrengend. Als das letzte davonrannte, mit einem Kopf, der merkwürdig groß zu dem übrigen Körper aussah, seufzte sie tief. »Das war's für dieses Jahr.«

Sie nahm Jeanies Hand, und sie gingen hinunter zum Weidezaun. »Siehst du, sie fühlen sich wohl. Sie mußten ihre Wolle loswerden, sonst würde es ihnen im Sommer zu heiß.«

Sie sahen, wie die Lämmer nach ihren Müttern suchten und »mäh, mäh« blökten. Die Mütter antworteten mit ihren tiefen »bahs«, bis jedes Lamm bei seiner Mutter war und wonnig umsorgt wurde.

Frieda fuhr mit nach Merrill, als Roy die Wolle zur Spinnerei brachte, und suchte Garn und einen gesteppten Stoff aus. Dann ging sie mit Jeanie zu einem Gemischtwarengeschäft, während Roy zum Eisenwarenladen wollte.

Jeanie stand mit großen Augen da und beobachtete die kleinen Dosen, die an Kabeln von den Verkäuferinnen zum Kassierer geschickt wurden und hoch oben in einer Ecke des Geschäftes hin und her flitzten. Frieda kaufte Nadeln, Stoßband und Pfefferminzbonbons.

Sie waren kaum aus der Stadt, als Jeanie an Frieda gekuschelt einschlief.

»Diese kleinen Augen haben heute eine Menge gesehen«, sagte Frieda.

Es war schwer, sie zu wecken, als sie nach Tomahawk kamen, aber sie mußten am A&P halten. Roy trug Jeanie hinein, und sie richtete sich auf, als sie den frisch gebrühten Kaffee roch und Frieda und Roy mit der weißgeschürzten Verkäuferin reden hörte. Sie kicherte, als sie den langen Stock mit den großen Greifern benutzten, um eine Packung Corn-Flakes herunterzuholen. Roy schleppte einen Sack Mehl auf seiner Schulter hinaus und holte anschließend die Gemüsekiste. »Welche Sorte Süßigkeiten haben sie uns gegeben?« fragte er.

»Schokoladendrops.«

»Ach! Die sind zu süß, heb sie für Carl auf.«

Noch nie war Frieda dieses Stück Weg zwischen zu Hause und Tomahawk gefahren, ohne an all die Reisen zu denken, die ihr Mann mit den Pferden gemacht hatte, um Butter und andere Produkte in die Stadt zu bringen.

»Gewöhnlich brauchte Papa den ganzen Tag für die Reise nach Tomahawk«, schmunzelte sie, und sie wußte, daß Roy ihren Gedanken folgte. »Und heute kommen wir an einem Tag bis nach Merrill und zurück – so bequem wie eben möglich, Sachen wie diese eingeschlossen.«

Roy freut sich sicher über das Auto, dachte sie. Er hatte es geschafft, den ganzen Winter über mindestens einen Abend in der Woche rauszukommen, sogar im tiefen Schnee, er zog bloß Ketten auf, und los ging's. Frieda fragte ihn nie, wo er hinging, doch sie wußte, daß er mit den jungen Leuten in Ogema zusammen war.

Gott sei Dank, er ging nicht mehr in die Tanzhallen wie noch ein paar Jahre zuvor. Sie hatte nie befürchtet, daß das Trinken zum Problem für ihn werden könnte wie bei John, doch sie haßte Tanzhallen und alles, was mit Alkohol zu tun hatte. Trinken hatte viel Unglück über ihr Zuhause gebracht, als sie noch ein Kind war.

Sie sorgte sich ein bißchen um Carl – und sie wollte schon gar nicht darüber nachdenken, was Henny tun könnte, wenn er erst ein Auto haben und allein weggehen würde.

Die Feuer waren ausgegangen, als sie nach Hause kamen. Bevor sie ihre Mäntel auszogen, entfachte Frieda ein Feuer im Kochherd und Carl zündete den Heizofen an. Sie packte Jeanie mit dem alten braunen Laken in den Schaukelstuhl und gab ihr einen Graham-Keks, während sie das Essen vorbereitete.

Es tat mir gut, einmal herauszukommen, dachte sie in dieser Nacht, als die Ereignisse des Tages an ihrem inneren Auge vorüberzogen. Ich vergesse fast, daß es dort draußen die große, alte Welt gibt. Sie dachte an all die netten Häuser mit elektrischem Licht und Badezimmern, und fragte sich, ob ihre Bewohner möglicherweise so zufrieden sein konnten, wie sie es war.

Eines Abends im März holte Frieda den Katalog hervor und fand den Linoleumfußboden, den sie bewundert hatte. Sie wartete, bis Roy eine Seite der Zeitung umblätterte, und schob dann den Katalog über den Tisch zu ihm hin.

»Wie gefällt dir das für die Küche?«

»Hm. Ich denke, du solltest ihn im Moment lieber nicht einplanen.«

Frieda zog den Katalog zurück. »Oh, schon gut. Wenn du meinst, daß wir ihn uns nicht leisten können – es hat keine Eile.« Sie legte den Katalog zurück aufs Regal.

»Nein, das ist es nicht«, sagte Roy, verzog das Gesicht und biß sich auf die Unterlippe. »Mama, komm und setz dich. Ich muß dir etwas sagen.«

Frieda setzte sich. »Nun gräm dich nicht. Ich bin es gewohnt, auf etwas zu warten. Das stört mich nicht.«

Er schüttelte den Kopf und holte tief Luft. »Mama. Helen und ich werden heiraten.«

»Heiraten?« Ihre Hände sanken in ihren Schoß.

Roy nickte.

»Aber ich kenne diese, diese Helen nicht einmal.«

»Aber ich. O Mama, sie ist ein ganz besonderes Mädchen.« Seine Augen leuchteten, als er fortfuhr. »Ich habe nie zuvor ein Mädchen wie sie getroffen. Du erinnerst dich bestimmt, daß ich sie an einem Sonntag im letzten Herbst mit nach Hause brachte? Carl und Lou Ella Anderson kamen mit uns.«

»Hm. Tiefdunkles Haar, braune Augen?«

»Uh, huh.«

»Nicht überaus freundlich, wie ich mich erinnere.«

»Sie ist schüchtern, Mama. Aber mir gegenüber natürlich nicht. Wir reden und reden.«

»Hübsch, an das erinnere ich mich.«

Roy strahlte.

»Aber wo um alles in der Welt wollt ihr leben?«

»Nun, das ist es, worüber ich mit dir reden wollte. Wir haben gedacht, wenn wir den Kochherd in das vordere Zimmer schieben…«

»Meinen Kochherd in das vordere Zimmer!« Ihre Stimme hob sich.

Roy hob die Hand. »Halt ein, Mama! Er liegt direkt neben deinem Schlafzimmer und ist groß genug für diesen Tisch, wenn man die Pflanzen und einige Stühle ausräumt, auch deinen Schaukelstuhl und den, den Hank mag. Und wir besorgen dir ein Regal für dein Geschirr…«

Frieda schüttelte den Kopf und bedeckte ihr Gesicht mit den Händen. »Nein, nein!, ich kann jetzt nicht darüber sprechen.« Sie weinte zu sehr, um fortzufahren.

Roy kam um den Tisch herum und legte seine Hand sanft auf ihre Schulter. »Es tut mir leid, Mama. Wir werden uns etwas ausdenken. Aber wir werden heiraten.«

Am nächsten Tag bewegte sich Frieda wie betäubt. Alles, was sie sah und benutzte, ihr geliebtes Ostfenster, ihren bequemen Mehleimer, all die geräumigen Speisekammerregale, die Pumpe direkt neben der Tür, ihr Waschbecken, alles war mit ihrem gegenwärtigem Lebensstil verbunden.

Zur Schlafenszeit versuchte sie zu beten, aber alles, was sie herausbekam war: »Vater, hilf mir!«

Der nächste Tag war noch schlimmer. Sie stoppte am Eingang des vorderen Zimmers und versuchte sich vorzustellen, hier nur mit dem Nord- und dem Ostfenster eingesperrt zu sein – beide von der Veranda verdunkelt. Und kein Abwasserbecken!

»Soll ich in meinem Alter wieder beginnen, einen Schmutzwassereimer zu schleppen« brummelte sie. Sie dachte daran, den Mädchen zu erzählen, wie sie sich fühlte, aber sie konnte es natürlich nicht über das Telefon tun, nicht, bevor sie sicher sein konnte, daß keiner der dreizehn Telefonanschlüsse zuhörte. Außerdem steckte das junge Volk unter einer Decke, und jeder mochte Liebespaare. Gute Chancen würde sie nicht haben, um bei ihnen Verständnis für ihre Gefühle zu finden.

Gegen Mittag ertappte sie Roy, als er sie besorgt beobachtete, aber sie fuhr in ihrer Arbeit fort, als ob nichts geschehen wäre. Es war nicht leicht, ihre pochenden Kopfschmerzen zu ignorieren, besonders, da dies der Tag war, an dem Jeanie beschloß, auf dem Klavier herumzuklimpern. Immer und immer wieder versuchte Frieda sie zu leiserem Spielen zu überreden, aber ihre hohe Kinderstimme quälte Friedas Gehör, egal, was sie tat.

Als Jeanie sich endlich zu einem Schläfchen hingelegt hatte, machte Frieda den Kaffee heiß und schenkte sich eine Tasse ein, während ihre Gedanken aufgewühlt waren. Sie hatte Roy noch nicht einmal gefragt, wann sie heiraten wollten.

Sie trank ihren Kaffee aus und ging, um die Pflanzen im Wintergarten zu gießen. Der Wintergarten! Was in aller Welt sollte sie mit der großen Nelke in jedem Herbst tun, und mit den Geranien und dem Weihnachtskaktus, den sie schon länger besaß, als sie sich erinnern konnte? Und die Fuchsia und der große Bostonfarn auf dem Treppenabsatz? Sie begann zu weinen, leise zuerst, doch dann, als sie wieder in der Speisekammer war, ließ sie den Tränen freien lauf.

Schließlich fischte sie ein Taschentuch aus der Tasche ihrer Schürze und wischte sich über das Gesicht. »Ich muß mich beherrschen«, sagte sie laut. »Es ist doch nicht das Ende der Welt!« Aber als auch Jeanie weinend und verdrossen aufwachte, war Frieda wieder nach Weinen zumute. »Es wird von mir erwartet, daß ich mich wie eine junge Frau um die Kleine kümmere, und nun erwartet man von mir, daß ich wie eine alte Dame in ein paar kleinen Zimmern sitze«, sprudelte es aus ihr hervor.

An diesem Abend ließ sie sich Zeit, als sie Jeanie zu Bett brachte, damit sie nicht mit Roy sprechen mußte. Aber er saß wie gewöhnlich am Tisch, als sie aus dem Schlafzimmer kam. Ohne ein Wort zu sagen nahm sie ihr Strickzeug.

Roy räusperte sich ein paarmal und sagte schließlich: »Ich habe vergessen, dir zu erzählen, daß wir den Hochzeitstermin auf den ersten Oktober festgesetzt haben. Wir dachten uns, daß es ein guter Zeitpunkt wäre. Die Herbstarbeit ist bis dahin getan, und das Wetter ist vielleicht auch noch angenehm.« Frieda schluckte und nickte. Sie konnte nicht antworten, denn sie war den Tränen nahe.

Am nächsten Tag fühlte sie sich etwas erleichtert, da sie wußte, daß es noch sechs Monate bis zur Hochzeit dauerte. Sie sagte sich, daß bis dahin noch eine Menge Wasser den Fluß hinunterfließen würde. Aber am Abend bekam die Spannung sie wieder in den Griff, und ihr Kopf schmerzte.

»Ich habe Kopfschmerzen«, erzählte sie Roy, nachdem Jeanie im Bett war. »Ich gehe ins Bett.«

»Schlaf gut, Mama«, sagte er sanft.

Ellen und Gerti riefen beide am nächsten Tag an, weil sie sich darüber wunderten, daß sie nichts von sich hören ließ. Sie ließ nicht erkennen, daß sie Sorgen hatte, und die beiden sagten nichts über die Verlobung. Roy hatte sonst anscheinend noch keinem Bescheid gesagt.

Wenn sie doch nur mit Clara reden könnte, aber sie wollte Roy nicht bitten, sie zu einem Besuch hinzufahren. Im Moment wollte sie ihn um nichts bitten.

Ihre Gelegenheit kam ein paar Tage später, als Roy sagte, daß er nach Phillips fahren müsse. Er fragte sie, ob sie mitkommen wolle, um Nora zu besuchen oder ganz bis nach Ogema mitfahren wolle, um Gerti oder Minni zu besuchen.

Als Roy sie bei Clara absetzte, hatte Frieda keine Ahnung, wie sie Clara die Neuigkeiten beibringen könnte. Für eine Weile hielten sie sich mit anderen Sachen auf. Aber als Max Jeanie mitnahm, um die Kätzchen zu sehen, sagte Frieda: »Clara, Roy wird heiraten!« und brach prompt in Tränen aus.

Clara setzte sich, das Geschirrtuch in der Hand. »Aber Frieda! Magst du das Mädchen nicht? Wer ist sie?«

»Ich kenne sie nicht einmal, ich habe sie nur ein Mal gesehen. Ihr Name ist Helen. Helen Rinsberg. Du weißt, die Tochter des Tischlers. Er starb vor einigen Jahren.«

»Ich kenne sie nicht, aber ich habe gehört, daß sie eine nette Familie sind.«

Frieda putzte sich die Nase. »Es ist nur…« Wieder fing sie an zu weinen. »Ich bin noch nicht soweit. Ich will nicht in eine Ecke geschoben werden. Ich kann mein Haus nicht aufgeben!«

»Aber wo könnten sie sonst leben, Frieda? Du und Jeanie, ihr braucht nicht den ganzen Platz, und Carl und Hank sind nicht mehr oft zu Hause.«

»Ich weiß … aber es ist nicht fair! Ich muß wie eine junge Frau auf diese Kleine aufpassen, und jetzt werde ich wie eine alte Mähre auf die Weide geschickt! Roy denkt, daß wir den vorderen Raum in eine Art Küche-Wohraum-Kombination umbauen sollten, da er neben meinem Schlafzimmer liegt.«

»Der Raum ist hell und groß.«

»Aber mein Wintergarten und mein Waschbecken und meine Speisekammer…«

Max kam mit Jeanie auf seinen Schultern herein, und Frieda wandte sich hastig ab, um Clara beim Tischdecken zu helfen und so ihre roten Augen zu verbergen. Walter kam auch, wusch sich die Hände und zwickte dann Jeanies Nase mit zwei gebogenen Fingern. »Ich habe deine Nase!« sagte er und ließ die Spitze seines Daumens zwischen seinen Fingern hervorsehen.

Jeanie betastete ihre Nase und schüttelte den Kopf. »Äh! Sie ist immer noch da!«

»O nein, ist sie nicht«, sagte er und zeigte ihr wieder seinen Daumen.

Clara puffte ihn in die Rippen. »Hör jetzt damit auf!«

»O mach dir keine Sorgen«, sagte Frieda. Sie begrüßte die Ablenkung. »Sie weiß, daß er sie bloß necken will.«

»Hei, Tantchen!« sagte Max und spießte eine dicke Scheibe selbstgebackenen Brotes auf. »Roy hat mir erzählt, daß er im Herbst heiraten wird. Es wird für dich doch eine nette Abwechslung sein, eine Frau zum Reden zu haben, oder nicht?«

Frieda rang sich ein Lächeln ab, wissend, daß Clara ihm warnende Blicke zuwarf.

Aber er fuhr fort. »Diese Helen – sie ist mit Sicherheit religiös. Ich bekomme Roy nicht mehr dazu, tanzen zu gehen oder ein Bier zu trinken.«

Friedas Brauen hoben sich ruckartig. »Deshalb ist er nicht mehr zu Tanzveranstaltungen gegangen.«

Clara lächelte, wie um zu sagen: »Siehst du, noch etwas, wofür man dankbar sein kann.«

»Trotzdem, es wird noch ein paar Monate dauern«, sagte Frieda zu Clara, als sie das Geschirr abtrocknete.

»Hoffst du, daß sie auseinandergehen?«

»Ich weiß es nicht. Ich glaube, ich habe so viel über mich selbst nachgedacht, daß ich mir keine Gedanken über sie gemacht habe.«

»Vielleicht hast du ein besseres Gefühl bei der ganzen Sache, wenn du sie zusammen gesehen hast. Warum lädst du sie nicht ein?«

»Daran habe ich noch nicht einmal gedacht.«

»Sie scheint ein nettes Mädchen zu sein. Ich wollte schon immer mal auf den Risberg-Hügel, aber ich hatte nie einen Grund. Die Leute sagen, daß es ein wunderschöner Platz ist – die sich durch die Wälder windende Straße sei so schön, und es gäbe dort sogar einen See.«

Als Frieda aufbrach, legte Clara ihre Hand auf Friedas Arm. »Frieda, du kümmerst dich doch um den Jungen, oder?«

Frieda war so erstaunt, daß sie nicht antworten konnte. Auf dem Heimweg hörte sie Roy nur mit halbem Ohr zu, als er vorschlug, bei Len zu halten. Ausgerechnet diese Frage! Natürlich kümmerte sie sich um Roy. Sie liebte ihn – und das war kein Wort, das sie leichtfertig benutzte.

Sie hatte von Clara etwas mehr Mitgefühl erwartet. Natürlich konnte sie sich in Friedas Lage versetzen, auch wenn sie acht Jahre jünger war. Was meinte sie mit »du kümmerst dich doch um den Jungen, oder?«

Am nächsten Morgen war Friedas Empörung am Sieden. Um ihn kümmern! Nun, Clara sollte sich daran erinnern, wie Roy die Verantwortung übernommen hatte, als Papa gestorben war. Sie sollte sich daran erinnern, wie dankbar Frieda für seine Zuverlässigkeit war. Und Clara wußte genau, wie gut sie miteinander auskamen.

Frieda schnitt Brot und murmelte dabei: »Es gibt nicht viel, was ich nicht für den Jungen tun würde!« Dann hielt sie den Atem an und schlug die Hand vor den Mund. Was hatte sie gesagt? Plötzlich fühlte sie sich ganz wirr im Kopf, und ihre Gedanken wirbelten.

»O Herr, ich habe es wieder getan – habe mich so in meinem Selbstmitleid verstrickt, daß ich nichts anderes sehen konnte.«

Ihr war jetzt nicht nach Weinen zumute. Sie fühlte sich wie betäubt. »Wo soll ich beginnen? Vater, hilf mir!«

Sie eilte zu ihrer Kommode und öffnete ihre Bibel an der Stelle, an der ein kleines Stück Papier hervorsah. »Mitgefühl währet ewiglich und ist freundlich … sucht nicht ihr eigenes … wird nicht leicht erreicht … überdauert alle Dinge…«

»Vergib mir, Vater. Ich bin so selbstsüchtig gewesen. Hilf mir, davon loszukommen! Ich möchte lieben, wie es von mir erwartet wird.«

Leise legte sie die Bibel nieder, beugte sich dicht vor den alten fleckigen Spiegel und sagte laut: »Frieda Verleger, du hast eine Menge Sachen zu erledigen!«

Junge Liebe

Am nächsten Tag hatte Frieda eine Menge Zeit zum Nachdenken, während sie bügelte.

Ich werde über Roy und Helen nachdenken und meine Gedanken von mir ablenken, entschied sie. Es wird einige Anstrengung brauchen, über diese Veränderung glücklich zu sein, aber ich werde es versuchen.

Sie stellte das Bügeleisen zurück auf den Herd, löste den Griff und legte ihn auf den grau gesprenkelten Schutzbehälter, während sie mehr Holz in den Ofen tat. Dann hing sie eine frisch gebügelte Schürze auf.

Helen. Sie versuchte, sich jede Einzelheit des Mädchens ins Gedächtnis zu rufen. Mit Sicherheit unterschied sie sich von ihren braunhaarigen und blauäugigen Töchtern. Nicht nur, daß ihr Haar dunkelbraun – fast schwarz – war, es war auch noch kurz! Frieda konnte sich weder Gerti noch Ella oder Minni und auch keine der Ehefrauen der Jungen mit kurzen Haaren vorstellen. Aber die Zeiten ändern sich. Es gab keinen Grund, warum sie sich in diesen Tagen nicht auch die Haare kurz schneiden lassen sollten, statt sie streng zurückgekämmt und zu einem Haarknoten gesichert zu tragen.

Sie rollte ein Bündel eingesprengter Kissenbezüge aus und fing an, davon den zu bügeln, welchen Emmi für sie bestickt hatte. Helen konnte Emmi nicht kennen. Würde sie je verstehen, wie beliebt sie gewesen war? Würde sie weniger von ihr halten, wenn sie von der hastigen Hochzeit erfuhr?

Roy sagte, daß Helen Piano spiele. Es würde nicht leicht sein, diese dunkelhaarige Fremde auf Emmis Piano spielen zu sehen, aber sie würde sich daran gewöhnen. Mit Sicherheit hatte Helen die richtigen Hände dafür – lange schlanke Finger mit hübschen ovalen Nägeln. Sie sah auf ihre eigenen breiten Hände hinunter mit den stummeligen Fingern und kurzgeschnittenen Nägeln und seufzte.

Sie drehte den Kopfkissenbezug um, drückte ihn zusammen,

damit die Stickerei hervorkam, und faltete ihn sorgfältig, wobei sie ihm jedesmal einen kurzen, kräftigen Schlag mit dem Bügeleisen versetzte. Plötzlich wollte sie Helen wiedersehen. Sie wollte die beiden zusammen sehen.

Nachdem sie Jeanie an diesem Mittag für ein Nickerchen niedergelegt hatte, stand Frieda mit verschränkten Armen im Vorderzimmer und begutachtete es. Irgend etwas mußte mit dem Bogen getan werden – vielleicht könnte man Doppeltüren einsetzen. An der Wand war Platz für den Kochherd, und in Richtung Uhrzeigersinn wäre links neben ihrer Schlafzimmertür Platz für eine Bank und für den Wassereimer. Rechts davon paßten der Tisch und die Stühle hin. Sie konnte den Tisch gegen die Wand schieben, um Platz zu sparen. Sie musterte die kunstvoll verätzte Glasfenstertür – ein Hirsch mit Geweih, wie ihre Jungen bewundernd sagen würden. Zu aufwendig für eine Küche, aber dieses Ende sollte ja die Eß-Wohnzimmer-Ecke sein. Sie konnte den hölzernen Schaukelstuhl genau dort lassen, wo er stand. Henny mochte ihn sehr. Und der rechteckige Tisch aus Walnuß mit den gedrechselten Füßen konnte dort vor dem Nordfenster bleiben.

Sie maß den übriggebliebenen Platz an der Wand mit den Augen ab. Ihr Schaukelstuhl könnte auch vor dem Ostfenster stehen, und der restliche Wandplatz könnte für die kleine Waschkommode mit einem Spiegel darüber und einem Schrank an der Seite reichen. Sie drehte sich um und ging auf die schmale Veranda mit rundumlaufender Brüstung.

An diesem Abend führte sie Roy nach dem Abendessen durch das Haus und zur vorderen Tür hinaus. »Sieh mal«, sagte sie und deutete auf die Brüstung am Ende der Veranda. »Wie wäre es, wenn man diesen Teil herausnähme, damit ich meinen Abwassereimer auf diesem Weg hinaustragen kann. Ich könnte ihn hinter dem Flieder am Rande des Feldes ausgießen.«

Sein erstaunter Gesichtsausdruck machte reiner Freude Platz, und sie mußte die Tränen zurückhalten.

Roy spähte über die Kante und sagte: »Ziemlich hoch. Wir sollten Floyd lieber eine Stufe bauen lassen – eine breite und große.«

»Ich denke, ich werde das Geißblatt nach hier hinten umpflanzen und ein Blumenbeet entlang des Hauses anlegen. Ich habe mit diesem Ende vorher nie viel gemacht«, schweifte sie ab, da sie nicht wollte, daß er ihre Einstellungsänderung kommentierte.

Ein bißchen später beobachtete sie ihn dabei, wie er fröhlich pfeifend zur Scheune schlenderte. Es würde sie nicht überrascht haben, wenn er plötzlich hochgesprungen wäre und die Hacken zusammengeschlagen hätte. Was ist schon ein altes Abflußrohr gegen das Glück des Jungen, dachte sie, als sie das Abwaschwasser in den Abfluß goß.

Statt seiner üblichen kurzen Wäsche nach der Hausarbeit tat Roy Seife in seine Rasiertasse und schäumte sich sorgfältig das Gesicht ein. Mit dem Pinsel in der Hand drehte er sich zu Frieda um. »Kommen alle zu deinem Geburtstag am Sonntag?«

»Fast alle, denke ich. Gerti sagte, daß sie mir einen Kuchen backen würde.«

»Gut«, sagte er, verzog dabei seinen Mund nach links und schabte sorgfältig mit seinem Sicherheitsrasierer. »Ich denke, es ist an der Zeit, ihnen die große Neuigkeit zu verkünden.«

»Wie kommt es, daß du es Max neulich erzählt hast?«

Roy drehte den Kopf zum Licht und fuhr mit der Rasur fort.

»Oh, ich glaube, ich mußte es einfach jemandem erzählen.« Er verzog das Gesicht.

»Ich bat ihn, es niemandem zu sagen.«

»Nun, es ist höchste Zeit, daß es die Familie erfährt, oder es könnte verletzte Gefühle geben.«

Sie hörte, wie er zwei Stufen auf einmal nahm, und als er mit einem frischen Hemd und Cordhosen herunterkam, sagte sie: »Es ist Donnerstagabend. Willst du Helen treffen?«

»Ja«, sagte er mit einem Grinsen, das zu einem sanften Lächeln wurde, als er sagte: »Mama…Danke!« Und fort war er.

* * *

Am Sonntag versammelten sich die Männer wie üblich im Eßzimmer und die Frauen in der Küche. Frieda wartete auf eine Unterbrechung im Gespräch, doch da keine kam, platzte sie laut dazwischen: »Mädchen!, gestern haben wir einen Brief von Eddi erhalten. Conni wird im Herbst ein weiteres Baby bekommen.«

»Das sind dann schon vier…«

»So dicht aufeinander…«

»Nun, Eddi ist eine große Hilfe im Haushalt.«

Ellen sagte: »Ich habe auch etwas anzukündigen. Ich werde im Oktober ein Baby bekommen!«

Daraufhin gab es fröhliche Zurufe!

»Ich dachte, daß Grace mein letztes sein würde«, fuhr sie fort. »Immerhin bin ich schon siebenunddreißig.«

»Ach du liebe Zeit«, sagte Frieda. »Du könntest immer noch ein paar mehr haben. Ich war einundvierzig, als Hank geboren wurde.«

»O Mama! Sag so etwas nicht! Sieben sind genug!«

Sie redeten und lachten so laut, daß sie nicht einmal das Auto vorfahren hörten. Als Frieda sich umdrehte, um die Kaffeekanne zu holen, stand Roy im Türrahmen und Helen stand schüchtern neben ihm.

»Äh, hm!« sagte er. »Ich möchte, daß ihr Helen Risberg kennenlernt –, bald wird sie Helen Verleger sein. Helen, meine Mutter kennst du ja schon. Das ist meine Schwester Ella und meine Schwester Gerti, und Maime, Bertels Frau, und meine Schwester Minni…«

»Herzlichen Glückwunsch!«

»Wann ist die Hochzeit?«

»Ich freue mich so, dich kennenzulernen, Helen.«

Die Männer kamen, um sich nach der Ursache für die Aufregung zu erkundigen, und es gab weitere Vorstellungen.

Helen hing nicht an Roys Arm, aber ihre Augen baten: »Bitte verlaß mich nicht!« Sie blieben nicht lange, denn sie mußten die Nachricht auch noch Helens Familie überbringen.

Nachdem das Paar verschwunden war, wandten sich alle Frieda zu.

Ellen stellte die Frage: »Wo wollen sie wohnen?«

Es war Frieda möglich, ihnen alles über die Pläne zu erzählen, und es war ihr nicht einmal nach Weinen zumute.

In dieser Nacht flüsterte sie: »Herr, du bist so gut! Du hast alles recht gemacht. Vor einer Woche hätte ich nur stammeln können, aber jetzt kann ich über die Pläne reden, als ob sie hauptsächlich von mir stammen würden. Aber Vater, falls die Dinge schwer werden, dann hilf mir, daß ich mich daran erinnere, wie die beiden sich angesehen haben.«

* * *

Im Mai gingen Friedas Gedanken über ihre eigene kleine Welt hinaus, als sie sich vorzustellen versuchte, wie Charles Lindbergh sich bei seinem dreiunddreißigstündigen Flug über den Atlantik, ganz auf sich allein gestellt, gefühlt hatte. Es war das einzige, worüber jeder sprach. Hank schnitt ein Bild der fast 100 000 Menschen zählenden Menge aus, die Lindbergh auf einem Flugplatz nahe Paris begrüßten, und heftete es in seinem Zimmer an die Wand.

»Du liebe Zeit!« rief Frieda eines Nachmittags aus. »Was würde Papa sagen? Wer hätte je gedacht, daß irgend jemand über den Atlantischen Ozean fliegt?«

»Bertel sagt, daß es eines Tages Flugzeuge geben wird, die groß genug sind, um hundert Menschen zu tragen«, sagte Hank.

Frieda lachte. »Klingt nach Bertel. Vielleicht wird es passieren, aber ich glaube nicht, daß ich lange genug leben werde, um es zu sehen.«

Eine andere Folge von Lindberghs Flug war, daß die Kinder einen neuen Helden hatten. Beim Juli-Picknick spielten die kleinen Jungen den ganzen Nachmittag mit ausgestreckten Armen Flugzeug.

Roy brachte Helen für eine Weile zum Picknick mit, denn sie wollten später auch noch bei ihrer Familie sein. Sie redete immer noch sehr wenig – manchmal lächelte sie.

»Oh, jung und verliebt zu sein…« Gerti seufzte, als sie heimfuhren.

* * *

In diesem Sommer saßen Frieda und Jeanie oft auf der Verandaschaukel, wenn Roy in seinem glänzenden blauen Overland davonfuhr. Meistens hatte er Blumen in der Kristallvase, die im Auto zwischen den Fenstern befestigt war.

Das Gespräch war immer dasselbe. »Wo geht Roy denn hin?« fragte Jeanie.

»Helen sehen.«

»Er geht immer, um Helen zu sehen«, schmollte das kleine Mädchen.

»Das ist so, weil sie heiraten werden.«

»Ich will aber auch heiraten!«

»Wird nur noch ein oder zwei Jährchen dauern, Liebchen.«

Dann sang Frieda Jeanie etwas vor und träumte ein bißchen. Sie stellte sich vor, wie Roy und Helen mit Jeanie all die Dinge junger Eltern machten, von denen Friedas steife Gelenke sie selbst abhielten – im See herumtollen und plantschen – im Winter auf der Schneedecke rodeln und ähnliche Dinge.

Sie wollte diese Träume mit Jeanie teilen, aber statt dessen sang sie weiter. Sie wollte keine Versprechungen machen, die sie nicht halten konnte. Sie hatte auch nicht vor, die Verantwortung für Jeanies Versorgung dem jungen Paar aufzuschwatzen – nicht, solange sie selbst für das Kind sorgen konnte. Aber angenommen, es würde eine Zeit kommen, in der sie nicht mehr fähig war…

Am Tag, bevor die Drescher kommen sollten, sagte Roy: »Nun ja, Mama, nächstes Jahr wird das Helen übernehmen. Sie wird deine Hilfe brauchen, aber du wirst nicht mehr die volle Verantwortung tragen müssen.«

Und so sah Frieda dem Drescher-Essen mit einem Hauch von Wehmut und Erleichterung entgegen. Nachdem sie bei Einbruch der Dunkelheit die Spülschüssel aufgehängt hatte und todmüde ins Bett gefallen war, war sie erleichtert.

Einen Sonntag vor der Hochzeit lud Helens Mutter Frieda und Jeanie zum Essen ein. Sie verbrachten einen schönen Nachmittag mit Mrs. Risberg, einer angenehmen Dame, die über nichts in Eile zu geraten schien, und Helens Schwester und deren Familie. Es war schön, die Menschen zu treffen, die später zu Besuch kommen und ein Teil ihres Lebens werden würden.

Frieda hatte gehofft, daß das Haus vor der Hochzeit umgeräumt werden könnte, aber es klappte nicht. Helen und Roy waren zu sehr mit den Flitterwochen und den Vorbereitungen für die Hochzeit beschäftigt. Nestbau würde später kommen.

Der erste Tag im Oktober dämmerte klar und warm herauf.

Frieda inspizierte die Anzüge von Roy und Carl, die sie am Vortag sorgfältig gebügelt hatte. Carl und Lou Ella würden die Trauzeugen sein.

Frieda und Jeanie fuhren früh genug mit Carl in seinem kleinen Ford-Coupé nach Ogema, um vor der Hochzeit noch ein paar Minuten bei Gerti zu verbringen. Dort trafen sie auch Ed, Jeanies Vater, und seine Freundin Amanda. Er bat Jeanie mit ihm zu gehen, indem er ihr ein Bild zeigte, auf dem Jeanie mit einem Lamm zu sehen war, und das er in seiner Brieftasche trug. Sie setzte sich für ein paar Minuten auf seinen Schoß.

Als sie zu der Hochzeit aufbrachen, nahm Ed Friedas Arm, und entschuldigte sich dafür, daß er so lange nicht zu Besuch gekommen war.

»Das ist schon in Ordnung«, sagte sie zu ihm. »Du hast dein eigenes Leben.« Was sie sagen wollte, war: »Wir kommen auch ohne dich aus.«

In der Kirche war Frieda zu sehr damit beschäftigt, Jeanie ruhig zu halten, um sentimentalen Gedanken nachzuhängen, aber als die Orgelmusik einsetzte, schnürte es ihr die Kehle zu. Sie blickte zu Roy und Carl auf und merkte, daß sie keine »Jungen« mehr waren, sondern ausgewachsene Männer.

Als die Orgel den Eintritt der Braut ankündigte, sahen sich alle nach der Braut um; aber Frieda konnte den Blick nicht von dem zärtlichen Glanz in Roys Augen abwenden, als er seine Braut den Gang heraufkommen sah.

Meine Güte! Sie war wunderschön und strahlend – und es schien so, als würde sie nur Roy sehen.

»O lieber Vater, laß sie immer so zueinander stehen – lange, nachdem diese erste Liebe verblüht ist«, betete Frieda.

Obwohl Frieda während des Empfangs im Erdgeschoß der Kirche mit der Familie lachte und erzählte, tat ihr immer noch das Herz weh. Als das Paar durch einen Reishagel zu Roys Auto lief, konnte sie einen kleinen Seufzer nicht unterdrücken.

Am nächsten Morgen erwachte sie mit dem Gefühl der Verlassenheit. Sie fürchtete sich davor, in die Kirche zu gehen und Fragen zu beantworten. Statt dessen wünschte sie sich, zum alten Haus hinuntergehen zu können, um ein bißchen zu weinen und ihre Gefühle zu ordnen, aber sie kletterte in Carls Wagen, sehr darauf bedacht, sich und ihre Gefühle unter Kontrolle zu halten.

»Du siehst schrecklich müde aus, Mama«, sagte Carl zu Frieda nach der Kirche. »Mach am Nachmittag lieber ein Schläfchen.«

»Das könnte ich«, entgegnete sie, aber sie dachte immer noch über diesen Spaziergang nach.

Als Jeanie ihren Mittagsschlaf hielt, sah Frieda ihre Möglichkeit gekommen. Carl lag ausgestreckt auf der Couch und versprach ihr, auf Jeanie aufzupassen.

Frieda ging quer über das Feld zu den Steinhaufen, bei denen sie und Jeanie Frühlingsblumen gepflückt hatten, dann über das Weideland und ein anderes Feld bis zum Platz des alten Hauses.

Jetzt gab es nichts mehr außer einem Rechteck aus Steinen und hohem Gras. Zu dumm, daß sie es nicht irgendwie hatten erhalten können. Sie rupfte etwas trockenes Gras rund um den flachen Stein heraus, der als Türschwelle gedient hatte, und setzte sich. Die Arme um die Knie gelegt, besah sie sich die Landschaft im Norden – das Haus, Scheune, Werkzeugschuppen und die Bäume, die sich zwischen die Gebäude zwängten. Dann wandte sie ihren Blick nach Süden zum Fluß. Fünfundzwanzig Jahre waren vergangen, seit sie das kleine Haus verlassen hatten, aber es schien, als sei es gestern gewesen, daß sie die Wäsche aufhing und dabei ihren Mann beobachtete, der Baumstümpfe mühsam ausgrub und die ersten kleinen Felder umpflügte. Sie hatten in der Dämmerung gestanden und den gerade fertiggestellten Abschnitt angesehen, sich an der gehobenen Stimmung über das Geleistete erwärmt, und er hatte ihr seine neuesten Pläne mitgeteilt. Er war derjenige, der plante, während sie wegen ihrer Mal-sehen-was-kommt-Einstellung eher zögerte. Als er damit aufhörte, Pläne zu machen, wußte sie, daß er die Hoffnung auf ein langes Leben aufgegeben hatte. Die Schmerzen wurden immer schlimmer, und als der Arzt ihn operierte und die Wunde einfach wieder zunähte, wußte sie, daß nur ein Wunder ihn retten konnte – und Wunder waren selten in diesen Tagen.

Plötzlich fiel ihr ein, daß Helen ihren Schwiegervater nie kennenlernen würde. Sie fragte sich, wie dieses schüchterne Mädchen mit seinen Neckereien fertiggeworden wäre. Wie sie sich wünschte, daß er wüßte, was alles vorgefallen war. Es war nicht richtig, mit toten Menschen zu reden, oder? »Herr, willst du es ihm erzählen? Erzähl ihm, wie gut sich Roy gehalten hat, und daß Carl ein guter junger Mann sein wird, und Henny – erzähl ihm bloß, daß er ein echter Fallensteller ist – wie mein Bruder Fred. Oh, und erzähl ihm … erzähl ihm … ich vermisse ihn.«

Ein Strom von Tränen ergoß sich in die Stille. Sie liefen und liefen, bis sie sich fragte, ob sie je versiegen würden. Dann, als sie ruhiger geworden war und ihre Augen getrocknet hatte, ging sie durch die gefallenen Herbstblätter hinauf in den Wald.

Warum, wunderte sie sich, als sie zwischen den raschelnden Blättern umherschlenderte, bemerkt ein Mensch nicht, wie schwarz Baumäste sind, wenn die Blätter grün sind? Sicherlich werden sie nicht dunkler, wenn die Blätter ihre Farbe ändern. Jetzt standen sie im starken Kontrast zu den zahllosen Schattierungen von Gold und Rot.

Ein bemooster Stamm lud sie zum Sitzen ein. »Vater, ich versteh es nicht. Warum fühle ich mich so leer? Ich möchte jedesmal weinen, wenn ich merke, wie sich die jungen Leute ansehen. Bin ich eifersüchtig? Ich glaube schon, irgendwie. Albert hat mich niemals so angesehen. Die Dinge waren eher Tatsachen. Oh, du weißt, daß wir uns liebten. Wir führten eine gute Ehe – aber da war nicht dieses besondere Etwas, das ich zwischen Roy und Helen erkenne.

Aber ich sehne mich nach keinem anderen Mann! Lieber Vater, nein! Im Moment habe ich genug, um mit allem fertigzuwerden! Es ist nur … ich glaube, ich bin liebeshungrig. Herr, ich weiß, daß du mich liebst, aber ich fühle von dieser Liebe nichts. Als ich noch ein kleines Mädchen war und mein Onkel mich die ›kleine Heidin‹ nannte, weil ich nicht getauft worden war, habe ich dir eines Tages in der kleinen Kirche in Oshkosh gesagt, daß ich ›keine Heidin‹ mehr sein wollte – daß ich für den Rest meines Lebens dir gehören und für alle Ewigkeit bei dir sein wollte. Aber warum fühle ich mich dann so?«

Wieder begann sie zu weinen, sah zu den schwarzen Ästen, den glänzenden Blättern und dem blauen Himmel auf, bis die Tränen ihre Wangen und ihren Nacken hinunterliefen.

»Jesus … Jesus … ich fühle mich so leer.«

Irgend etwas geschah. Etwas, das ihr zuvor noch nie geschehen war. Sie atmete nicht, sie bewegte sich nicht – außer, daß sie ihre Augen schloß. Was war es? Etwas Weiches, Warmes, das über sie kam, aber nicht nur über sie, sondern auch in sie hinein, jede Zelle ihres Körpers durchdringend. Es war ihr, als ob sie mit unendlicher Zärtlichkeit gehalten werden würde.

»O Jesus«, sagte sie. »Du bist es, du bist es. Oh, hab Dank, hab Dank.«

Die Tränen flossen ungehindert. »Ich liebe dich, ich vertraue dir.« Oh, wenn ich doch für immer so verharren könnte, dachte sie. Aber dieses besondere, unbeschreibliche Etwas verschwand, war fort und hinterließ ein Gefühl des Friedens, das sie nie zuvor erfahren hatte, und eine neue Freude, die tief in ihr glühte.

»O mein Gott«, sagte sie laut. »Ich habe mir nie vorstellen können, daß es so etwas gibt. Herr, du bist so gut zu mir! Ich verdiene das nicht!«

Wie lange war sie hier gewesen? Sie hatte jedes Zeitgefühl verloren. Jetzt war es besser, nach Hause zu eilen.

Sie ging durch das trockene Laub zurück. Kaum den Platz des alten Hauses beachtend, eilte sie nach Hause – jeder Schritt war ein Dankeschön.

Was war passiert? Sie wußte es nicht, aber eines wußte sie: das Gefühl der Leere war total verschwunden!

Roy hatte gesagt, daß sie bis Montag zu Hause wären. Eine ganze Woche lag noch vor ihr, und alles, was sie tun konnte war, die normale Arbeit zu verrichten und zu versuchen, nicht allzu neugierig auf das Öffnen der verschiedenen Kisten zu sein, die im Werkzeugschuppen standen.

Sie untersuchte den elfenbeinfarbenen und blauen Ofen und fuhr mit der Hand über das schimmernde Emaille der Wärmeplatte. Wer hätte sich je einen farbigen Ofen erträumt? Sie klappte je eine Ecke der beiden Linoleumrollen auf. Die eine war blau, zum Ofen passend, die andere grün, sie war für ihr Zimmer bestimmt; sie hatte schon so lange darauf gewartet.

Kopfschüttelnd ging sie hinaus. Schätzte das junge Volk all diese neuen Sachen? Sie und Albert waren mit selbstgemachten und weitergegebenen Dingen zufrieden gewesen. Aber warum sollten sie keine neuen Sachen haben, wenn sie es sich leisten konnten? Junge Leute sollten hübsche neue Dinge haben.

Die Woche zog sich hin, und die Jungen waren ungewöhnlich ruhig.

* * *

Eines Abends beim Abendessen sagte Frieda: »Man könnte denken, wir hätten hier eine Beerdigung statt einer Hochzeit gehabt.«

»Sicher wird es hier anders werden«, murmelte Hank.

Carl stimmte zu : »Wird nie wieder so sein.«

Frieda hatte nicht einmal daran gedacht, wie sehr die Jungen von der Veränderung betroffen sein könnten.

In der Nacht, als Roy und Helen nach Hause kamen, hörte Frieda sie nicht einmal, aber als sie am nächsten Morgen Roys Auto sah, tat ihr Herz einen Sprung.

Er stand zur Stallarbeit nicht auf, und für eine Weile versuchte Frieda Jeanie ruhig zu halten. Gegen acht gab sie es auf und ließ sie Piano spielen.

Sie hörte plötzlich auf, als sich die Tür zur Treppe öffnete. Roy und Helen standen Hand in Hand im Türrahmen. Jeanie schoß auf Roy zu, und er warf sie in die Luft.

Frieda sah ihnen zu und lachte, aber ihr Lachen erstarb, als sie zu Helen blickte. Helen sah auch zu, aber sie lachte nicht.

Henny

Am Tag, als Roy und Helen nach Hause kamen, begannen sich die Dinge zu ändern. Carl hatte sich dafür entschieden, ein paar Monate zu Hause zu bleiben und mit Roy in den Wäldern zu arbeiten, und Hank hatte noch nicht wieder mit dem Fallenstellen angefangen, deshalb legten sie in dieser Woche das Linoleum im vorderen Zimmer, stellten Friedas Ofen hinein und halfen Floyd, dem Tischler, die Doppeltüren einzusetzen und die Verandastufe zu bauen.

Helens Küchenfußboden wurde als nächstes verlegt und der glänzende elfenbeinfarbene und blaue Ofen aufgestellt. In der Zwischenzeit malte sie einen Ausziehtisch und vier Stühle blau und elfenbeinfarben an, damit sie zum Ofen paßten. Sie malte sogar eine kleine Flasche blau an, die sie als Vase benutzen wollte.

»An so etwas würde ich nie gedacht haben«, sagte Frieda zu ihr.

Es war keine einfache Woche für Jeanie, die das ausgesprochene Talent hatte, genau dort zu sein, wo jemand arbeiten wollte. Sie spielte eine ganze Weile mit den neuen Türknäufen aus Glas mit einem Sternenmuster darin.

»Mama, sieh! Sind sie nicht wunderschön?«

»Sie nennt mich ›Mama‹ «, erklärte Frieda Helen, »aber sie weiß, daß ich ihre Großmutter bin. Die Bilder von Emmi und Ed haben mir geholfen, ihr die Dinge zu erklären.«

Der Sonntag kam in dieser Woche sehr schnell. Als Frieda sich für die Kirche umzog, fragte sie sich, wieviele Leute wohl neugierig auf Roys Frau waren. Es waren nicht alle von ihnen bei der Hochzeit gewesen.

Roy begann sie vorzustellen, als sie das Kirchenportal hinaufgingen, aber als Mr. Zielkie begann, die Glocke zu läuten, eilten alle hinein.

Frieda setzte sich auf ihren üblichen Platz auf der Frauenseite, aber zu ihrem Erstaunen ging Helen mit Roy zu der Männerseite! Roy sah kein bißchen verstört aus.

Weil sie es nicht wagte, sich umzuschauen, um die Reaktionen zu sehen, starrte Frieda auf ihre Zehen, und ihre Wangen wurden warm. Nun, es ist an der Zeit, daß wir mit dieser Tradition brechen, dachte sie und erinnerte sich daran, wie sehr sie sich gewünscht hatte, bei ihren Jungs zu sitzen, als Fred nach Hause gekommen war.

Das sagte sie auch nach dem Gottesdienst zu einigen Frauen, und sie stimmten höflich zu – aber sie war sich ziemlich sicher, daß der Vorfall in vielen Häusern das Tischgespräch an diesem Mittag sein würde. Auf dem Weg nach Hause teilte sie Helen ihre Meinung mit – aber sie merkte, daß es Helen nicht interessierte, was Frieda oder irgend jemand anders dachte. Sie war eine Frau mit festen Grundsätzen und hielt sich an diese.

* * *

Als die Möbel aufgestellt waren, fing Frieda an, die Feinheiten in ihrem kleiner gewordenen Heim auszuführen. Die ungebleichten Vorhänge mit der Spitzenkante, die Gerti vor Jahren angefertigt hatte und die einst so elegant wirkten, hingen jetzt schlaff und langweilig herunter. Sie hing lockere, weiß gepunktete Gardinen an ihren Platz.

Das Schränkchen mit den Glastüren, welches Roy gekauft hatte, brachte ein anderes Problem auf. Es war dazu gedacht, attraktive Stücke auszustellen, nicht Friedas Mischmasch an Geschirr und Lebensmitteln. Weiße, angekrauste Vorhänge an der Innenseite der Türen verbargen seinen bescheidenen Inhalt.

Eines Abends, nachdem Jeanie ins Bett gesteckt worden war, setzte Frieda sich mit einem Seufzer nieder. Bis jetzt hatte sie sich sicherlich nicht wie in eine Ecke abgeschoben gefühlt – nicht mit Carl und Hank, für die zu kochen und zu waschen war. Tatsächlich wünschte sie sich, daß sie nicht ganz so beschäftigt wäre, damit sie Ella eine Weile helfen könnte, nachdem das Baby gekommen war.

Wenn sie doch bloß näher bei Eddi, Conni und ihren vier Kleinen leben würde. Die beiden hatten sicher alle Hände voll zu tun.

Eine Woche später steckte Roy seinen Kopf durch die Tür und

sagte: »Ellas Hank hat gerade angerufen. Sie hat einen kleinen Jungen!«

Am nächsten Tag brachte er Frieda hinüber, damit sie den kleinen Jim Alton sah. Ella ging es gut, aber der Lärm, den Jeanie veranstaltete, um das Baby zu sehen und zu halten, machte sie nervös, deshalb blieben sie nicht lange. Auf dem Nachhauseweg hielten sie an, um Gerti zu besuchen.

»Wie klappt es zwischen dir und Helen?« fragte sie Gerti.

»Ganz gut!« konnte Frieda ehrlich antworten. »Sie sagt, daß es keinen Grund gebe, warum meine Pflanzen nicht im Wintergarten stehenbleiben könnten, obwohl ich glaube, daß sie über den großen Farn nicht begeistert ist. Und sie sagt, daß ich auch weiterhin am Montag waschen soll, weil sie weiß, daß ich die Wäsche am liebsten gleich am Anfang der Woche erledige. Die Nähmaschine benutzen wir gemeinsam; ich kann sie in mein Zimmer holen, wann ich will.

Es ist wirklich angenehm, eine Frau zum Reden zu haben. Manchmal legen wir los und reden eine ganze Stunde.«

»Das beruhigt mich, Mama. Es ist für zwei Frauen nicht leicht, unter demselben Dach zu leben. Beide müssen sehr großzügig sein.«

Später, als Frieda allein war, dachte sie: Ja, Helen ist mit allen sehr großzügig – mit allen außer Roy.

Eines Abends nach dem Essen lief Jeanie in die Küche und kletterte auf Roys Schoß. Helen scheuchte sie zurück in Friedas Zimmer und schloß die Tür fest hinter ihr.

Die kleine Jeanie weinte, als Frieda sie schaukelte. Sie verstand nicht, warum sie verbannt worden war, aber Frieda tat es. Sie wußte, daß es nicht einfach war, eine alte Frau und ein kleines Kind immer um sich herum zu haben, wenn man gerade frisch verheiratet war.

Sie wußte auch, daß es dumm von ihr gewesen war, so zu träumen, wie sie es getan hatte. Helen war lange nicht so erfreut über Jeanie, wie es der Rest der Familie war. Sie betrachtete sie als verwöhnt, und möglicherweise, wenn die Wahrheit bekannt werden würde, als einen Quälgeist.

»Ach, sie ist jung«, sagte Frieda zu sich selbst. »Im Moment kann ihr Herz nicht mehr fassen als ihre Familie und Roy. Es wird mit der Zeit wachsen. Aber wird es früh genug wachsen?«

* * *

Im November wurden Hanks Träume wahr, als er einen jungen Hund fand, der zu verkaufen war. Er nannte den Hund Sport.

»Er ist ein kleiner Hund«, versicherte er Frieda. »Er wird nicht viel fressen.« Sie tätschelte seinen glatten Kopf. »Scheint ein netter Hund zu sein. Wir werden ihn an meiner Tür füttern und hoffen, daß er Colonel nicht verärgert.«

Damit wurde auch ein Gebet von Frieda beantwortet. Jetzt würde Henny draußen in den Wäldern nicht mehr allein sein.

Dieses Weihnachten war das lebendigste seit Jahren, da Helens und Roys Gäste kamen und gingen. Jeanie hielt wieder eine Rede, und dieses Mal drehte sie sich ganz um, bevor sie sprach.

Bertel baute ihr eine kleine Puppenwiege, und Frieda machte kleine Laken und eine weiche Steppdecke. Jeanie war höchst erfreut, als sie die Wiege unter dem Baum sah.

Ed schickte zwei Kleidchen, aber er konnte nicht kommen, um seine Tochter zu sehen.

»Auch gut«, sagte Frieda, als Jeanie sie nicht hören konnte.

Aber der schönste Teil des Weihnachtsfestes war der, als Helen Weihnachtslieder auf dem Piano spielte.

Am Neujahrsabend war Frieda wieder allein, aber es störte sie überhaupt nicht. Es gab dafür noch mehr Familienmitglieder, für die zu beten war – nicht, daß sie nicht das ganze Jahr über für sie gebetet hätte.

Während sie Holz in die drei Öfen legte, bevor sie zu Bett ging, dachte sie an all die Veränderungen, die das Jahr gebracht hatte. Sie hätte sie sich nicht im geringsten vorstellen können, als sie am letzten Neujahrsabend dagesessen, nachgedacht und gebetet hatte. Es war nicht alles leicht zu akzeptieren gewesen, aber sie war zufrieden.

Zufrieden, aber niemals frei von der Sorge um Jeanie. Noch so viele Jahre, bis sie sich um sich selbst kümmern könnte…

Obwohl sich Frieda weniger Sorgen um Henny machte, seit er Sport hatte, wartete sie immer noch auf seine Rückkehr, nachdem er ein paar Tage fortgewesen war. An einem Mittwoch im Februar blickte sie in der Dämmerung ab und zu aus dem Fenster, um gleich seine Gestalt zu erkennen, die sich deutlich von dem weißen Schnee abheben würde, während sie welke Karotten für den Eintopf schnitt. Sie sah immer erst einen schwarzen Fleck, bis dann auf der Spitze des Hügels der Rest von ihm ins Blickfeld geriet.

»Kommt Henny nach Hause?« fragte Jeanie, die ihre Vorfreude fühlte.

»Ja. Henny kommt nach Hause«, versicherte ihr Frieda.

Später sandte sie ein paar verstohlene Blicke auf die Straße, schnitt aber dabei Teppichstreifen und nähte sie zusammen. Sie hatte Jeanie beigebracht, wie man die langen, vielfarbigen Streifen zu einem Ball zusammenrollt. Jeanie wartete ungeduldig in ihrem kleinen grünen Schaukelstuhl, bis der Streifen einige Zentimeter lang war; dann rollte sie ihn eifrig zusammen.

Frieda legte ihre Handarbeit beiseite und deckte den Tisch für alle vier. Sicherlich würde Henny bald heimkommen.

Carl kam herein, er fror und war hungrig. Frieda zündete die Lampe an und brachte den Eintopf auf den Tisch.

»Henny sollte jeden Augenblick hiersein«, sagte sie, als sie sich hinsetzten.

Aber er war immer noch nicht da, als sie mit dem Essen fertig waren und Carl weggegangen war, um bei der Hofarbeit zu helfen. Friedas Gehör war auf das Geräusch von Hennys Schritten auf der Veranda eingestellt; sie wusch das Geschirr ab.

»Mama? Wann kommt Henny?« fragte Jeanie alle fünf Minuten.

Schließlich gab Frieda schnippisch zurück: »Ich weiß nicht, wann er kommt! Du mußt einfach warten!«

Als der Abwasch fertig war, rannte Jeanie los, um das zerfetzte graue Bibelgeschichtsbuch zu holen und kuschelte sich dann auf Friedas Schoß.

»Nun gut, laß mal sehen. Wir haben über Noah gelesen, und über Abraham und Isaak…«

»Löwen! Lies über die Löwen!«

»Daniel in der Löwengrube. In Ordnung.«

Frieda las die Geschichte vor, und sie nutzte die Entschuldigung, daß sie Holz in den Ofen legen müßte, um einen Blick aus dem Fenster zu werfen. Es war jetzt zu dunkel, um den Hügel hinaufsehen zu können, also setzte sie sich wieder und las eine andere von Jeanies Lieblingsgeschichten vor – Mose in dem Körbchen.

Um halbacht wusch sie Jeanie die Hände und das Gesicht und half ihr in ihr Flanellnachthemd. Dann wickelte sie eine Decke um sie, setzte sich und sang ihr eine Weile vor – aber ihre Gedanken waren bei ihrem jungen Fallensteller.

Jeanie wollte nicht ins Bett gehen, bevor sie Henny gesehen hatte, aber Frieda sagte ihr, daß sie ihn am Morgen sehen würde.

»Henny ist letzte Nacht nicht nach Hause gekommen, so wie er es eigentlich tun wollte«, erzählte sie Carl am nächsten Morgen. »Er nahm nur Essen für drei Tage mit. Ich bin besorgt.«

»Ach, der ist in Ordnung. Er wird sich ein Kaninchen kochen, wenn er Hunger hat.«

»Er könnte hingefallen sein oder so…«

»Er wird heute Abend zu Hause sein«, versicherte ihr Carl und schlenderte davon, um die Stallarbeit zu erledigen.

An diesem Abend war es doppelt so schwer, die Augen vom Fenster abzuwenden. Jeanies dauernde Fragerei half auch nicht weiter.

Als Carl um sechs kam, aßen sie Abendbrot. Wieder spülte Frieda das Geschirr und las Jeanie vor. Ihr Mund sagte die Worte, aber ihr Geist betete, wie es fast den ganzen Tag über gewesen war.

Plötzlich schreckte Jeanie hoch. »Sport ist dort draußen!« Frieda ließ sie fast von ihrem Schoß fallen und eilte zur Tür. Da war er, kratzte an der Tür und winselte.

»Gut! Du hast Henny nach Hause getrieben, oder nicht? Ich wette, du bist hungrig.« Sie tat ein paar Reste in seinen Napf und beobachtete, wie er sie hinunterschlang. »Du bist hungrig«, stellte sie fest und ging, um noch mehr zu holen.

Frieda erhitzte das übriggebliebene Kochfleisch und spähte durch das Fenster. Aber so sehr sie sich auch anstrengte, sie konnte keine Bewegung auf dem Hügel ausmachen. Vielleicht kam er den Hügel außerhalb ihres Blickwinkels herauf. Sie wartete und versuchte, Jeanies Gelärme zu überhören.

Sie öffnete die Tür und horchte. Sport sprang auf, eifrig mit dem Schwanz wedelnd. »Wo ist er, Jungchen? Oh, ich wünschte, du könntest reden! Ist er verletzt?«

»Henny verletzt?« fragte Jeanie.

»Nein, nein. Ich habe bloß mit Sport geredet. Henny geht es gut.«

Roy und Carl waren immer noch mit der Stallarbeit beschäftigt, aber sie ging, um mit Helen zu reden. »Jetzt mache ich mir wirklich Sorgen. Sport ist allein nach Hause gekommen.«

Helen murmelte etwas darüber, daß Henny alt genug sei, um selbst auf sich aufzupassen, und Frieda ging mit dem Gedanken zurück in ihr Zimmer, daß Helen erst eigene Kinder haben müsse, bevor sie sie verstehen konnte.

Als Carl und Roy mit ihrer Arbeit fertig waren, hatte sie Jeanie zu Bett gebracht. Als sie sie hereinkommen hörte, beeilte sie sich, um sie abzufangen.

»Henny ist bis jetzt nicht zu Hause, und ich weiß, daß ihm etwas passiert ist.« Sie brach in Tränen aus und hob ihre Schürze, um ihr Gesicht zu verdecken. »Er wird morgen zu Hause sein«, versicherte Roy.

Und Carl sagte: »Ach Mama. Sorg dich nicht.«

Sie trocknete sich kurz das Gesicht und drohte ihnen mit dem Finger. »Ich will, daß ihr dort hinuntergeht und ihn sucht! Jetzt! Heute nacht.«

Roy redete über die Schulter, während er sich die Hände wusch. »Mama, es ist acht Uhr!«

»Ihr könnt in einer Stunde unten sein, oder nicht?«

Carl zuckte mit den Achseln. »Es wird in der Dunkelheit länger dauern.« Er warf einen fragenden Blick zu Roy.

Roy trocknete sich die Hände und verzog das Gesicht. »Oh, schon gut.« Er schüttelte den Kopf. »Es ist merkwürdig, daß der Hund nach Hause gekommen ist.«

»Wir sollten besser zwei Laternen mitnehmen«, sagte Carl.

Frieda holte sie von der Veranda und füllte sie mit Kerosin.

Helen sagte kein Wort.

Die Jungen würden bis an den Waldrand fahren und dann noch etwa zwei Meilen gehen. Gut, daß kein frischer Schnee liegt, dachte Frieda. Sie könnten Hennys Spuren folgen.

Nachdem sie fort waren, sank sie betend in den Schaukelstuhl: »Herr, sei mit ihnen. Du weißt , wie sehr ich es hasse, sie bei der Kälte in die Dunkelheit zu schicken. Sei bei Henny, laß ihn wissen, daß Hilfe kommt.«

»Mama?« rief Jeanie aus ihrer Wiege. »Ist Henny zu Hause?«

»Noch nicht! Geh jetzt schlafen.«

Um neun löste Frieda ihr Haar und flocht es. Sie lehnte sich zurück, die Augen geschlossen. Plötzlich spürte sie eine kleine Hand auf ihrem Knie. Da stand Jeanie, und die Tränen liefen ihre Wangen hinunter.

Frieda zog sie auf ihren Schoß. »Warum bist du wach?«

»Ich will zu Henny«, schluchzte sie.

»Nun, Carl und Roy gingen runter, um ihn zu holen. Du gehst jetzt schlafen, und am Morgen werden sie alle hier sein.«

Sie legte Jeanie zurück ins Bett und zog ihren alten Flanellmorgenmantel an. Dann überprüfte sie das Feuer und sah nach, ob Helen noch wach war, aber die war schon zu Bett gegangen.

Jedes Mal, wenn sie Autolichter sah, hielt sie den Atem an und hoffte, daß sie in die Auffahrt einbiegen würden. Zu ruhelos, um zu sitzen, wanderte sie durch das Haus. »O Herr, ich wünschte, ich könnte meine Gedanken aufhalten. Ich will dir vertrauen, aber ich denke an all die Dinge, die passiert sein könnten.«

Die Uhr schlug elf.

Frieda legte Holz in alle Öfen und setzte einen frischen Topf mit Kaffee auf. Ihnen würde kalt sein, wenn sie nach Hause kamen.

Lichter! Autolichter! Den Hügel hinunter – über die Brücke, den Hügel hinauf – in die Einfahrt!

Sie eilte zu Helens Küchenfenster.

Henny kam zuerst herein und zog seinen schweren Rucksack hinter sich her.

Sie wollte ihn in die Arme nehmen, aber er schob sich hinter ihr in den Raum. »Bist du in Ordnung?« rief sie.

»Er ist in Ordnung«, sagte Roy verdrossen.

Carl schüttelte den Kopf. »Er lag auf seiner Pritsche und las in einem Cowboy-Heft!«

»Er wollte noch nicht einmal mit uns nach Hause kommen«, fügte Roy hinzu.

Frieda wußte nicht, was sie sagen sollte. Sie ging zurück in ihr Zimmer, wo Henny seine Schneepacken aufschnürte.

»O Henny! Ich war so besorgt!«

»Um Himmelswillen, nenn mich nicht Henny! Und sorg dich nicht um mich.«

»Aber ich wußte, daß du keine Nahrung hattest, und dann kam Sport nach Hause…«

»Ach, ich habe ihm nichts von meinem Brot gegeben, wie ich es normalerweise tue. Ich habe es für mich selbst behalten, damit ich länger bleiben konnte. Dachte, daß er sich selbst ein Kaninchen fangen würde, wenn er hungrig wird.«

Hank aß ein Brot mit Marmelade und ging ohne ein weiteres Wort ins Bett.

Frieda fiel ins Bett und wünschte sich, daß sie hier eine Woche bleiben könnte. »Vater, hilf mir! Ich bin so verwirrt!«

Bevor sie am nächsten Morgen ihre Gedanken sammeln konnte, wußte sie, daß etwas falsch war. Dann folgten die Erinnerungen in einem raschen Wechsel. Henny war wieder zu Hause – gesund! Aber rauh und selbstbezogen wie immer.

»Nenn mich nicht Henny!« Sie konnte ihm keine Schuld geben. »Henny« klang kindisch. Roy und Carl – wie konnte sie ihnen sagen, wie dankbar sie war? Sie hatte es gehaßt, darauf zu bestehen, daß sie den Weg dort hinunter in der Dunkelheit zurücklegten, aber sie mußte es tun. Dachten sie, daß sie sich um Henny – Hank – mehr sorgte als um sie? Sie wollte, daß sie sich um ihn kümmerten und nicht angewidert von ihm waren. Er hatte noch nicht einmal mit ihnen nach Hause kommen wollen! Hatte die Nahrung gegessen, die für seinen Hund bestimmt war! Und Carl hatte gehört, wie er auch sie angefahren hatte.

Müde kroch sie aus dem Bett, kümmerte sich um das Feuer und zog sich an. Sie fürchtete, daß Henny bummelte und wieder zu spät zur Stallarbeit kam, aber sie konnte nicht mehr an die Decke klopfen, um ihn zu wecken – sein Bett stand genau über Helens Ofen.

Nur Jeanies Plappermäulchen brach das Schweigen beim Frühstück.

Als sie mit dem Essen fertig waren, sagte Carl: »Du kannst uns heute beim Holzschlagen helfen, Hank.«

»Ich muß eine Menge Felle aufspannen.«

»Die können warten. Wir sind knapp mit dem Holz.«

Hank schlurfte hinter ihm hinaus.

Den ganzen Vormittag über, während Frieda am Brotbacken und am Kochen war, grub sie in der Vergangenheit. Was hatte sie falsch gemacht? Sie führte sich die Liste vor Augen, die sie so gut kannte: Sie hatte Minni und Gerti erlaubt, ihn zu verwöhnen. Sie hatte ihn vernachlässigt, als Papa krank war. Sie ließ ihn seine eigenen Wege gehen, weil es einfacher war, als ihn zu erziehen. Wenn sie doch mehr mit ihm geredet hätte, als er jung war. Er mußte einsam gewesen sein, als Minni und Gerti heirateten. Die Jungen wollten ihn kaum dabei haben, nur weil er noch ein unmündiges kleines Kind war.

In den Jahren, als Papa krank war, hatte sie ihn fast vergessen, aber meistens wußte sie, wo er zu finden war – entweder unten am Fluß sitzend und fischend, oder über die Weiden wandernd, mit der Rute über der Schulter – die Köderdose am Ende. Armer, einsamer kleiner Junge.

Wenn Papa doch bloß nicht krank geworden wäre. Hank war erst neun, als Papa starb. Er konnte sich wahrscheinlich nicht daran erinnern, daß Papa ihn irgendwo mit hingenommen oder sonst etwas mit ihm gemacht hatte. Wenn doch…

Bis Mittag platzte Friedas Kopf fast vom vielen Nachdenken. Sie versuchte, ein Schläfchen zu machen, während Jeanie schlief, aber die vielen Fragen standen doch immer wieder vor ihr. Es gab niemand, mit dem sie darüber reden konnte, auch nicht am Telefon. Und auf Ella war auch kein großer Verlaß. Ellas Carl, der ein Jahr jünger als Hank war, war ebenso ehrgeizig, wie Hank faul war.

An diesem Abend ging sie früh zu Bett, immer noch in einem Wirrwarr von Gefühlen verstrickt und zu müde, um mehr zu beten als: »Vater, halte bitte meine Gedanken zusammen. Und hilf Henny – Hank.«

Am Sonnabend, als sie das Haus reinigte, entschied sie, daß das Graben in der Vergangenheit unnütz war. Sie sollte lieber darüber nachdenken, was jetzt zu tun war. Vielleicht, wenn sie mit ihm redete – mit ihm diskutierte – würde ihm das helfen zu sehen, was er sich selbst antat.

Nein, das hatte sie schon so oft versucht, daß sie es nicht mehr zählen konnte.

»Alles, was du tust, ist, an mir herumzunörgeln«, würde er sagen.

Wenn sie die Schrift zitierte, predigte sie.

Wenn sie einen Fehler hervorhob, erinnerte er sie schnell an Zeiten, in denen Carl und Roy das gleiche getan hatten – oder sogar etwas Schlimmeres.

Wenn sie versuchte, ihm zu zeigen, daß sie zu ihm hielt, verdrehte er ihre Worte so, daß sie klangen, als ob sie gegen ihn sei.

Nein, sie konnte nicht mit ihm diskutieren. Das hatte sie vor langer Zeit gelernt. Was konnte sie tun?

Diese Frage hing am Sonntag in der Kirche die ganze Zeit über ihr.

Als Pastor Fischer ihr die Hand schüttelte, sah er ihr tief in die Augen. »Ist bei Ihnen alles in Ordnung, Mrs. Verleger?«

Sie nickte und versuchte ein Lächeln.

Nach dem Essen sagte Hank: »Ich habe genug zum Essen eingepackt, daß es bis Mittwoch reicht. Ich werde zur Hütte aufbrechen, bevor es anfängt zu schneien.«

Er sagte nicht einmal auf Wiedersehen – pfiff nur nach Sport und wanderte davon.

Sie sah die undeutlich werdenden Umrisse seiner Gestalt über den Hügel verschwinden.

»Wir fahren diesen Nachmittag nach Phillips«, sagte Helen am Montagmorgen. »Willst du mitkommen und Nora besuchen?«

Normalerweise wäre Frieda erfreut gewesen.

»Heute nicht«, sagte sie. »Ich glaube, ich bleibe zu Hause.«

Jeanie war gerade schlafengegangen, als Colonel bellte, um ein Auto anzukündigen.

Es war Pastor Fischer.

»Ich glaube, daß irgend etwas Sie bedrückt«, sagte er, als Frieda ihm eine Tasse Kaffee einschenkte. »Wollen Sie darüber reden?«

Sie ließ einen langen Seufzer hören. »Es wird nicht leicht sein – aber ich werde es versuchen.«

Pastor Fischer hörte zu, als Frieda über Hank berichtete, über seine Ichbezogenheit und wie lieblos er manchmal war – so grundlos. Sie fühlte, daß sie bei ihm versagt hatte und fürchtete, daß Papas Krankheit und andere Situationen sein Leben schlecht beeinflußt hatten.

»Ich muß Ihnen wie ein blöder alter Dummkopf erscheinen«, sagte sie, schluchzte und trocknete ihre Tränen.

Pastor Fischer blickte sie mit seinen braunen Augen fest an und sagte: »Nein, das tun Sie nicht. Sie klingen wie eine sorgende Mutter! Daran ist nichts falsch. Aber lassen Sie uns die Dinge Stück für Stück klären.

Erstmal sorgen Sie sich um die Vergangenheit. Sie glauben doch an das, was in Römer 8,28 steht, oder? Daß denjenigen, die Gott lieben, alle Dinge zum Besten dienen?«

Frieda nickte. »Ja, aber Hank scheint sich nicht um Gott zu kümmern. Dieser Vers würde also nicht auf ihn zutreffen, oder?«

»Dann ist das der nächste Teil, den wir behandeln müssen. Er braucht die Liebe zu Gott. Aber zuerst muß er wissen, daß Gott ihn liebt. Glauben Sie, daß er fühlt, daß Gott ihn liebt?«

»Ich weiß es nicht. Er beschuldigt Gott für die schlechten Dinge, die passieren.«

»Glauben Sie, daß Hank fühlt, daß ihn die Leute nicht mögen – ihn nicht anerkennen?«

»Ich vermute es. Aber er benimmt sich so, als ob es ihm nichts ausmacht.«

»Vielleicht mag er sich selbst nicht, und er kann nicht begreifen, wie irgend jemand – und Gott am allerwenigsten – ihn mögen kann.«

Das war ein neuer Gedanke. »Könnte das möglich sein?« fragte Frieda. »Daß er sich selbst nicht mag?«

»Fragen Sie sich manchmal, ob Sie ihn lieben?« fragte Pastor Fischer.

Sie blickte rasch nach unten und errötete.

Er legte seine Hand auf ihren Arm und sagte ruhig: »Seien Sie nicht bestürzt darüber, daß Sie so fühlen. Ich weiß, daß Sie ihn lieben. Wissen Sie warum?«

Sie schüttelte den Kopf.

»Weil Sie sich um ihn sorgen – was ihm geschieht. Liebe ist nicht nur ein befriedigendes Gefühl. Es bedeutet ›das Beste‹ für andere zu wollen, auch wenn es überhaupt nicht einfach ist, mit ihnen zusammen zu sein!«

Frieda hielt die Tränen zurück. »Manchmal habe ich so schreckliche Gedanken – wie der Wunsch, ihn nie gehabt zu haben.«

»Aber Sie arbeiten solche Gedanken nicht aus, oder doch?«

»O nein!«

»Dann fühlen Sie sich nicht schuldig. Wir sind nicht für die Gedanken verantwortlich, die in unseren Geist hineinplatzen, wissen Sie, nur für die, denen wir zu bleiben erlauben.«

»Aber wie kann ich Hen- Hank helfen?«

»Nun, erstmal müssen Sie damit aufhören, sich für jede schlechte Sache, die er macht, verantwortlich zu fühlen. Es ist wahr, daß die Eltern großen Einfluß auf ihre Kinder ausüben, aber die letzte Entscheidung treffen die Kinder selbst.

Hank hat seinen eigenen Willen. Sie können ihn nicht verteidigen und schützen, wenn er eine schlechte Wahl trifft, aber denken Sie daran – unser Herr kann all diese Dinge aus seinem Leben nehmen und in gute verwandeln, wenn Hank sich ihm zuwendet und für ihn lebt.«

»Aber wann wird er sich dem Herrn zuwenden?«

»Zuerst muß er wissen, daß Gott ihn liebt – und er wird es wissen, wenn ihn die anderen, also Sie, so lieben, wie Gott es tut – einfach so, wie er ist.«

»Aber wird Hank dann nicht denken, daß ich seine Taten anerkenne?«

»Nein. Er weiß sehr gut, daß er sich falsch verhält. Bitten Sie den Herrn, Ihnen den Hank zu zeigen, den er geschaffen hat. All die Taten, die Sie betrüben, sind nur wie eine Lage Schmutz – sie sind kein Teil des wirklichen Hank. Bitten Sie Gott, Ihnen zu helfen, Hank so zu sehen, wie er sein könnte – von der Sünde befreit!«

Frieda lächelte. »Das mag ich.«

»Gott liebt uns auf diese Weise, denn er kann uns ohne unsere Sünde sehen. Wir sehen die Person und seine Sünden zusammen und hassen das ganze Bündel. Wir brauchen Gottes Art der Liebe, nicht wahr?«

»Oh, ich bin überzeugt davon, daß wir sie brauchen. Ich brauche sie!«

Es war vierzehn Uhr, als sich Pastor Fischer erhob, um zu gehen. Bevor er ging, betete er mit Frieda.

»Denken Sie daran«, sagte er, »wenn Sie für Hank beten, ist es so, als ob Sie die Tür zu seinem Herzen offenhalten, damit Gott sein Werk darin verrichten kann.«

»Haben Sie vielen Dank.« Frieda schüttelte den Kopf. »Sie sind so jung. Wo haben Sie all diese Dinge gelernt?«

»Genau hier«, sagte er und klopfte auf die Tasche mit seiner kleinen Bibel darin. »Und weil ich Stunde um Stunde mit ihm verbracht habe.«

Als er fort war, saß Frieda still am Tisch. »Vater«, flüsterte sie, »Du bist so gut! Du hast mich nicht nach Phillips gehen und so diese wertvolle Zeit verpassen lassen. Du hast Jeanie schlafen lassen. Nun hilf mir bitte, mich an all das zu erinnern, was Pastor Fischer sagte. Hilf mir, liebevoll und gelassen zu bleiben, selbst wenn ich Hank nicht mag.«

Gewinn und Verlust

Es war nicht ungewöhnlich für Nels und Minni, ihre Kinder am Sonntagnachmittag herüberzubringen, deshalb war Frieda nicht überrascht, als sie ihr Auto in die Einfahrt einbiegen sah. Aber sofort fühlte sie, daß dieser Besuch anders war. Minni, die für gewöhnlich ununterbrochen redete, war merkwürdig still. Als die Kinder zum Spielen davonrannten und die Männer in einer Ecke redeten, setzte sich Minni neben Frieda. »Mama, ich muß dir etwas erzählen. Wir ziehen nach Kalifornien.«

»Ihr macht was?«

Minni nickte und war den Tränen nahe. »Nels hat darüber gelesen, und er glaubt, daß er dort Arbeit bekommen kann. Es klingt wundervoll, Mama.«

»Aber wann? Und wie wollt ihr dahin kommen?«

Dann redete Minni pausenlos, als sie erzählte, daß sie eine Versteigerung planten, um alles zu verkaufen, was sie nicht mitnehmen konnten. Sie müßten ein Zelt und einen Campingofen kaufen, und Nels würde Stauraum in ihr Modell T einbauen bauen. Ihre Augen funkelten.

»O Mama, es wird Spaß machen! Amy ist zehn. Sie ist eine große Hilfe. Und Johnny ist vier – er ist kein Baby mehr.«

»Ich weiß, aber die Wüste – die Hitze – und nicht einmal ein geschlossenes Auto.« »Deshalb planen wir, im Mai aufzubrechen – sobald die Schule vorbei ist.«

Frieda versuchte zu lächeln. »Ich muß mich an die Idee erst gewöhnen, glaube ich. Aber werden wir euch je wiedersehen?« Sie senkte den Kopf, um ihre Tränen zu verbergen. »Darüber kann ich nicht nachdenken. Du kennst Nels. Wenn er sich für etwas entschieden hat…«

Frieda hatte versucht, fröhlich zu sein, aber später, im Bett, fühlte sie, wie die Tränen ihre Wangen herunter auf das Kissen liefen.

»Herr, ich bin gerade über eine Sache weggekommen, aber hier ist schon wieder etwas anderes. Ich kann den Gedanken nicht ertragen, sie für Jahre nicht zu sehen. Und du weißt, daß Minni mich wegen jeder Kleinigkeit anruft. Was wird sie tun?«

Dann erinnerte sie sich daran, was Pastor Fischer darüber gesagt hatte, daß Gott Hank stärker liebte, als sie ihn jemals lieben könne. Genauso würde er auch Minni lieben.

»Herr, es tut mir leid. Ich weiß, daß du auf sie aufpassen wirst. Gib ihr Freunde und laß sie sicher sein.«

Aber während der nächsten Wochen war Friedas Herz schwer. Es wurde am ersten Sonntag im April sogar noch schwerer, als Pastor Fischer verkündete, daß er fortgehen werde.

»Erst Minni, jetzt er«, sagte Frieda, als sie den Tisch deckte. »Ich wußte, daß wir ihn nicht lange haben würden. Die Guten bleiben nie lange.«

* * *

Minni schickte ab und zu eine Bildpostkarte, als sie nach Westen fuhren, aber Frieda sehnte sich nach dem Tag, an dem sie eine mit einer Adresse bekam. Sie waren nun schon drei Wochen unterwegs, und immer noch nicht am Ziel.

»Ich glaube, ich habe einen schlimmen Fall von Frühlingsfieber«, erzählte Frieda Helen eines Morgens. »Ich will nicht drinnen bleiben. Willst du mit hinauskommen und sehen, wo die mehrjährigen Pflanzen wachsen?«

Helen trocknete sich die Hände ab, zog sich einen Pullover über und folgte Frieda. Sie machten einen Rundgang durch den Garten und beschlossen, daß Helen die Ostseite des Hauses und den Vordergarten haben sollte, und Frieda die Westseite – und den Steinkrug, wie der Pflanzplatz aus Feldsteinen und Mörtel genannt wurde, auf dem sie immer ihre roten Nelken pflanzte.

Frieda harkte das Laub von den sprießenden Schwertlilien, den Tränenden Herzen, den Pfingstrosen und den Tigerlilien, während Jeanie mit Colonel herumtollte. Morgen wollte sie an der Westseite des Hauses arbeiten – ein wenig Geißblatt pflanzen und ein neues Blumenbeet anlegen.

»Wenn der Herr die Seinen rufet…«, sang sie und dachte dabei, daß es niemanden geben konnte, der zufriedener und glücklicher war als sie. Konnte es möglich sein, daß sie vor einem Jahr so verärgert über Roys Heiratspläne gewesen war? Jetzt, da sich ihr Leben beruhigt hatte, war sie froh, daß sie sich nicht mehr um das ganze Haus sorgen mußte. Es reichte ihr, sich um ihre zwei Räume und um Carls und Hanks Schlafzimmer zu kümmern.

In einem der nächsten Jahre, wenn Carl heiratete, wollte sie seinen Raum für Jeanie herrichten. Von ihrem Ofen ging ein Rauchrohr durch die Decke, in dieses Zimmer. Aber daran würde sie für eine lange Zeit nicht denken. Es wurde Juni, bevor Minni schrieb und ihre entgültige Adresse mitteilte. Frieda antwortete ihr sofort und erzählte ihr ein paar Neuigkeiten, einschließlich der Geburt von Georgs und Sadies jüngster Tochter Betty.

Mehrere Wochen später sagte Hank, daß er mit Carl zum Devils Lake in Nord-Dakota gehen werde, um dort bei der Ernte zu helfen.

»Das sollte ihm guttun«, bemerkte sie zu Roy. »Er muß ein bißchen in die Welt hinauskommen. Vielleicht denkt er einmal an etwas anderes als an das Fallenstellen und die Wälder.«

Da sie nur noch für sich und Jeanie zu waschen und zu kochen brauchte, hatte Frieda ein bißchen mehr Zeit für Besuche. Sie liebte es, zu Ella hinüberzugehen und ihr zu helfen und den kleinen Jimmy zu betreuen.

Er war ein waches kleines Kerlchen, aber, wie sie Helen erzählte: »Ich fürchte, daß er ein sehr verwöhntes Kind wird. Die anderen Kinder kümmern sich etwas zu viel um ihn.« Im Juli waren die Zeitungen voll von Albert Smith und Herbert Hoover (Präsidentschaftskandidaten).

»Für wen wirst du stimmen, Mama?« fragte Ellen eines Tages, während Frieda Erbsen enthülste.

»Nun, es wird nicht Albert Smith sein. Ich habe gelesen, daß er gegen das Verbot der Alkoholherstellung ist.«

»Aber die Dinge sind nicht allzugut gelaufen, mit der ganzen Schmuggelei und dem gepanschten Schnaps und so weiter. Leute werden vergiftet...«

»Puh!« unterbrach Frieda. »Geschieht ihnen recht, wenn sie das Zeug trinken. Wie ich immer sage...«

»O Mama, fang nicht davon an! Ich weiß, daß du das Trinken verabscheust. Aber glaubst du wirklich, daß Hoover ein Huhn in jeden Topf und ein Auto vor jede Garage bringen kann, wie er es verspricht?«

Frieda lachte. »Wüßte nicht, je erlebt zu haben, daß die Versprechen eines Politikers gehalten wurden – aber wer weiß? Wird Zeit, daß einmal jemand darangeht und etwas für die Farmer tut, statt immer nur für die Bänker und Geschäftsleute.«

* * *

Im September kamen Carl und Roy aus dem Westen zurück. Carl blieb solange, bis Frieda seine Wäsche gewaschen hatte, und brach dann nach Muskegon auf. Es sah nicht so aus, als würde er noch viel zu Hause sein. Er schrieb, daß er eine Stelle bei Continental Motors hatte, und später, daß er entlassen worden und nach Hart gegangen war, um dort Gelegenheitsarbeiten für Unterkunft und Verpflegung zu verrichten.

Im November war Frieda unter den Glücklichen, als Herbert Hoover zum Präsidenten gewählt wurde.

»Jetzt werden wir sehen, wer ein Huhn im Topf haben wird«, sagte sie zu Ellen.

Jeden Tag dieses Monats wartete Frieda auf einen weiteren Brief von Carl. Als sie das nächste Mal schrieb, legte sie einen frankierten Umschlag bei.

Das brachte eine Antwort. Carl wollte nach Hause kommen, hatte aber die zwanzig Dollar nicht, die es kosten würde. Würde sie sie schicken?

Das Geld war am nächsten Tag auf der Post.

An dem Abend, als Carl nach Hause kam, durfte Jeanie länger als sonst aufbleiben und auf Carls Schoß sitzen, während er von seinen Erfahrungen berichtete.

»Als ich meine Bewerbung zu Continental Motors brachte, sagten sie mir, daß ich, weil ich noch nicht einundzwanzig bin, zum Rektorat einer höheren Schule gehen müsse, um eine Arbeitserlaubnis zu erhalten. Sie gaben mir ein Formular zum Ausfüllen, und neben einem Haufen anderer Sachen wollten sie, daß ich die Namen und das Alter meiner Brüder und Schwestern angebe.

Nun, ich fing mit Bertel an; ich wußte, daß er 41 war. Natürlich wußte ich das Alter der anderen nicht, also setzte ich jeden zwei

Jahre jünger als den letzten an. Aber als ich etwa sieben von ihnen aufgeführt hatte, hörte ich die Sekretärin kichern, und ich fühlte, wie meine Ohren rot wurden. Ich schrieb weiter, aber bevor ich bei Roy angelangt war, hatte ich alle Spalten ausgefüllt, und diese Frau lachte frei heraus.

Der Direktor kam, sah es sich an und sagte: ›Eine ganz schöne Familie haben Sie da.‹ Aber er war sehr nett und gab mir die Erlaubnis. Ich bin schnell abgehauen!«

Frieda, Carl und Hank lachten, also lachte Jeanie einfach mit. Sie lachte und lachte, und die Erwachsenen lachten mit ihr, bis keiner mehr wußte, worüber sie zuerst gelacht hatten.

Es war gut, Carl zu Hause zu haben.

Die Reise nach Muskegon

Eine Reise! Eine richtige, wirklich echte Reise mit einer Übernachtung unterwegs. Es klang wundervoll an diesem Tag im April, als Gerti Frieda fragte, ob sie mit ihnen mitkommen wolle, um Fred und Helen in Muskegon zu besuchen.

»Aber es wird zuviel Geld kosten!« protestierte Frieda, wie vorherzusehen war.

»Mama, wir fahren sowieso. Es wird für dich und Jeanie nicht mehr kosten, wenn ihr mitkommt.«

»Aber wir müssen übernachten und in Restaurants essen und so weiter.«

Gerti pumpte eine Schüssel Wasser aus ihrer Zisternenpumpe, bevor sie sich mit glänzenden Augen zu Frieda an den Tisch setzte.

»Oh, es wird lustig werden! Auf der Hinfahrt fahren wir um den See, und auf der Rückfahrt überqueren wir ihn auf der Fähre. Und Fred sagte, daß wir nur abwarten sollen, bis wir ihren Strand sehen – schneeweißer Sand! Glaubst du, daß das den Kindern keinen Spaß machen wird?«

»Das ist eine andere Sache – die drei auf dem langen Weg.«

Gerti räumte das Problem mit einem Wink weg. »Hast du jemals zwei Kinder besser zusammen spielen sehen als Earl und Jeanie – und Clyde ist so ruhig – Gott sei Dank! O ich wünschte, es wäre jetzt schon Juni statt April!«

Frieda hatte nie wirklich gesagt, daß sie mitkommen würde – es wurde einfach so angenommen. Sie bestellte Kleiderstoff, schob die Nähmaschine in ihr Zimmer und nähte ein Kleid für Jeanie und eins für sich selbst.

»Hat Jeanie einen Badeanzug?« fragte Helen eines Tages im Mai.

»Du liebe Zeit, daran habe ich noch gar nicht gedacht. Nein, sie hat keinen.«

»Ich habe eine Idee.« Helen ging die Treppe hinauf und kam mit einem langen roten und blauen Umhang wieder – von der Art, die den Rücken hinunterhängen. »Wir können ihr daraus einen machen. Schneide den Kragen ab und Löcher für Arme und Beine, und umhäkle sie.«

»Nun, daran habe ich nie gedacht! Natürlich! Ich hätte Bedenken, einen zu kaufen.« Während Frieda die Kleider nähte, arbeitete Helen an dem Badeanzug.

Eines Tages rief Gerti an und sagte: »Joe sagt, daß du in der Nacht vor der Abfahrt hier übernachten sollst. Wir werden die Kinder wecken und um fünf aufbrechen.«

»Ich fühle mich wie ein kleines Kind, das die Tage zählt«, meinte Frieda zu Helen. »Im Geist habe ich den Koffer schon ein halbes dutzendmal gepackt.«

Am Nachmittag vor ihrer Abreise brachte Roy sie zu Gerti und trug Friedas Strohkoffer hinein – den, den Papa gekauft hatte, als er im Stadtrat war und über Nacht in Phillips bleiben mußte.

»Gute Reise, Mama«, sagte Roy. »Wir werden gut auf deine Hühner aufpassen. Grüß du Helen und Fred von mir.«

An diesem Abend thronte Jeanie auf Gertis Küchenstuhl, während Joe ihr die Haare, auf einer Linie mit den Ohrläppchen, abschnitt.

»Wen werden wir auf unserer Reise sehen?« fragte Gerti und glättete ihren glänzenden Pony.

»Onkel Fred und Tante Helen und Kermit und Everett!« antwortete Jeanie und wedelte dabei mit Armen und Beinen.

»Und von ihr wird erwartet, zwei Tage im Auto stillzusitzen?« sagte Frieda hinter ihrer Hand.

Während sie dahinfuhren, ließ Clyde Jeanie singen. Wenn die Kinder zu unruhig wurden, hielt Joe an und ließ sie Turnübungen machen.

An diesem Abend hielten sie vor einer Pension, um zu übernachten. Frieda wachte am nächsten Morgen durch den einsamen Pfiff eines Zuges auf. Wo war sie? Sie öffnete die Augen und sah auf eine rosa Tapete mit Rosenknospen und das weiche Licht, das an den Rändern des Rollos hereinfiel. Das Gästezimmer!

In ihr kam Freude auf. Heute würde sie Fred, Helen und die kleinen Jungen sehen! Sie wollte sofort aufstehen und wirken, aber im Haus war kein Laut zu hören, und Jeanie lag noch tief schlafend neben ihr.

»O Vater. Du bist so gut! Hab Dank für diese Reise. Hab Dank für dieses weiche Bett und den guten Schlaf. Herr, hilf mir, geduldig und liebevoll zu sein – danke für alles, was du mich heute sein lassen willst. Und beschütze uns auf der Weiterreise.«

Jeanie bewegte sich, öffnete die Augen und sagte: »Mama? Wo sind wir?«

»Wir sind in einem Touristenzimmer, erinnerst du dich?« flüsterte Frieda. Jeanie gähnte und setzte sich auf. »Was ist ein Tourist?«

»Jemand, der reist. Wir sind Touristen.«

»Werden wir immer Touristen sein?«

Frieda lachte. »Nein, nur solange wir auf Reisen sind. Sag mal! Weißt du, was heute passieren wird?«

Jeanie sprang auf und begann, auf dem Bett herumzuhüpfen. »Wir werden zu Onkel Freds Haus kommen!«

»Schhhh! Und spring nicht auf dem Bett herum! Komm, wir ziehen uns an. Ich höre schon Earl und Clyde.« Frieda und Jeanie waren fertig, als Gerti an die Tür klopfte.

Als sie draußen standen und auf Joe warteten, der das Gepäck auf dem Dach festband, sah Frieda an dem großen weißen Haus hoch, in dem sie geschlafen hatten. »Fragst du dich nicht, warum Leute mit so einem schönen Haus Touristen aufnehmen?«

»Hast du nicht den Mann im Rollstuhl hinten im Haus gesehen, als wir gestern Nacht eintrafen?« fragte Gerti.

»Nein, das habe ich nicht. Ich habe auf Jeanie geachtet, damit sie nichts anfaßt.« Eine Wolke von Traurigkeit zog über Friedas Freude, als sie davonfuhr. »Herr, segne sie«, flüsterte sie.

* * *

Fred war gerade von der Arbeit gekommen, als sie vor dem kleinen graugedeckten Haus mit einem Rosenspalier ankamen.

»Mama! Du bist kein bißchen älter geworden!« rief Fred aus und drückte sie an sich. »Nur deine Haare sind noch etwas grauer.«

»Und dicker! Ich bin in meinem Leben noch nie so schwer gewesen! Du siehst gut aus, Fred.«

Während die Erwachsenen Begrüßungen austauschten, beäugten sich die vier Jungen und rannten dann davon, um sich die

Kaninchen anzusehen – Jeanie hinter ihnen her. »Sie sieht Emmi so ähnlich«, sagte Fred.

»Sie benimmt sich aber nicht wie sie«, sagte Frieda; »sie redet und redet und redet – genau wie ihr Vater.«

Fred lachte. »Wenn ich mich recht erinnere, hatte Emmi immer viel zu sagen.«

»Ich glaube schon – aber Jeanie ist anders.«

Nach dem Abendessen, als sie um den Tisch herumsaßen, sagte Frieda: »Ist es nicht wundervoll, wie die Jahre dahinschmelzen, wenn wir erst wieder zusammen sind? Es kommt mir nicht so vor, als wären es schon fünf Jahre, seit wir uns zuletzt sahen.«

Am nächsten Tag gingen sie an den Strand, und Frieda traute ihren Augen kaum. Der Sand war weiß. Die Kinder spielten am Wasser, während die Erwachsenen im Schatten plauderten.

»Ich glaube, daß ich um Jeanie nicht besorgt sein muß, wenn Kermit in der Nähe ist«, sagte Frieda. »Seht ihn euch an!«

»Er verehrte sie geradezu«, sagte Helen. »Er hat mich letzte Nacht gefragt, ob er etwas Geld aus seinem Sparschwein nehmen dürfe, um ihr etwas zu kaufen.«

Am Sonntag blieb Joe mit den Kindern zu Hause, damit die anderen in die Kirche gehen konnten. Als sie zurückkamen, rannte Jeanie aus dem Haus und jammerte: »Mama! Mama!« Sie hängte sich an Friedas Rock, als ginge es um ihr Leben.

Frieda nahm sie in die Arme und setzte sich auf die Stufen. »Liebchen! Was ist denn los?« Joe kam kopfschüttelnd heraus. »Sie lag die ganze Zeit auf dem Bett und weinte, als du fort warst! Ich konnte nichts mit ihr anfangen.«

»Sie ist die ganze Zeit bei mir«, sagte Frieda lahm. »Ich weiß nicht, was wir tun sollen, wenn es für sie Zeit wird, in die Schule zu gehen.«

An diesem Nachmittag setzte sich Fred neben Frieda auf die vordere Veranda. »Ich hatte bis jetzt noch keine Gelegenheit, um mit dir zu reden. Wie stehen die Dinge zwischen dir und Roys Frau?«

»Wir kommen recht gut miteinander aus. Wir machen einige Dinge unterschiedlich, aber wir vertragen uns.«

»Und sie?« Fred nickte in Jeanies Richtung.

»Das Schlimmste ist, daß ich mich ständig frage, ob ich das

Richtige tue. Ich fühle eine andere Art von Verantwortung, als ich sie bei euch hatte.«

Jeanie kam an, um sich von Frieda den Schuh öffnen zu lassen, damit sie den Sand herausschütteln konnte.

»Es macht einen großen Unterschied, wenn man älter ist«, sagte Frieda mit einem Seufzer. »Wenn ich doch nur noch so lange lebe, bis sie mit der Schule fertig ist.« Sie warf den Sand über das Geländer und zog Jeanie den Schuh wieder an. »So, fertig. Bleib besser auf dem Gehsteig.«

Fred wechselte rasch das Thema. »Bertel schrieb, daß das Geschäft in der Schmiede schlecht gelaufen ist. Er denkt darüber nach, hierher zum Arbeiten zu kommen.«

* * *

Am Morgen ihrer Abfahrt stand Gerti auf dem Fährdeck und holte tief Luft. »So muß der Ozean sein. Ich kann kein Stück Land sehen.«

Ein Windstoß riß Joes Strohhut vom Kopf, und sie sahen zu, wie er davonflog. »Ich möchte so intensiv hinschauen, daß ich dieses Blau nie wieder vergesse«, sagte Frieda. »Denk mal, Gerti, wenn wir nach Hause kommen und bügeln oder das Geschirr spülen, sehen wir dies immer noch vor unserem inneren Auge.«

Gerti lachte. »Bist du froh, daß du mitgekommen bist?«

»Und ob.«

In dieser Nacht konnten sie keine Gästezimmer in einem Privathaus finden, also gingen sie in ein Hotel. Frieda hatte noch nie so viel Glas und Silber gesehen wie in dem Speisezimmer. Sie breitete die große weiße Serviette auf Jeanies Schoß aus und betete, daß sie ihre Milch nicht verschüttete. Welch ein Luxus! Ein Bad für jedes Zimmer. Jeanie blieb in der großen weißen Badewanne, bis Frieda sagte: »Sieh dir deine Füße an! Sie sind verschrumpelt wie eine Backpflaume.« Sie hob sie trotz ihres Protests heraus und wickelte sie in das weiche weiße Handtuch.

Je näher sie am andern Tag ihrem Zuhause kamen, desto gespannter wurde Frieda. Sie war nicht mehr so lange von zu Hause fortgewesen, seit Hank ein Baby gewesen war; seit achtzehn Jahren. Sie und Albert waren nach Oshkosh und Wind Lake gefahren, um ihre Geburtsorte zu sehen, aber sie bekam so Heimweh, daß sie früher zurückkehrten, als sie geplant hatten.

»Ich weiß nicht, wie ich euch danken soll«, sagte sie zu Joe, der ihren Koffer hineintrug. Jeanie griff nach seiner Hand. »Wiedersehen, Papa Joe«, sagte sie leise.

Er umarmte sie und ging leise lachend davon.

»Es war gut, zu gehen, aber es ist auch gut, wieder zu Hause zu sein«, sagte Frieda zu Roy und Helen.

* * *

Mitte August rief Len an, um mitzuteilen, daß Nora einen Jungen geboren hatte.

»Wie habt ihr ihn genannt?«

»Natürlich Leonhard Junior. Wie sonst?«

Frieda erzählte Ella ein paar Wochen später von ihrem Besuch bei dem Baby.

»Ein Grübchen im Kinn, genau wie sein Vater. Ich glaube, er könnte auch die Verlegerohren haben.

Aber, oh, ich war so verlegen! Jeanie rannte mit Joy Ann hinein und als ich reinkam, putze sie das Badezimmer! Ihr Strohhut hing ihr den Rücken hinunter, und da saß sie nun – putzte das Waschbecken, die Wände, den Boden und einfach alles – mit einem schönen, weißen Waschlappen. Und du weißt, was für eine gute Hausfrau Nora ist!«

Ella lachte. »Und was hat Nora gesagt?«

»Oh, sie lachte und lachte. Wir standen da und haben ein paar Minuten zugesehen – sie wollte nicht, daß ich ihr die Sache verbot. Sie sagte, daß sie sie in zwanzig Jahren daran erinnern würde, um zu sehen, ob sie es dann immer noch so liebte, das Badezimmer zu säubern!«

Als Gerti am Sonntag zu einem kurzen Besuch herüberkam, sagte sie: »Rat mal, was passiert ist? Ich werde die Schullehrerin bei mir aufnehmen. Sie scheint eine freundliche junge Frau zu sein. Sie heißt Olga Harrold.«

»Das wird schön für dich werden«, gab Frieda zurück. »Joe ist so oft fort, daß es nett sein wird, jemand zum Reden zu haben. Ich erinnere mich daran, wie ich es genoß, Jenny Clark bei uns zu haben, als Papa in den Wäldern arbeitete. Ich strickte oder nähte, und sie hat mir vorgelesen.«

Gerti lachte. »Nun, ich weiß nicht, ob Miss Harold mir vorlesen wird, aber ich freue mich darauf, sie bei uns zu haben.«

* * *

Im September schrieben Eddi und Conni, daß sie einen weiteren kleinen Jungen namens Richard bekommen hatten und versprachen, daß sie im nächsten Sommer mit Sicherheit nach Hause kommen würden.

Es war offensichtlich, daß auch Roy und Helen irgendwann im Winter Eltern werden würden. Normalerweise redeten Frauen über das zu erwartende Baby, aber Helen sagte kein Wort, und Frieda fragte nicht.

* * *

Als Hank in diesem Herbst von den Erntefeldern nach Hause kam, war er redseliger und begeisterter, als Frieda ihn seit Jahren erlebt hatte.

»Ich werde ein Radio bekommen«, verkündete er eines Tages. »Dazu muß ich ein paar Masten für eine Antenne setzen – die braucht man, um die Radiowellen zu empfangen«, erklärte er.

»Was denn noch«, murmelte Frieda, als sie beobachtete, wie die Jungen sich abmühten, um die neun Meter langen Masten aufzustellen. Sie spannten Kabel zwischen ihnen und führten diese durch kleine Isolatoren an der Veranda durch ein Loch am Nordfenster.

Frieda hoffte, daß es besser als Gertis Radio klingen würde. Alles, was sie darin hörte, war ein Krachen, das sie Statik nannten.

»Ich werde diesen Tisch brauchen«, sagte Hank und nahm die Bilder und Magazine vom Walnußtisch.

Frieda protestierte nicht. Es war gut, ihn an irgend etwas Neuem interessiert zu sehen.

»Du wirst es mögen, Mama«, sagte er. »Du kannst Musik hören, wann immer du willst, sogar ohne Platten wechseln zu müssen.«

Hank erwarb sich plötzlich einige Freunde, die die ganze Nacht mit ihm Radio hörten.

»Ich wundere mich, daß ich bei dem ganzen Krach schlafen kann«, erzählte sie Ella. »Immerhin weiß ich, daß er zu Hause und in Sicherheit ist.«

* * *

Frieda hätte nicht überrascht sein sollen, als Albert und Maime kamen und ihr erzählten, daß sie die Schmiede schließen und er nach Muskegon ziehen würde, bevor die Schule anfing. Maime und die Kinder würden bei Maimes Eltern bleiben, bis er sich dort niedergelassen hatte.

»Ich glaube, es würde mir nicht so weit weg scheinen, wenn wir nicht gerade dorthin gefahren wären«, erzählte Frieda Gerti.

Es wurde von ihr erwartet, daß sie den Abschied für Bertel nicht noch schwerer machte, aber es war nicht einfach. Sie machte es so wie immer, um die richtige Einstellung zu finden. Die Bibel sagte nichts darüber, ob diese tugendhafte Frau in den Sprüchen je damit fertigwerden mußte, daß Familienmitglieder fortziehen, aber der 1. Korinther-Brief gab ihr Richtlinien.

Frieda begriff, daß die liebevolle Haltung bedeutete, sich nicht auf ihr eigenes Gefühl des Verlustes zu versteifen, sondern geduldig und ruhig zu sein und zu hoffen. Sie wollte nicht denken: »Ich werde sie für Jahre nicht wiedersehen«, sondern: »Sie werden zu Besuch kommen oder ich werde hinfahren.«

Es war nicht einfach, ihre Gefühle zu ordnen. Am Tag nach Bertels und Maimes Hausratversteigerung, als die Bilder des auseinandergerissenen Haushalts ihr in der Seele weh taten, sprach sie sich mit dem Herrn darüber aus.

»Du wirst mir helfen müssen, Herr. Ich zähle auf dich, gib mir deinen Frieden, damit ich über sie und nicht über mich nachdenken kann.«

* * *

Das Ende des Oktobers brachte zwei nennenswerte Ereignisse: ein weiteres Baby – Georg Junior – für Georg und Sadie, und den Börsenkrach.

»Diese Geschichte vom Börsenkrach ist alles, was in diesen Tagen in den Zeitungen steht«, beklagte sich Frieda bei Helen. »Ich verstehe nicht, worum es überhaupt geht.«

Helen sagte, daß sie auch nicht viel darüber wisse. Offensichtlich dachten viele Leute, daß das Leben ohne Geld nicht lebenswert sei, meinte sie, weil die Zeitung des Tages berichtete, daß viele aus den Fenstern sprangen.

»Du meine Güte! Glaube nicht, daß wir verstehen, wie es ist, wenn man alles verliert.«

»Aber Geld ist nicht alles«, protestierte Helen.

Frieda stimmte zu. »Sicherlich ist es das nicht – aber eine Menge Leute haben das noch nicht herausgefunden.«

Besuch vom Doktor

In der Weihnachtsnacht wachte Jeanie weinend und mit Fieber auf. In den nächsten drei Tagen schliefen weder sie noch Frieda mehr als einige Stunden am Stück, während das Fieber weiter anhielt. Am vierten Morgen waren ihre Stirn und Brust mit einem Ausschlag übersät – Masern.

»Wie habe ich während all der Jahre all die kranken Kinder pflegen können?« fragte sich Frieda. Sie war erschöpft von der Pflege des einen kleinen masernkranken Mädchens.

Am vierten Januar war der Ausschlag verschwunden und das Fieber heruntergegangen, trotzdem versuchte Frieda immer noch, Jeanie warm und ruhig zu halten.

Als sie an diesem Morgen zum Raum mit der Milchzentrifuge ging, um Milch zu holen, war Helen nicht da.

Roy kam schmunzelnd die Treppe herunter. »Es ist soweit! Ich habe den Doktor angerufen, und Leonhard bringt Helens Mutter herüber.«

»Wie geht es ihr?«

Roy zuckte mit den Schultern. »Gut. Sie sagt, daß sie keine Schmerzen habe – sie weiß nur, daß etwas passiert.«

»Ich habe schon von solchen Frauen gehört«, sagte Frieda mit einem wehmütigen Lachen, »aber ich habe nie welche gekannt.«

Frieda hielt die Tür geschlossen, damit Jeanie nicht mitbekam, daß irgend etwas Ungewöhnliches vor sich ging, aber als Mrs. Risberg und der Doktor kamen, wurde sie nervös. Es war am späten Nachmittag, als Roy herunterkam und sagte: »Es ist ein Junge! Wir haben ihn Ronald Risberg genannt.«

Ein Baby! Hier im Haus! Jeanie sprang auf und ab, quäkte und bettelte darum, ihn gleich sehen zu dürfen.

»Er wird immer hier sein. Du wirst ihn jeden Tag sehen können.«

»Mama«, sagte Roy und hustete beim Reden, »wenn du die Mädchen anrufen willst, dann mach nur. Ich fühle mich nicht so wohl.«

Sie fühlte seine Stirn. »Meine Güte, Junge! Du verbrennst ja! Hast du die Masern gehabt?« »Nicht, daß ich wüßte.

»Zum Glück hast du diesen Mann angestellt. Laß ihn heute Abend die Stallarbeiten übernehmen. Du bleibst drinnen.«

In dieser Nacht ließ Frieda von Lloyd eine Matratze für Roy zum Schlafen herunterbringen. Er stand am nächsten Morgen nicht auf, um die Arbeiten im Stall zu erledigen, und drei Tage später brachen bei ihm die Masern aus.

Mrs. Risberg übernahm die Betreuung von für Helen und das Baby, und Frieda brachte den Heizofen zum Glühen, tat, was sie für Roy tun konnte und versuchte nebenbei, Jeanie stillzuhalten.

Dr. McKinnon hatte darauf bestanden, daß Helen zehn Tage im Bett bleibe. Nach vier Tagen konnte sie sich aufsetzen. Frieda machte oben kurze Besuche, war aber immer noch ängstlich darüber, daß sie Bazillen an sich haben könnte.

An diesem Wochenende kamen Carl und Hank nach Hause, und Carl machte das Angebot, zu Hause zu bleiben.

»Nee, in ein paar Tagen werde ich wieder aufstehen können«, sagte Roy. »Lloyd kann solange die Arbeiten übernehmen.«

Doch am Dienstag hatte Roy Schüttelfrost und Fieber.

»Das ist nicht normal«, sagte Frieda und stopfte die Steppdecke um seine zitternden Schultern. Du fühltest dich schon besser, und der Ausschlag ist weg. Wir sollten dich lieber vom Arzt untersuchen lassen.«

Roy war zu krank für einen Protest.

Neben Roy kniend klopfte und horchte ihn Dr. McKinnon ab. Er stand auf, verzog das Gesicht und sagte zu Frieda: »Lungenentzündung. Der rechte Lungenflügel ist stark betroffen. Halten Sie ihn warm und geben Sie ihm viel Flüssigkeit. Ich werde ihm eine Medizin hierlassen, die ihm beim Abhusten hilft.«

Lungenentzündung. Das gefürchtete Wort hallte in Friedas Ohren wider. Die Ärzte konnten nichts tun außer hoffen, daß der Körper des Patienten stark genug war, um dagegen anzukämpfen. Emmi war es nicht gewesen. Erst das Kindbettfieber, dann Lungenentzündung.

Aber Roy war stark. Er war gesund, bis er die Masern bekam.

Ihre Hand zitterte, als sie dem Doktor Kaffee einschenkte. Mrs. Risberg sah die Furcht in ihren Augen, als Frieda ihr erzählte, was der Doktor gesagt hatte. »Er wird wieder gesund werden«, versicherte sie, »aber Helen sollte lieber noch für ein oder zwei Tage oben bleiben.«

»Es muß mehr geben, was ich tun kann«, sagte Frieda zu sich selbst. Als erstes könnte sie beten, und das tat sie – inbrünstig und tränenreich, während sie die Hühner fütterte, das Geschirr spülte und auf Jeanie aufpaßte.

Es war so kalt! Man mußte gegen die kalte Luft ankämpfen, Roy Schutz verschaffen. Jedes Mal, wenn jemand die Küchentür öffnete, zog kalte Luft durch das Haus. Frieda schüttelte sich bei der Vorstellung, wie sie Roy durch jedes kleine Loch in den Dekken angriff und an Hals und Nacken eisig hinunterströmte.

Sie reihte Stühle am Fuß seiner Matratze auf und hing Laken darüber. Immer, wenn sie daran vorbeiging, suchte sie nach Spalten und verschloß diese.

Am Freitag ließ sie von Lloyd einen Eimer Hafer hereinbringen. Sie füllte damit Zehn-Pfund-Zuckersäcke und erhitzte sie auf dem Ofen. Diese stopfte sie gegen Roys Rücken und seine Brust, als er auf der Seite lag. Etwa jede Stunde wechselte sie sie durch warme aus.

Abwechselnd fand sie ihn zitternd vor Kälte, dann wieder schweißgebadet. Sie half ihm beim Wechseln des durchnäßten Flanellnachthemds gegen ein trockenes. Sie zerriß für ihn weiche Lumpen, die er als Taschentücher benutzen konnte, und stellte eine Tüte neben ihn, um sie hineinwerfen zu können. Wenn sie voll war, verbrannte sie sie.

Der Waschtrog wurde in diesen Tagen nicht weggestellt. Er stand in der Ecke von Helens Küche, wenn Mrs. Risberg nicht für Helen und das Baby wusch oder Frieda den Rest der Wäsche erledigte. Das Trockengestell hinter dem Ofen wurde nie leer.

Während des Tages hielt die Ablenkung die Furcht am Rand von Friedas Gedanken. Normalerweise schlief Frieda während des ersten Teils der Nacht vor lauter Erschöpfung ganz fest. Trotzdem wachte sie jede Stunde auf, so als ob sie einen eingebauten Wecker hätte. Sie mußte die Feuer in Gang halten, die Getreidesäcke wechseln und tun, was sie sonst noch für Roy tun konnte. Dann fiel sie sofort für eine weitere Stunde wieder in den Schlaf fallen – bis vier Uhr oder so.

Dann, mit wachem Geist und immer noch erschöpftem Körper, nahm sie den Kampf gegen die Gedanken auf.

Lungenentzündung. Du weißt, daß es schlimmer wird. Seine Lungen füllen sich immer mehr. Du dachtest, daß Papa nicht sterben würde; aber er starb. Du dachtest, daß Emmi nicht sterben würde; aber sie starb. Du glaubst, daß Roy nicht sterben wird; aber nein! »Herr, hilf mir!« Dann fuhr sie hoch, hellwach: das Feuer, die Hafersäcke.

Wieder im Bett, flüsterte sie: »Dein Wille wird den in Frieden erhalten, dessen Geist bei dir ist; weil er dir vertraut. Vater, ich vertraue dir. Du hast versprochen, daß, die dich lieben, alle Dinge zum Besten dienen. Du weißt, daß ich dich liebe.«

Dann konnte sie für eine weitere Stunde schlafen.

Die Gedanken der Furcht und die folgenden Worte des Trostes änderten sich von Nacht zu Nacht, aber das Muster nicht – erst viele Nächte später, nachdem der Doktor dagewesen war. Gegen Morgen wurde sie wieder von den Gedanken geplagt, und sie fühlte den Ärger in ihr aufsteigen.

»Im Namen Jesu«, fauchte sie, »laßt mich in Ruhe!« Die Gedanken verflogen, und sie schlief.

Am Donnerstagmorgen kam Helen lächelnd aber blaß herunter – ihre Mutter mit dem Baby hinter ihr.

Roy stützte sich auf seine Ellenbogen, um das Baby zu sehen, und begann sofort zu husten.

Frieda konnte es Helen nicht übelnehmen, wenn sie herunterkommen wollte, aber sie war darum besorgt, sie nicht zu nah an Roy heranzulassen.

Helen war nicht ängstlich. Sie ließ sich von Lloyd ein schmales Feldbett herunterbringen, auf dem sie schlief und wo sie das Baby stillte. Das Kind schlief in einem Wäschekorb, den sie elfenbeinfarben angestrichen hatte.

Roy hatte immer noch fürchterliche Hustenanfälle und schwitzte und fror abwechselnd, aber er schien munterer zu sein. Kein Wunder, da Helen und das Baby da waren, um ihn anzuspornen.

Am Tag, nachdem Helen heruntergekommen war, kam ihr Bruder Leonhard und holte seine Mutter ab.

»Es wird ihnen gutgehen«, versicherte Frieda Mrs. Risberg, aber sie war erschöpft. Das Waschen, Kochen, Feuer bewachen und Pflegen konnte sie verkraften. Es war der Versuch, Jeanie still zu halten, der sie erschöpfte. Das Kind mußte springen und toben, aber wo und wie?

Sie blickte aus dem Fenster und sah, wie Lloyd Holz aufstapelte. An diesem Mittag fragte sie ihn, ob es ihn stören würde, wenn Jeanie hinauskäme, um ihm zu helfen.

Lloyd sagte, daß er natürlich etwas Hilfe brauchen könnte, also ging Jeanie in ihrem braunen Mantel und mit Gamaschen hinaus, um ihm beim Stapeln zu helfen.

»Gott segne diesen Jungen«, flüsterte Frieda, als sie die Tür hinter ihnen schloß.

Jetzt an die Arbeit, ohne über Jeanie zu stolpern und ohne eine einzige Frage zu beantworten! Oder sollte sie ein Schläfchen machen? Sie fragte sich, wie lange ihr Körper es mit diesen Nächten des Auf-und-Nieder noch aushalten könne. Was würde der Familie passieren, wenn sie krank werden sollte?

»Ich will ein kurzes Schläfchen machen, während Jeanie draußen ist«, sagte sie Roy und Helen.

Oh, das Bett fühlte sich gut an!

»Jesus«, flüsterte sie, »du sagst, daß alle, die erschöpft und schwer beladen sind, zu dir kommen sollen, um auszuruhen. Jetzt komme ich zu dir. Erfrische und erquicke mich; erhalte mich stark und gesund.«

Als sie Jeanie auf der Veranda hörte, stand sie auf, glättete ihr Haar, setzte ihre Brille und ein Lächeln auf.

Am nächsten Tag nahm Lloyd Jeanie um die Mittagszeit mit in den Stall, um das Vieh zu füttern.

»Vater, du hast mein Gebet um Hilfe erhört, und dafür danke ich dir«, flüsterte sie und legte sich ins Bett.

Als Lloyd am Freitagabend zum Essen hereinkam, hatte er denselben trockenen Husten, mit dem es bei Roy angefangen hatte.

»O nein!« stöhnte Frieda. »Laß mich deine Stirn fühlen.«

»Ich bin in Ordnung«, versicherte er.

»Nein, bist du nicht, du hast Fieber! Hast du die Masern schon gehabt?«

Er zog die Achseln hoch. »Ich weiß es nicht.«

Frieda drohte ihm mit dem Finger. »Du gehst sofort rauf ins

Bett. Wir können dich nicht auch noch mit Lungenentzündung liegen haben.«

»Und das Melken?«

»Das kann ich tun. Im Moment sind nicht viele Kühe zu melken.«

Sie hörte Roy stöhnen.

»Können wir nicht irgendeinen Nachbarn zu Hilfe rufen?« schlug Helen vor.

Sie überlegten, wen sie bitten könnten, aber die meisten Männer arbeiteten im Lager, und die Frauen und Kinder erledigten die Arbeiten in der Landwirtschaft.

»Ich kann es machen«, beharrte Frieda und band ihr Kopftuch fest.

Colonel bellte und kündigte ein Auto an.

Frieda öffnete die Tür. »Carl! Was sind wir froh, dich zu sehen!«

Carl erging sich in einer Menge von Gründen, warum er seine Arbeit aufgeben mußte, aber Frieda hörte nicht zu. Sie war damit beschäftigt, dem Herrn zu danken.

Helen begann wieder zu kochen und kümmerte sich um Roy, also blieb Frieda wieder öfter in ihrem Zimmer. Am Sonntag saß Roy für eine Weile im Schaukelstuhl. Frieda wagte nicht zu glauben, daß es ihm besser ging. Aber als er am Montag begann, Holz in den Ofen zu legen, wußte sie, daß es ausgestanden war.

»Lobet Gott, lobet Gott«, flüsterte sie bei der Arbeit.

Lloyd tat Frieda leid, so allein im Oberstock, und sie versuchte, so oft wie möglich hinaufzugehen und nach ihm zu sehen. Sie wußte, daß Roy es haßte, ihm zu sagen, daß er nicht länger benötigt wurde, jetzt wo Carl zu Hause war, aber Lloyd kam dem zuvor. Er bat Carl, ihn nach Hause zu fahren, sobald es ihm besser ginge.

Das Leben wurde wieder mehr zur Routine. Der Höhepunkt von Jeanies Tag war das Bad von Baby Ronni. Natürlich wollte sie ihre Puppen baden, aber Frieda erklärte, daß die Stoffpuppen nicht ins Wasser gelegt werden konnten. Frieda machte kleine Flanellwindeln, damit Jeanie ihre Puppen trockenlegen konnte, und eines Tages puderte Helen sie. Jeanie war erfreut, weil sie rochen »wie Baby Ronnie – wenn er nicht trockengelegt werden muß«.

Eines Tages im Februar beobachtete Frieda, wie Roy mit einem Armvoll Holz über den Hof schlenderte. Die Dankbarkeit wallte wieder in ihr auf, und sie fragte sich, ob Gott es nicht müde war, ihren Dank zu hören.

Hank kam aus dem Lager nach Hause und half Roy bei der Feldarbeit, und Carl nahm eine Arbeit als Lastwagenfahrer an. Er wohnte in einem kleinen Hotel in Ogema.

»Wir haben Carl in der letzten Zeit oft gesehen«, erzählte Gerti Frieda ein paar Wochen später. »Er kommt an mehreren Abenden in der Woche herüber.«

»Das ist schön«, sagte Frieda. »Er hat Sehnsucht nach der Familie.«

Gerti lachte. »Nun, Mama. Ich glaube nicht ganz, daß das der Grund ist. Sieht mir eher aus, als sei Amor am Werk.«

»Du meinst Carl und Miss Harold…?«

»Es ist noch ein bißchen früh, das zu sagen, aber ich hoffe, daß es ernst ist. Du weißt, was für ein besonderes Mädel sie ist.«

Frieda entschied, noch niemandem davon zu erzählen, aber sie war erfreut. Aber, wo in aller Welt sollten sie wohnen? Carl hatte keine Ersparnisse und noch nicht einmal eine feste Arbeit. Und Gerti sagte, daß Olga ihrer Mutter viel half, weil diese mehrere Kinder allein aufzog.

Nun gut, sie werden einen Weg finden. Junge Liebespaare sind imstande, das zu erledigen.

Im April rief Gerti mit den neuesten Nachrichten an. »Letzte Nacht mußte Joe den Zug in Spencer erreichen, und er bat Carl, ihn hinüberzufahren. Ich hatte das Gefühl, daß Carl Olga fragen wollte, ob sie mitkommen möchte, also habe ich mich in der Speisekammer versteckt. Ich konnte sie durch einen Spalt in der Tür beobachten. Sie saß mit einer Schularbeit beschäftigt am Tisch, und Carl stand da, scharrte mit den Füßen und spielte mit dem Kleingeld in seiner Tasche. Schließlich sagte er: »Äh, ich bringe Joe zum Zug, und da habe ich mich gefragt – willst du zur Bewegungsübung mitkommen?«

Frieda lachte herzhaft. Als sie wieder zu Atem gekommen war, sagte sie: »Und, ist sie?«

»Ich weiß nicht, ob sie wegen der Bewegung mitgegangen ist, aber sie ging mit!«

»Oh, ich kann ihn mir vorstellen.«

»Ich glaube, daß sie ihn wirklich mag, Mama. Als er ihr erzählte, daß er nächste Woche für Len arbeiten wird, sah sie sehr enttäuscht aus, denn sie wird ihn dann nicht mehr Abend für Abend sehen können, so wie jetzt.«

* * *

Im Mai schrieb Eddi, daß sie im Juni nach Hause kämen. »Ich kann es nicht abwarten, sie zu sehen«, erzählte Frieda Ellen. »Stell dir die kleine Conni mit fünf Kindern vor. Ich frage mich, ob sie sehr viel älter aussieht.«

»Ich kann mir Eddi nicht mit fünf Kindern vorstellen«, sagte Ellen. »Aber ich wette, daß er ein guter Vater ist.«

Als Minnis Brief kurz darauf eintraf, wußte Frieda nicht, wen sie zuerst anrufen sollte. Schließlich entschloß sie sich für Gerti.

»Nels und Minni kommen aus Kalifornien zurück! Nels hat eine Mechanikerstelle in Kigers Werkstatt in Ogema!«

Sie kamen in der zweiten Juniwoche zurück und mieteten ein Haus etwas östlich von Ogema.

Eddi und Conni kamen in der letzten Juniwoche. Eddi drückte Frieda so sehr an sich, daß es schmerzte. »O Mama, es ist so schön, dich zu sehen!«

»Conni! Du siehst immer noch wie ein kleines Schulmädchen aus!« rief Frieda aus.

Conni lachte. »Ich kann dir sagen, ich fühle mich nicht wie ein solches!«

Welche Aufregung! Erst stand Jeanie da und sah zu, aber nach einer Weile rannte und tobte sie mit Eddis und Connies fünf Kindern herum.

»So eine reizende Kleine, Oma«, sagte Conni, als sie sie beobachtete. »Sieht wie das kleine Mädchen in der Jell-o-Werbung aus.«

Sie besuchten jeden Tag eine der Familien. Manchmal kamen Frieda und Jeanie mit, aber an manchen Tagen blieb Frieda auch zu Hause, um ein bißchen Arbeit nachzuholen. Jeanie wollte ohne sie nicht gehen.

»Ich mache mir Sorgen«, sagte Frieda zu Conni. »Sie fängt in diesem Herbst mit der Schule an, und sie will ohne mich nirgendwo hingehen.«

»Oh, es wird gut gehen, wenn sie die anderen Kinder sieht. Sie genießt es so, mit ihnen zusammenzusein.«

Frieda seufzte. »Ich hoffe es.«

Jeden Abend, wenn sie von einem Besuch heimkamen, stillte Conni das Baby und Eddi wusch die anderen Kinder und half ihnen, sich fürs Bett fertigzumachen; lachend, singend und sie die ganze Zeit neckend.

»Es tut meinem Herzen gut, sie zu sehen«, dachte Frieda. »Die Art, wie sie sich ansehen… und sie erfreuen sich so sehr an den Kleinen. So eine glückliche Familie!«

Vertrauen lernen

Im August bekam Helen einen Anruf. »Das war Ruth Anderson, die neue Lehrerin«, berichtete sie. »Sie braucht einen Platz zum Wohnen und fragte, ob wir interessiert wären.«

»Hm, Ruth ist eine ruhige, angenehme junge Dame. Es wäre gut, sie um sich zu haben – und das Geld käme gelegen. Aber ich mag nicht Carls oder Hanks Zimmer aufgeben.«

»Wie wäre es mit dem Raum oben an der Treppe?«

»In dem ist kein Heizungsrohr.«

»Wir könnten die Tür zur Treppe offenlassen, und sie könnte ihre Tür anlehnen.«

Ruth kam herüber und sagte, daß sie das Zimmer nehmen werde. Helen und Frieda tapezierten es mit blau geblümter Tapete, und Helen stattete es mit einer neu gewebten Brücke und weißen Gardinen aus. Ruth würde überrascht sein, wenn sie es wieder sah.

Bevor die Schule anfing, fuhr Frieda nach Tomahawk und kaufte eine kleine rote Federschachtel und eine Brotdose mit Rotkäppchen drauf. Dann kaufte sie eine Dose Lachs und einen Laib Roggenbrot aus der Bäckerei für Jeanies Schulmittagessen.

* * *

Am ersten Schultag aß Jeanie wenig zum Frühstück – und was sie aß, kam sofort wieder hoch. Frieda war nicht überrascht. Der erste Schultag würde sicher schwer für sie werden.

Roy fuhr sie zur Schule, weil es regnete, und Frieda brachte sie hinein. Sie weinte fast, als die älteren Mädchen herbeigeeilt kamen und sie mitnahmen. Frieda ging rasch davon. An diesem Abend redete und redete Jeanie, und Frieda seufzte vor Erleichterung. Es gefiel ihr! Aber am nächsten Morgen kam das Frühstück wieder hoch.

Frieda ging mit Jeanie bis zum Zaun, aber als sie sich umdrehte, um nach Hause zu gehen, rannte Jeanie zurück und hing sich an sie. Avid Johnson rettete den Tag, als er anhielt und fragte, ob sie mitfahren wolle. Erleichtert stieg Jeanie ein und setzte sich neben Donald, der ein Jahr älter war als sie.

Am nächsten Morgen erbrach sie wieder. Frieda ging mit ihr auf die Spitze des Hügels, bis sie die Schule sehen konnten, und Jeanie ging den Rest des Weges weinend allein.

»Ich weiß nicht, was ich tun soll«, erzählte Frieda Ellen. »Sie tut mir leid, aber sie muß zur Schule gehen.«

»Sagt sie, warum sie nicht gehen will?«

»Nein. Sie weint nur, wenn ich sie frage – und alles was sie ißt, erbricht sie wieder.«

Als Frieda mit Miss Anderson redete, meinte diese, daß mit Jeanie alles in Ordnung sei, wenn sie erst mal in der Schule wäre. Sie schien ein kluges kleines Mädchen zu sein.

Den ganzen September, Oktober und November bettelte Jeanie darum, zu Hause bleiben zu dürfen. Jeden Morgen rebellierte ihr Magen. Frieda packte ihr eine Extraportion an Essen ein, und sie aß etwas davon am späteren Morgen und behielt es dann auch bei sich.

An einem verschneiten Tag rief Ellen an und sagte, daß Henry die Kinder auf dem Holzschlitten zur Schule bringen würde, und daß sie Jeanie mitnehmen wollte. Zu dem Zeitpunkt, als Henry und die Kinder ankamen, hatte Jeanie entschieden, daß sie nicht gehen wollte. Frieda zog sie gegen ihren Widerstand an und ging mit ihr hinaus, aber sie stieg nicht auf den Schlitten. Henry bückte sich, hob sie hoch und setzte sie hinauf, aber sie sprang herunter und rannte zum Haus.

Frieda winkte ab und half Jeanie, den Mantel und die Überschuhe auszuziehen. »Jeanie, du mußt zur Schule gehen«, sagte sie ernst, aber Jeanie weinte einfach weiter. Frieda setzte sich in ihren Schaukelstuhl und weinte ebenfalls.

Nach ein paar Minuten trocknete sie ihre Tränen, ging ins Schlafzimmer und zog ihren Strohkoffer unter dem Bett hervor. »Nun Jeanie«, sagte sie, »wenn du hier nicht zur Schule gehen willst, muß ich dich zu deinem Vater schicken.«

»Nein, Mama! Nein, Mama!« schrie sie. »Ich werde gehen!«

Frieda drückte sie an sich, und beide weinten; dann schob Frieda den Koffer wieder unter das Bett.

Am nächsten Morgen erbrach Jeanie zwar ihr Frühstück, aber sie ging ohne Klagen zur Schule.

Die Aufregung über das anstehende Weihnachtsprogramm half ihr, weiter hinzugehen, und Frieda hoffte, daß es ihr besser gehen würde, wenn die Schule nach Weihnachten wieder anfing. Wenn nicht, würde Frieda sie zum Arzt bringen müssen.

Miss Anderson verstand es immer noch nicht. »Die Schule macht ihr Spaß, und mit den anderen Kindern kommt sie gut aus.«

* * *

Dr. McKinnon bohrte und stocherte und leuchtete mit seiner kleinen Lampe in Jeanies Augen, Ohren und Mund und sagte dabei: »Hm, hm.«

Als er fertig war, sagte er: »Alles in Ordnung, außer daß sie einen nervösen Magen hat. Dem wird sie entwachsen. Geben Sie ihr jeden Abend Lebertran, um sie ein wenig zu stärken.«

Frieda dankte ihm und half Jeanie in den Mantel. »Ich bin froh, daß es nichts Schlimmes ist. Sie unterscheidet sich in der Erziehung so von meinen eigenen Kindern. Ich bin einfach zu alt, glaube ich. Wenn ich doch nur leben würde, bis sie aus der Schule heraus ist…«

Dr. McKinnon zog die Brauen hoch. »Jeanie«, sagte er, »geh und warte draußen mit Onkel Roy. Deine Oma kommt gleich nach.«

Er nahm Friedas Arm und führte sie wieder in sein Untersuchungszimmer. »Nehmen Sie Platz, Mrs. Verleger«, sagte er und setzte sich ihr gegenüber. »Erinnern Sie sich an Ihre letzten Worte vor ein paar Minuten?«

»Ich glaube, ich sagte, daß ich hoffe, so lange zu leben, bis Jeanie aus der Schule heraus ist.«

»Das taten Sie.« Er nahm ihre Hand. »Und nun, als Sie ein kleines Mädchen waren und hätten Ihre Großmutter so etwas sagen hören…«

Friedas Lippen zitterten. »O du meine Güte. Sie glauben, daß sie verängstigt ist?«

»Es ist nur eine Vermutung. Vielleicht ist es ihr noch nicht völlig klar, aber tief innen empfindet sie, daß sie, wenn sie nicht zur Schule geht, niemals mit der Schule fertig sein wird und Sie nicht sterben werden.«

Frieda schüttelte den Kopf. »Das war mir nie bewußt....«

»Das weiß ich«, sagte er sanft. »Ich glaube nicht, daß es viel nützen wird, es ihr zu erklären – sagen Sie diese Worte einfach nicht wieder!«

An diesem Abend, als Jeanie im Bett war, redete Frieda mit Roy, Helen und Miss Anderson darüber.

»Ich habe eine Idee«, sagte Miss Anderson. »Wie wäre es, wenn ich sie darum bitte, morgens mit mir zu gehen – um mir vor der Schule zu ›helfen‹?«

Am nächsten Morgen hielt Frieda den Atem an, als Miss Anderson den Vorschlag machte. Jeanie war entzückt! An der Seite von Miss Anderson stapfte sie davon und kam sich sehr wichtig vor. Ende des nervösen Magens!

* * *

Im Januar schrieb Eduard, daß er und Connie Ende Februar ein weiteres Baby erwarteten. Frieda steckte den Brief mit einem Seufzer zurück in den Umschlag. Hatte sich ihre Mutter auch jedesmal so gefühlt, wenn sie angekündigt hatte, daß ein weiteres Baby unterwegs war? Nun, beruhigte sie sich selbst, ihnen ging es mit Sicherheit gut, und letzten Sommer waren sie alle gesund und glücklich gewesen. Eines mehr würden sie bewältigen können.

Am ersten Sonntag im Februar kamen Gerti, Joe und die Jungen zum Essen.

»Wie entwickelt sich Carls Romanze?« fragte Frieda. Joe lachte verschmitzt, und Gerti schüttelte den Kopf.

»Joe neckt das arme Mädchen immer! Letzte Woche wartete sie jeden Tag auf einen Brief, und keiner kam. Am Freitag nahm sie die Anzeige von Rabinowich zur Hand – weißt du, der Laden in Phillips, – und darin steckten drei Briefe!«

»Aber Joe!« sagte Frieda und versuchte, nicht zu lachen. »Schäm dich!«

Eduards und Connies Meldung kam in der letzten Woche des Monats. Der kleine Eddi war am einundzwanzigsten geboren worden.

Frieda versuchte sich Roys kleinen Ronni mit einem kleinen Bruder oder einer kleinen Schwester vorzustellen. Obwohl er schon recht gut laufen konnte und schon ein paar Worte sprach, wirkte er immer noch wie ein Baby.

Eine Woche später rief Eddi an. Connie war im Krankenhaus in Durand – Kindbettfieber. Frieda sank in den nächsten Stuhl. »Nicht die kleine Connie!«

Sie konnte sie vor sich sehen, wie sie im letzten Sommer gewesen war – kurze braune Haare, die beim Gehen auf und ab wippten, glatte junge Arme, die das Baby hielten, und Mary Lou, die an ihrem Rock hing.

»Nein, o Herr! Laß sie nicht sterben« Soweit sie sich erinnerte, hatte nie eine Frau das Kindbettfieber überlebt. »Es muß doch etwas geben, was die Ärzte tun können. Herr, es kann nicht dein Wille sein, daß all diese jungen Mütter sterben!«

Sie rief die Mädchen an, und sie versuchten, hoffnungsvoll zu klingen, aber die Furcht sprach aus ihren Stimmen.

In dieser Nacht schlief Frieda wenig und betete viel. »Vater, Jesus sagte, was immer wir in seinem Namen von dir erbitten, wirst du uns geben, wenn wir glauben. Ich bete für Connies Heilung. Dein Wort sagt, daß dir nichts unmöglich ist. Ich möchte daran glauben. Hilf mir!«

Eddi schrieb hoffnungsvolle Briefe, und Frieda klammerte sich an seine Worte. Aber am einundzwanzigsten März rief er an.

»Mama, kannst du kommen? Ich brauche dich.«

Frieda nahm Jeanie aus der Schule, und am nächsten Tag fuhr Roy sie nach Eau Gaulle. Sie versuchte fröhlich zu sein – besonders bei Connie im Krankenhaus, die bleich und hohläugig in dem hohen Bett lag.

Sie lächelte Jeanie an. »Hallo, kleines Jell-o Mädchen. Komm und gib der Tante einen Kuß.«

Jeanie schreckte zurück.

»Ist schon gut«, sagte Connie. »Ich sehe nicht sehr küssenswert aus, oder?«

Jede Nacht betete Frieda: »Vater, ich bitte dich um aller Ehemänner und Kinder willen, die alleingelassen werden könnten, hilf irgend jemand, eine Medizin gegen das Kindbettfieber zu entdecken. Ich weiß, daß du diese Mütter nicht sterben lassen willst.«

Während des Tages spielte Jeanie glücklich mit Connis Kindern, aber im Bett weinte sie oft. Eines Abends sagte sie: »Ich will nicht, daß Tante Connie stirbt! Warum kann Gott sie nicht gesund machen, wie er es in der Bibel getan hat?«

»Ich weiß es nicht, Liebchen«, erwiderte Frieda. »Gott läßt keine Wunder mehr geschehen, ich habe jedenfalls von keinen gehört.«

Jeanie rollte sich auf die andere Seite und drückte ihr Gesicht in das Kopfkissen, aber Frieda konnte ihre gemurmelten Worte verstehen. »Ich mag Gott nicht!«

Frieda drehte sie um, hob ihr trotziges Kinn mit einem Finger an und sagte: »Nein, Liebchen, sei nicht böse auf Gott. Gott ist ein liebender Gott. Vielleicht wissen wir einfach nicht, was er von uns will. Er hat alle Anweisungen, wie wir zu leben haben, in der Bibel gegeben, aber vielleicht haben wir bis jetzt noch nicht alle gefunden.«

Jeanie setzte sich auf und drückte Frieda. »Ich will nicht böse auf Gott sein.«

»Ich auch nicht, Liebchen, ich auch nicht.«

Connie ging es schlechter. Als Eddi am dritten Tag zum Krankenhaus aufbrach, sagte er: »Ich werde nicht zurückkommen, bis sie von uns gegangen ist…«

Frieda hörte zufällig das Gespräch der Kinder.

»Arme Mama«, sagte die kleine Maybelle.

»Was meinst du mit, ›arme Mama‹?« erwiderte Shirley. »Sie wird im Himmel sein. Wir sind die Armen! Wer wird für uns sorgen, wenn Papa auf Posttour ist?«

Am nächsten Morgen kam Eddi nach Hause. Frieda traf ihn an der Tür, wo sie sich aneinander klammerten und weinten, bis sie die Kinder die Treppe herunterkommen hörten. »Mama ist gegangen, um bei Jesus zu sein«, erzählte Eddi ihnen.

Die Mädchen weinten, aber Allison biß die Zähne zusammen und blinzelte schnell.

Gegen Abend kamen die ersten Brüder und Schwestern an; am nächsten Tag trafen die übrigen ein.

Frieda sehnte sich danach, Zeit und einen Ort zum Weinen zu finden, aber es mußte zu viel erledigt werden.

Connie, in ein schönes rosa Kleid gekleidet, wurde im Haus

ihrer Eltern aufgebahrt. Sie nahmen die älteren Kinder mit, um sie zu sehen. Wieder weinten die Mädchen – Allison nicht.

Frieda konnte am Tag der Beerdigung nicht aufhören zu zittern. Sie hörte kaum, was der Prediger sagte. Aber sie war erleichtert als sie Allison sah, der sich an seinen Vater klammerte und herzbrechend weinte.

Raus aus der Kirche – in die Wagen – hinter das Haus – raus aus den Wagen… Frieda starrte auf die hoch aufgestapelten Blumen. Ob sie sie von Eddis Küchenfenster aus sehen können? Warum mußte der Friedhof so nahe liegen?

Einige aus der Familie fuhren an diesem Nachmittag nach Hause, aber Ella, Roy, Frieda und Jeanie blieben bis zum nächsten Morgen.

Als sie zum Aufbruch bereit waren, nahm Eddi den kleinen Dickie hoch und kam mit den vier älteren Kindern vor das Haus, um ihnen bei der Abfahrt nachzusehen. Baby Eddi lag schlafend im Haus.

Ella und Frieda bemühten sich zu lächeln, bis sie aus der Einfahrt waren, aber dann ließen sie ihren Tränen freien Lauf.

Es war am Nachmittag, als jemand das Datum erwähnte. Frieda schnappte nach Luft. Es war Jeanies siebter Geburtstag. Sie hielten an und holten Eiswaffeln zum Feiern. Als sie nach Hause kamen erfuhren sie, daß es auch der Geburtstag eines anderen kleinen Mädchens war – Georg und Sadie hatten eine weitere kleine Tochter namens Bunetta bekommen.

Frieda verspürte einen Stich der Furcht, als sie sich auch Georg mit seinen Kindern alleinstehend vorstellte. Die Aprilsonne konnte die Wolke der Trauer nicht vertreiben, die über Frieda hing.

»Wenn ich bloß näher sein könnte, um Eddi zu helfen«, sagte sie eines Tages zu Gerti.

»Ich weiß, Mama, du willst uns allen helfen; aber du bist nur eine Person. Setz dich und trink eine Tasse Tee. Ich habe dir etwas zu erzählen.«

Frieda setzte sich. »Was ist denn die große Neuigkeit?«

Gerti lehnte sich herüber, obwohl niemand im Haus war. »Es ist ein Geheimnis. Ich habe Carl und Olga neulich miteinander reden hören – sie wollen im Juni heiraten!«

»O das freut mich! Gott weiß, daß sie kein Geld haben – aber sie werden es irgendwie schaffen.«

»Sie wollen nur über ein Wochenende miteinander wegfahren.«

»Ach.« Frieda klang enttäuscht. »Ich würde gern sehen, wie sie heiraten.«

Gerti seufzte. »Ich auch, aber sie sagen, daß es egal sei, wie klein und einfach sie es auch machen, es würde zu kostspielig. Und bei dieser Familie gibt es keine Möglichkeit, es klein zu halten.«

Bevor Frieda Zeit hatte, diese gute Nachricht zu verarbeiten, sagte Gerti, daß sie noch mehr zu erzählen habe. »Ich bin so aufgeregt! Ich werde im August ein Baby bekommen.«

Frieda setzte ihre Tasse mit einem Scheppern ab. »Tatsächlich? Nun, das habe ich nicht vermutet.«

»Ich fühle mich großartig. Denk nur! Vielleicht bekomme ich jetzt mein kleines Mädchen!«

Frieda versuchte, ihre Begeisterung zu teilen, aber sie war froh, als sie Roy den Weg heraufkommen sah. »Gerti bekommt im August ein Baby«, erzählte sie ihm im Auto.

»Gut!« sagte er. »Ich wette, sie hofft auf ein Mädchen.«

Wie können junge Leute nur so leicht daherreden? dachte Frieda. Wir haben gerade Conni dort liegen sehen...

Sie sehnte sich danach, jemandem ihre Furcht mitzuteilen, aber sie schämte sich zu sehr. Ich sollte mehr Vertrauen haben, tadelte sie sich selbst. Ich sollte diejenige sein, auf die sie sich stützen können – und nun habe ich diesen Knoten der Furcht in mir.

Sie war mit Jeanie ungeduldig bis zur Erbitterung, war gereizt über Helen, und freute sich nicht einmal mehr über Ronnis glückliches Gesicht, wenn er zu einem Ritt auf ihrem Fuß herbeikam. Ihre Kehle schmerzte, ihr Kopf schmerzte, und egal was sie auch aß, ihr Magen war überempfindlich.

Am dritten Tag – es war bis jetzt der wärmste der Jahreszeit – zog Frieda einen Pullover und Überschuhe an, band ihr Kopftuch fest und strebte dem Fluß entgegen. Sie zog mit einem Stock ein paar kleine Gräben und sah zu, wie sich die Pfützen in Bächlein verwandelten, eine einfache Frühlingsfreude, die sie immer genossen hatte. Aber heute fesselte es sie nicht, und sie warf den Stock auf einen Steinhaufen und wanderte weiter.

Schweigend ging sie zu der Stelle des alten Hauses. Zu kalt, um auf dem Türschwellenstein zu sitzen. Kälter, als sie erwartet hatte. In den Pullover vergraben ging sie den Hügel hinunter aus dem Wind und lehnte sich gegen eine Ulme. Ein schwaches Lächeln stahl sich in ihre Mundwinkel, als sie bemerkte, wo sie stand – genau dort, wo das alte Nebengebäude gestanden hatte.

Diese turmhohe Ulme war zuerst nicht mehr als ein Zweig neben der Tür gewesen, aber als sie in das neue Haus zogen, war es ein gutgewachsener Baum. Die rauhe Rinde drückte in ihren Rükken, aber es störte sie nicht. Sie war fest, unbeweglich, etwas, auf das man sich verlassen konnte.

»Oh du liebe Zeit, so ein dummer Gedanke«, murmelte sie. »Mich an einen Baum zu lehnen, wenn ich mich an Gott lehnen sollte. Das ist Götzendienst!«

Aber Gott war irgendwo weit oben – weit über dem blauen Fleck zwischen den Wolken, nicht hier, wo sie seine tröstende Gegenwart spüren konnte.

»Warum bist du so weit weg? Ich brauche dich«, wimmerte sie. Sofort ergriff sie ein Gedanke:

Gott kann nicht mit der Furcht an einem Ort sein. Meine Furcht hat ihn ausgeschlossen! »O Herr, ich schäme mich so! Ich bin verängstigt! Alles, was ich kann, ist Gerti dort liegen zu sehen – wie Emmi – wie Connie –, und Joe, der mit drei Kindern dasteht. Hilf mir, davon loszukommen, Vater. Ich will dir vertrauen. Gib mir etwas, an das ich mich klammern kann.«

Sie hoffte erwartungsvoll, aber alles, was sie hören konnte, war der lärmende Fluß, und hoch oben in den Zweigen der knospenden Bäume, der Wind. Noch einsamer als vorher begann sie nach Hause zu gehen. Es war dumm, die Antwort immer sofort zu erwarten. Sie wanderte am Zaun entlang, der sich dem Verlauf des Flußes anpaßte. An der nächsten Biegung hatte Papa ihr totgeborenes Baby begraben. Sie war so krank gewesen.

»Wir haben nicht geglaubt, daß Sie überleben würden«, hatte ihr Mrs. Geber später erzählt.

Frieda ging weiter und fühlte vollgesogenes, nasses Gras unter ihren Füßen und den lauen Frühlingswind auf ihrem Gesicht. »Ich bin hier!« sagte sie laut. »Ich hätte sterben können, und Papa hätte mit zehn Kindern allein dastehen können. O Herr, ich verstehe nicht, warum ich hier bin und all die anderen jungen Mütter ihre Familien verlassen mußten. Alles, was ich weiß, ist, daß ich dir vertraue. Ich kann alles ertragen, solange du bei mir bist.«

Sie eilte nach Hause. Jeanie würde bald aus der Schule zurück sein. Als sie die Hügelseite hinter der Scheune heraufkam, merkte Frieda noch nicht, daß der Knoten der Furcht verschwunden war und daß sie sang. »Leh-nen. Leh-nen. Anlehnen an immerwährende Arme…«

Sie hob einen Stock auf, zog einen kleinen Graben und sah zu, wie eine Pfütze sich einem dünnen Rinnsal auf seinem Weg zum Fluß anschloß.

Veränderungen

Frieda täuschte Überraschung vor, als Carl ihr von seinen Heiratsabsichten berichtete. »Natürlich hast du meinen Segen«, versicherte sie ihm.

Sie wollten in Glenwood City, Olgas Geburtsort, getraut werden und über Lens Garage wohnen.

Frieda war nicht sehr erfreut, als sie hörte, daß sie Möbel auf Ratenzahlung bestellt hatten, aber sie mußte zugeben, daß sie keine andere Wahl hatten. »Ich habe mich nie danach gesehnt, reich zu sein«, sagte sie, »aber in Zeiten wie diesen wünschte ich natürlich, daß ich helfen könnte.«

Carl lachte. »Oh, wir müssen unseren Kindern eines Tages einige Geschichten über harte Zeiten erzählen können. Mach dir um uns keine Sorgen.«

Als Jeanie von ihrer Hochzeit erfuhr, bekam sie große Augen. »Miss Harrold wird meine Tante sein? Junge Junge!«

Nora gab einen Empfang für die Neuvermählten, und ihre Mutter buk einen ihrer besonderen Kuchen und umkränzte ihn mit einem Brautgebinde.

Jeanies Augen blitzten, und sie flüsterte: »O Mama! Ich habe vorher noch nie einen Kuchen mit Blumen darum gesehen. Ist er nicht hübsch?«

Ella nahm neben Frieda Platz. »Hast du schon gehört? Sie sind am 6. Juni genau um zwölf Uhr mittags getraut worden. Die Frau des Pfarrers und sein Dienstmädchen waren Trauzeugen!«

Gerti lachte. »Kannst du es dir vorstellen, wenn ihre Tochter eines Tages eine luxuriöse Hochzeit haben will? Sie werden ihr von ihrer Hochzeit erzählen und sie daran erinnern, daß große Hochzeiten keine glücklichen Ehen garantieren.«

Im Juli kam Eddi für eine Woche und brachte seine Kinder und sein Dienstmädchen Evelyn mit.

Frieda machte sich Gedanken über Evelyn. »Sie ist so ein leichtfertiges junges Ding. Glaubst du nicht, daß Eddi…«

Ella lachte. »O Mama, Eddi hat anderes im Sinn als das. Sie ist wirklich nur ein Dienstmädchen. Er kann sich nicht allein um sechs Kinder kümmern.«

Der umtriebige Besuch ließ Frieda erschöpft zurück, aber sie war froh, daß sie gekommen waren, damit sie sehen konnte, daß Eddi in überraschend guter Verfassung war. Ein paar Wochen später schrieb er, daß Evelyn eines Nachts mit einem Nachbarjungen durchgebrannt war. Er hatte eine Dame gefunden, die für ein paar Wochen bleiben konnte, aber er bat um Gebete für eine dauerhafte Hilfe.

* * *

In diesem Sommer erhielt Frieda einen Brief von Maime. Nachdem sie ihn gelesen hatte, brachte sie ihn zu Helen und ging ohne ein Wort zurück in ihr Zimmer. Normalerweise stand Helen im Türrahmen und redete, aber heute kam sie herein und setzte sich. »Ich kann mir nicht vorstellen, wie es ist, wenn man in der Stadt lebt und keine Arbeit hat.«

Frieda seufzte. »Sie haben noch nicht einmal Gärten, auf die sie zurückgreifen können. Klingt so, als ob Bertel und Fred beide zur gleichen Zeit entlassen worden sind, oder nicht?« Helen nickte.

»Sie hat geschrieben, daß sie davon ausgehen, daß es nur zeitweilig so ist.«

Frieda schlug mit der Faust auf die Armlehne ihres Schaukelstuhls. »Immer, wenn so etwas wie das passiert, fängt es in meinem Kopf an zu rotieren – versucht, irgendeine Möglichkeit der Hilfe zu ersinnen, oder irgend etwas, das sie tun könnten, um sich selbst zu helfen. Es ist die Sorge. Schlichte, alte Sorge, das ist es.«

Sie faltete fest die Hände und sagte mit Nachdruck: »Ich muß aufhören, mir Sorgen zu machen. Es ist richtig, betroffen zu sein, aber ich muß sie der Fürsorge des Herrn überlassen – um seine Kraft für ihr Leben beten, und nicht versuchen, selbst etwas zu tun.«

Helen nickte und erhob sich. Worte waren nicht notwendig. Frieda wußte um ihre Zustimmung.

* * *

Im August verbrachten Frieda und Jeanie ein Wochenende bei Carl und Olga. Jeanie fand es merkwürdig, im oberen Stock zu wohnen, aber sie liebte es, die Treppen rauf und runter zu laufen, und sie bewunderte die neuen Möbel – besonders den elfenbeinfarbenen und grünen Ofen und den grünen Korbschaukelstuhl.

Während ihres Besuchs klopfte es an der Tür, und da stand Jeanies Vater. Je mehr er sich dafür entschuldigte, sie nicht besucht zu haben, desto unbehaglicher fühlte sich Frieda. Wenigstens war Jeanie höflich, obwohl sie dicht bei Frieda blieb.

»Sie sieht Emmi so ähnlich«, sagte Ed und versuchte, seine Gefühle unter Kontrolle zu halten.

»Lauf los und sieh, ob Olga Hilfe braucht«, sagte Frieda zu Jeanie.

Ed stand mit dem Gesicht zur Wand, seine Schultern zuckten. Er hatte gerade sein Taschentuch herausgezogen, um sich die Nase zu putzen, als Jeanie zurückkam und sagte, daß Olga keine Hilfe brauchte.

Mit geröteten Augen, aber lächelnd, fragte Ed Jeanie, ob sie ihm einmal einen Brief schreiben würde. »Ich schreibe dann zurück«, versprach er. Er zog seine Brieftasche hervor, gab ihr einen Dollarschein und sagte: »Geh los und kauf dir etwas Schönes, bevor du die Stadt verläßt.« An diesem Abend war Jeanie ungewöhnlich still.

»Es wäre besser gewesen, wenn er nicht gekommen wäre«, sagte Frieda zu Olga. »Es regt sie bloß auf. Er hat seine eigene Familie.«

Ein paar Tage später rief Joe an, um die Geburt von Donald bekanntzugeben. Frieda war so begierig darauf, Gerti zu sehen, daß Roy sie am nächsten Tag nach Ogema fuhr.

»Du weißt, wie sehr ich mir ein Mädchen gewünscht habe«, sagte Gerti. »Ich konnte nicht sprechen, als sie mir sagten, daß es wieder ein Junge ist – aber als ich ihn dann gesehen habe, hätte ich ihn nicht gegen eine Million Mädchen eingetauscht. Ist er für ein Neugeborenes nicht reizend?«

Frieda pflichtete ihr bei.

»Er ist so winzig«, bemerkte Jeanie auf dem Heimweg.

»Du warst auch mal so winzig«, erinnerte Frieda sie. Während

Jeanie weiterplapperte, dachte Frieda daran, wie froh sie war, daß Jeanie sieben war. Elf weitere Jahre...

»Ich habe heute einen Brief von Maime und Bertel erhalten«, berichtete Frieda Ella am Telefon. »Sie kommen nach Hause! Sie werden bei Maimes Familie bleiben, bis sie sich wieder ein eigenes Heim schaffen können.«

»Das ist großartig. Aber was ist mit Fred? Hat er Arbeit gefunden?«

»Nichts Festes, aber sie haben dort schon so lange gelebt, daß er eine bessere Chance hat als Bertel, an Gelegenheitsarbeiten heranzukommen. Ich weiß nicht, was Bertel dort tun will. Sobald ich den Brief gelesen hatte, fing ich schon wieder an, mir darüber Sorgen zu machen, wie sie hier anfangen wollen. Warum muß ich mich immer erst zermürben lassen, bevor ich schlau genug bin, um damit zum Herrn zu gehen?«

»Ach Mama, es ist einfach die menschliche Natur, sich Sorgen zu machen.«

»Darauf kannst du wetten! Und das ist keine Entschuldigung! Wir brauchen der sogenannten menschlichen Natur nicht nachgeben – wir haben den Geist Gottes in uns, um so zu leben, wie Gott es will.«

»Aber sogar Paulus sagte, daß er die Dinge nicht tut, die er tun will, sondern daß er die Dinge tut, die er nicht tun will...«

»Hol deine Bibel und lies das nächste Kapitel! Wir brauchen nicht so zu leben. Sorgerei ist eine schreckliche Sünde, die beweist, daß wir Gott nicht vertrauen, sondern glauben, selbst einen Weg finden zu können, um dieses Problem zu lösen.«

Frieda ging singend an ihre Arbeit zurück: »Wer mag sagen und ermessen, wieviel Zeit verlorengeht, wenn wir nicht zu ihm uns wenden und ihn suchen im Gebet«.

* * *

Das Kartoffelkraut welkte in diesem Herbst früh, weil es so trokken war. Wie immer half Frieda beim Ausgraben der Kartoffeln. Hank war von den Erntefeldern nach Hause gekommen und half ebenfalls. Sogar Jeanie sammelte die kleinen Kartoffeln, die in dem großen schwarzen Eisenkessel für die Schweine gekocht werden mußten.

Es war eine den Rücken anstrengende Arbeit, aber Frieda war dankbar für jede Kartoffel. Als über Wochen kein Tropfen Regen gefallen war, befürchtete sie, daß es gar keine geben würde. Plötzlich verdunkelte sich der Himmel, und hier und da wirbelte der Wind den Staub auf.

Jeanie legte den Arm über das Gesicht und brüllte: »Mama! Mama! Hank wirft mit Steinen nach mir!«

Frieda lachte. »Nein, das tut er nicht! Es hagelt!« Sie lief los und hielt einen Korb über ihren und Jeanies Kopf. »Wie oft gibt uns doch das Kind Anlaß zum Lachen, gerade wenn wir es am nötigsten brauchen!«

Die Schwarzwurzeln und Roten Bete waren es kaum wert, ausgegraben zu werden, und die Kohlköpfe waren nur halb so groß wie üblich, aber Frieda lagerte sie sorgfältig im Keller ein.

Als der erste Schultag näherrückte, sprach Frieda fröhlich davon, wie schön es für Jeanie sein würde, all die anderen Kinder wiederzusehen und die neuen Dinge, die Jeanie lernen könnte.

Jeanie, normalerweise begierig darauf, über alles zu jeder Zeit zu reden, blieb still.

Frieda stöhnte: »Nicht wieder das!«

Aber am ersten Morgen erbrach Jeanie natürlich ihr Frühstück. Frieda versicherte ihr, daß es nur die Erste-Schultag-Nervosität wäre – am nächsten Tag würde sie sich besser fühlen.

Jeden Morgen, nachdem Jeanie gegangen war, saß Frieda auf ihrem Bett und betete, daß der Herr Jeanies Angst wegnehmen möge. Im Lauf der zweiten Woche übergab sich Jeanie nicht mehr. An vielen Tagen saß Frieda morgens auf dem Bett und dankte dem Herrn dafür, daß er Jeanie durch diese schwierige Zeit brachte.

»Herr, du bist so weise, daß du uns nichts vorhersehen läßt. Ich hätte nicht den Mut zum Weitermachen, wenn ich wüßte, was mit Sicherheit in den nächsten elf Jahren noch auf uns zukommt.«

* * *

Obwohl Frieda die Jagdsaison verabscheute wie immer, war sie in diesem November dankbar dafür, daß die Männer die Möglichkeit hatten, Fleisch für den Winter zu bekommen. Denn, obwohl sie immer die sportliche Seite an der Jagd liebten, jagten sie in diesem Jahr mit mehr Ernst.

Carl und Len kamen abwechselnd von Phillips zum Jagen herunter. Esther hatte nichts gegen Johns Jagd, weil auch sie froh darüber war, Wildbret zu erhalten.

Nur Carl erlegte in dieser Saison keinen Hirsch. Das Wild wurde im Holzschuppen aufgehängt, und die Männer brachten es zerlegt herein, damit die Frauen es für Bratenstücke zuschneiden konnten. Die Reste wurden mit einem per Hand betriebenen Fleischwolf verarbeitet.

»Was würden sie ohne das Wildbret tun?« fragte sich Frieda. Der schmale Scheck für die Milch deckte in diesen Tagen kaum die Kosten für Mehl und Haferflocken.

* * *

Eines Tages Anfang Dezember kamen Carl und Olga nach Hause. Als Frieda sie vom Fenster aus beobachtete, merkte sie, daß etwas nicht stimmte. Sie lächelten nicht, und Carl hatte seinen Arm beschützend um seine Frau gelegt.

»Ich hätte wissen müssen, daß es so kommt«, sagte Carl, die Augen auf den Boden gerichtet. »Ich wußte, daß Len kaum mit seinen Einkünften auskam. Bei so vielen Arbeitslosen kauft kaum jemand ein Auto, und meistens können die Leute nichts für die Reparaturen bezahlen. Es war sicher schwer für ihn, mir zu sagen, daß er mich entlassen muß.«

In dieser Nacht blieben Roy, Helen, Carl und Olga lange auf und redeten. Am nächsten Morgen fragte Carl: »Mama, ist es möglich, daß wir hier bei dir einziehen und mein Zimmer oben nutzen? Roy ist bereit, mich in diesem Winter in den Wäldern mitarbeiten zu lassen.«

»Natürlich geht das in Ordnung.«

»Wir hoffen, daß wir uns im Frühjahr ein kleines Blockhaus auf den vierzig Hektar bauen können, die mir gehören.«

»Ich weiß noch nicht einmal, wo das ist. Ihr Jungen habt hier und da Land gekauft.«

»Es liegt neben dem von Hank und Ella, aber eine viertel Meile abseits der Straße. Ein alter Feldweg führt darauf zu.«

Frieda nahm einen Schluck Kaffee. »Es wird nicht leicht sein, so anzufangen«, sagte sie, aber die bloße Erwähnung eines Blockhauses hatte ihren alten Pioniergeist neu erweckt. In dieser Nacht blieb sie lange wach und dachte darüber nach wie es wäre, wieder neu anzufangen, wie sie und Albert es in ihrer kleinen Holzhütte getan hatten. Sie fragte sich auch, wie es wohl wäre, Olga die ganze Zeit bei sich zu haben.

Sie würden Steppdecken sticken und Brücken häkeln und einen angenehmen Winter verbringen. Jeanie würde es mögen, sie im Haus zu haben, und Hank, der im Lager arbeitete, würde nur an den Wochenenden zu Hause sein.

»Wenigstens sind unsere Möbel bezahlt«, erzählte Carl Frieda eine Woche später, als die letzten im Werkzeugschuppen untergebracht waren. »Wir werden genug Sachen in unser Haus stellen können, wenn es gebaut ist.«

Sie hatten sich kaum eingelebt, als es schon Weihnachten wurde und jeder mit einer Fülle von Programmen und Besuchen beschäftigt war. Ronni und Jeanie fuhren vor lauter Aufregung fast aus der Haut. Sie spielten und tobten wie zwei Wilde, bis einer der Erwachsenen dem Einhalt gebieten mußte. Die Geschenke fielen in diesem Jahr einfach aus, aber die Familie genoß das Zusammensein.

Während Olga und Frieda eines Abends das Geschirr spülten, sagte Frieda: »Weißt du, dies war das fröhlichste Weihnachten, das wir seit langer Zeit gehabt haben. Ich vergesse ganz, daß wir arm sind.«

Olga lachte. »O Oma, ich auch!«

Frieda schmunzelte. Sie gab vor, die liebevollen Blicke, die Carl und Olga austauschten, nicht zu sehen. Ach ja, dachte sie und hing die Waschschüssel auf. Liebe wird die Mühsal erleichtern, die noch vor ihnen liegt.

Ein neues Blockhaus

Frieda war nicht nur über Olgas angenehme Gesellschaft in diesem Winter froh. Olga war ihr auch bei Jeanie eine große Hilfe und sehr geduldig, sie die Aussprache von Worten zu lehren, als sie mit dem Lesenlernen kämpfte.

»Darin bin ich nicht gut«, sagte Frieda mit einem Seufzer. »Es war bei uns so, daß immer die älteren Geschwister den jüngeren geholfen haben, so daß ich niemals bei Hausaufgaben dabeisein mußte. Ich bin so froh darüber, daß du hier bist und hilfst.«

Wenn mich etwas in diesem Winter interessiert, dachte Frieda eines Abends, dann ist es das, wie diese beiden das Haus planen. Sie sah durch den Spalt in der Schlafzimmertür und beobachtete sie einen Moment, die Köpfe zusammengesteckt, Carl erklärend und Olga fragend. Türen, Fenster, Dachziegel, Nägel, Kaminziegel – es waren so viele Dinge, die sie benötigten. Woher sollten sie das Geld nehmen?

Eines Abends, als sie über ihren Plänen saßen, sagte Carl: »Mama, sieh einmal her.« Er schob ein Blatt Papier unter die Lampe und zeigte mit dem Stift: »Es werden sechzehn mal vierundzwanzig Fuß sein, mit dem Schlafzimmer hier hinten. Denkst du, daß acht Fuß genug sind? Ich möchte so viel Platz wie möglich für den Hauptraum behalten.«

»Hm... Wenn du das Bett so drehen würdest...«

»Ich dachte daran, es in eine Ecke zu stellen«, sagte Olga.

»Und hier«, Karl zeigte mit dem Stift, »kommt der Schornstein hin... Dieses Fenster nach Norden wird das Küchenfenster werden.«

»Oh, Flügelfenster an der Südseite! Das wird hell und schön! Und das Schlafzimmer nach Osten – ich sehe schon die Morgensonne durch das Fenster blinken.«

»Mit den Innenwänden planen wir noch gar nichts – nur ein umlaufendes Bord und Fächer.«

»Und natürlich Linoleum, zumindest im Küchenbereich«, fügte

Olga hinzu. »Außerdem bräuchten wir die Fenster zunächst noch nicht streichen.«

»Soweit ich es bisher absehen kann«, fuhr Carl fort, »sollten die Türen, Fenster, Nägel, Teerpapier für das Dach, Regale, Ziegel und Mörtel nicht mehr als 125 Dollar kosten.«

»Dafür mußt du eine ganze Menge Holz verkaufen«, sagte Frieda.

Einige Tage später ratterten Carl und Roy mit dem alten Lieferwagen und einer Ladung Feuerholz nach Tomahawk.

»Ich wünschte, es wäre nicht so schnell dunkel geworden«, sagte Frieda, als sie an jenem Abend um fünf Uhr die Lampe anmachte, »ich hoffe, sie haben nicht wieder Schwierigkeiten mit dem alten Lieferwagen.«

Sie kamen nicht vor halb sieben nach Hause, und Olgas Augen glänzten, als sie den leeren Lieferwagen sah.

»Ihr habt das Holz verkauft!«

Carl konzentrierte sich aufs Händewaschen. »Ja. Die Frau, die es haben wollte, hatte vorher schon etwas gekauft, und so fuhren wir hinüber zur Maple-Herberge. Wir hatten fast alles abgeladen – sogar für sie aufgeschichtet – als sie rief: „Das ist gut, Jungs! Kommt nächste Woche vorbei, dann bezahle ich euch.“ « Er seufzte. »Ich konnte nicht einmal Mehl kaufen. Nur Kerosin und Haferflocken.«

Am nächsten Tag sagte Olga beim Kartoffelschälen: »Großmutter, hattest du einen Schornstein in deinem Blockhaus oder nur ein Ofenrohr?«

»Im ersten Sommer hatten wir nur ein Ofenrohr, aber dann hat Albert einen Schornstein gebaut.«

An jenem Abend erwähnte Olga es Carl gegenüber: »Und eigentlich brauchen wir die Zimmerdecke und die Fächer auch noch nicht, oder? Und das Linoleum?«

»Nun…« Er streichelte sie.

»Was würde es ohne all das kosten?«

Carl überlegte einige Minuten. »Vielleicht könnten wir mit sechzig Dollar hinkommen.« Als sie in der nächsten Woche vom Holzziehen zurückkamen, schüttelte Carl den Kopf: »Die Frau aus dem Maple konnte immer noch nicht bezahlen. Einer der neuen Kunden sagte, daß ihr Sohn ihr eine Ladung gebracht habe, und so hat der andere alles genommern, aber wir mußten es für eineinhalb Dollar den Klafter weggeben.«

»Hat sie euch bezahlt?« Olga hielt den Atem an.

Carl nickte. »Ich mußte Mehl und Benzin kaufen. Jetzt ist nicht mehr viel übrig.«

Olga war in der kommenden Woche das gewohnt fröhliche Wesen, aber Frieda sah sie oft aus dem Fenster starren. Unterdessen standen Roy und Carl jeden Morgen um fünf Uhr auf, kümmerten sich um die Stallarbeit, frühstückten, schnappten sich ihr Essenspaket, das die Frauen in ein Geschirrtuch gebunden hatten, schirrten die Pferde an und brachen in die Wälder am Ende von Carls Besitz auf.

In diesem Winter schlugen sie Fichten für Holzbrei, der an die Papiermühle verkauft werden sollte, und toten Tamarack als Feuerholz. Während der Arbeit sortierte Carl Tamarack-Stämme für das Haus aus.

Als Frieda Jeanie eines Abends ins Bett brachte, sagte diese mit einem nachdenklichen Ton in der dünnen Stimme: »Ich möchte ganz viel Geld haben.«

Frieda setzte sich auf die Bettkante. »Was würdest du denn mit ›ganz viel Geld‹ machen?«

»Ich würde es Carl und Olga für ihr Haus geben.«

»Genauso fühle ich auch, Kleines. Sie stören mich hier nicht – und dich genausowenig- aber sie sollten ihr eigenes Zuhause haben.«

»Aber woher bekommen sie das ganze Geld?«

»Ich weiß es nicht – aber ich weiß, wer es weiß! Willst du ihn danach fragen?«

Jeanie kniff ihre Augen zu und faltete die Hände.

»Lieber Gott, wenn du willst, daß Carl und Olga ein eigenes Haus haben, mußt du ihnen helfen, etwas mehr Geld zu bekommen. Sie brauchen eine ganze Menge mehr. Zeige ihnen bitte, woher sie es bekommen können. Amen.«

»Gute Nacht, mein Kleines, sie bekommen es, du wirst schon sehen.«

Ab Mitte Februar mußte Frieda das Licht nicht mehr vor sechs Uhr anzünden. »Es tut gut, zu sehen, daß die Tage länger werden«, sagte sie.

»So ist es!« pflichtete ihr Olga mit einem Lächeln bei.

Was, so fragte sich Frieda, machte sie heute so besonders glücklich? Sie hatte noch nicht einmal aus dem Fenster gesehen.

Nachdem abends der Abwasch getan war, verschwand Olga nach oben und kam mit einem Umschlag wieder herunter. Während Carl seine Hände abtrocknete, preßte sie den Umschlag an sich, lächelte ihn an und sagte: »Warte, bis du weißt, was ich gefunden habe!«

Frieda platzte fast vor Neugier, als sie beisammensaßen und die klein bedruckten Seiten lasen. Endlich lehnte sich Carl zurück, die Finger vor der Brust verschränkt, und sagte: »Es gefällt mir überhaupt nicht, aber es ist eine Lösung.« Er wandte sich an Frieda. »Ma, wir haben einen Weg gefunden, das Geld zu bekommen: wir können Olgas Lebensversicherung kündigen.«

Am folgenden Tag schrieb Olga den Brief, und das Warten begann.

Währenddessen kam ein Brief von Eddi. »Um Himmelswillen«, rief Frieda, »hört euch das an:

»Liebe Mutter und ihr anderen!

Ich weiß, das wird eine Überraschung sein, aber ich werde in einigen Wochen heiraten. Ihr Name ist Peggy und ihr Mann starb vor einigen Jahren. Sie hatte eine sehr schwere Zeit, mußte sich mit ihren vier Kleinen durchschlagen. Ich kenne sie, seit wir in Eau Galle waren, und habe sie schon immer sehr gerngehabt. Ich glaube, sie empfindet das gleiche für mich. Sie ist eine fröhliche Person, hart arbeitend, aber ich habe sie nie klagen hören. Du wirst sie mögen.

Ihre älteste Tochter, Rosemarie, ist zwei Jahre älter als Allison, Gordon ist etwas jünger als Shirley, und dann kommen Frank und Kathleen. Es wird nicht einfach sein, diese beiden Familien zusammenzubringen, aber es kann auch nicht schwerer sein, als auf sie einzeln aufzupassen. Wir geben zu, daß wir nicht so verrückt vor Liebe füreinander sind, wie mit unseren jeweils ersten Partnern, aber wir passen bestimmt zueinander und sind ganz aufgeregt über diese neue Herausforderung. Wir bitten um eure Gebete und euren Segen.

Liebe Grüße an alle, Eddi«

Frieda legte den Brief hin, schob ihre Brille hoch und trocknete sich ihre Augen mit ihrer Schürze. »Ich bin glücklich«, sagte sie.

Carl schüttelte den Kopf. »Na sowas! Zehn Kinder!«

* * *

Zur Wintersonnenwende waren die Einnahmen ständig niedrig, weil viele Kühe keine Milch gaben. Die langen Finger der Depression hatten auch die entlegensten Teile des Landes ergriffen. Aber wenn Frieda die Bilder sah, auf denen schlangenstehende Menschen auf Suppe warteten – vor allem in den Städten –, schmerzte ihr Herz, und sie fühlte sich reich im Vergleich zu jenen. Sie hatten ein Zuhause, Holz zum Heizen, Wild im Unterholz, Eier von den Hühnern, Gemüse im Keller und immer genug Milch.

Nur wenn ihre Strümpfe nicht mehr gestopft werden konnten und Jeanie aus ihren Überschuhen herauswuchs, wußte sie, daß sie Geld brauchten. Das Strumpf-Problem war einfach zu lösen. Sie schnitt einfach den Fuß ab und nähte die Enden zu. Das Überschuh-Problem war etwas komplizierter. Frieda strickte dikke Wollsocken für Jeanie, die anstelle der Schuhe getragen wurden; ihre Schuhe mußte sie in einem Beutel mit in die Schule nehmen.

Das einzige, was Frieda vermißte, war Kaffee. Der Geruch des Gersten-Kaffees, den sie auf dem Ofen mit ein wenig Melasse röstete, war kaum zu ertragen. Jeanie wurde es übel bei dem Geruch.

In der letzten Märzwoche sagte Carl: »So, wir haben alle Stämme für das Haus geschlagen, sogar einige mehr für eine Scheune. Wir überlisten noch das Tauwetter.«

»Wenn nur das Geld endlich käme«, sagte Olga mit einem Seufzer.

In der ersten Woche im April ebnete Carl den Bauplatz ein. Noch immer kam kein Scheck von der Versicherungsgesellschaft.

Am Tag vor Ostern kam Frieda mit einem Eimer voll Milch aus der Milchkammer. »Die Männer haben überhaupt keine Ostereierfarben gekauft«, erzählte sie Olga, »sie haben Gelee-Bohnen und einige Schokoladeneier, aber keins von den größeren Zuckereiern.

Warum koche ich die Eier nicht in Zwiebelschalen? Dann werden sie immerhin gelb.«

»Und heute Nacht dekorieren wir sie mit Malstiften«, fügte Olga hinzu.

Am nächsten Morgen war Jeanie glücklich über die handbemalten Eier in Friedas kleinem, braunem Korb. Sie, Jeanie und Hank fuhren mit Carls kleinem, blauen Whippet zur Kirche, in ständigen Schlangenlinien, um den Schlaglöchern auszuweichen.

Helen war nicht mehr die einzige Frau auf der Männerseite – Olga saß auch dabei. Frieda war froh, daß Pastor Krause keine Einwände hatte.

Dieses Jahr gab es keine Ostermützen. Wahrscheinlich kein einziges neues Kleidungsstück in der ganzen Gemeinde, es sei denn, es war ein dringend benötigtes Paar Schuhe.

»Jesus hat uns seine Gerechtigkeit geschenkt« predigte Pastor Krause. »Wenn wir vor den Vater im Gebet treten, sieht er uns nicht in unserer Sündhaftigkeit. Er sieht uns bedeckt mit Jesu Mantel der Gerechtigkeit.« Frieda schloß die Augen. Ja! Sie konnte sehen, wie das strahlende Gewand sie bedeckte, sie für den Vater annehmbar machte. Oh, sie wollte sich daran erinnern, wenn sie sich zu unwürdig fühlte, im Gebet zum Vater zu kommen.

Jeanies Beine schaukelten und schaukelten. Frieda legte ihre Hand auf Jeanies Knie, und sie wurde ruhig.

»Allein wegen seiner herrlichen Auferstehung...«

Nun versuchte Jeanie, den Kirchenstuhl vor sich mit den Zehen zu berühren. »Sitz ruhig«, flüsterte Frieda.

Die Orgel begann zu spielen: »Ich weiß, mein Erlöser lebt«. Frieda lächelte auf Jeanie hinab, die in den höchsten Tönen ihrer hellen Stimme sang. Große Freude durchströmte sie, aber es war nicht wegen der Musik. Es war das Wissen, daß Jesus lebt! »Bald werden wir bei ihm sein, für immer und ewig!«

* * *

Am Tag nach Ostern kam Olga mit einem großen Umschlag vom Briefkasten zurück.

»Endlich!« sagte sie atemlos, während sie die Schere nahm und den Umschlag öffnete. Sie zog einen Scheck heraus. »Fünfundachtzig Dollar und sechsundfünfzig Cent! O Großmutter, ich kann es gar nicht erwarten, bis Carl nach Hause kommt!«

Für Sonnabend war ein Aufbaukommando zusammengestellt worden. »Keine Kinder oder Frauen.« bestimmte Carl. »Ihr würdet nur im Weg sein. Sorgt für das Mittagessen, und wir kochen uns unseren eigenen Kaffee.«

An diesem Tag war es sehr spät, als Carl und Roy nach Hause kamen. Sie kümmerten sich zunächst um die Stallarbeiten und aßen dann zu Abend.

»Wir haben sogar das Dach gedeckt«, sagte Carl. »Ich habe noch eine Menge Kleinkram zu tun, aber immerhin steht es! Henry und Roy glätteten die Stämme auf der Innenseite, und wir legten sie in die Reihen. Das ist fast schon eine vergessene Kunst – es gibt nicht mehr viele, die mit einer Breitaxt umgehen können. Bertel war damit beschäftigt, mir bei Kleinigkeiten zu helfen, und Floyd half natürlich auch eine Menge. Ich hätte es niemals alleine geschafft.«

»Ach, da bin ich mir nicht sicher«, sagte Olga. »Aber es hätte wesentlich länger gedauert. Wann können wir einziehen?«

Carl zuckte mit den Achseln. »Hängt vom Wetter ab, und was Roy und ich diese Woche sonst noch zu tun haben. Wir müssen den Fußboden legen und die Wege draußen pflastern.«

In dieser Woche arbeitete Carl viele Stunden. Am Freitag sagte er: »Ich denke, morgen könnt ihr kommen und das Haus ansehen, wenn ihr wollt…«

»Wann sind wir endlich da?« fragte Jeanie jedesmal, wenn sie um eine weitere Kurve des alten Ziehweges kamen und das Haus immer noch nicht in Sicht war.

Olga lachte. »Ich glaube, die Bauarbeiter, die diese Straße bauten, nahmen den Weg des geringsten Widerstandes.«

»Genau das taten sie«, stimmte Frieda zu, »sie wußten, die Straße würde nur zur Versorgung des Camps genutzt werden, deshalb waren sie nicht daran interessiert, die großen Bäume zu schlagen, oder das Geröll wegzuräumen.«

»Ich sehe das Haus!« schrie Jeanie und sprang aufgeregt hoch.

»Sieht es nicht großartig aus? Wir werden eine Menge Platz haben«, erklärte Olga, während sie hineingingen und ihren Weg über das Werkzeug hinweg suchten.

Frieda antwortete nicht, aber sie dachte, daß es nicht mehr so groß erscheinen würde, wenn erst die Möbel eingeräumt waren, Trennwände gezogen und die Decke fertig war. »Ich mag den Geruch von frischem Holz«, sagte sie. »Und sieh diese Südfenster! Du sagst mir, welche Zimmerpflanzen du magst, und ich werde dir einige ziehen.«

Zum Mittagessen saßen sie auf den Dielen und ließen ihre Füße in den Freiraum darunter baumeln. Nur noch einige Dielen mehr und der Fußboden würde fertig sein. »Hoffe, diese Dielen verziehen sich nicht.« sagte Carl. »Wenn sie nicht trocken genug sind, bekommen wir bestimmt Ritzen zwischen den Dielen.«

Olga lachte. »Ich könnte den Dreck in die Ritzen fegen, dann bräuchten wir kein Kehrblech benutzen.«

»Mama!« Jeanie rief von der Ostseite des Hauses her. »Sieh einmal hier!«

»Sieht für mich wie ein altes Spechtloch aus«, sagte Frieda. Jeanie kicherte, und Frieda folgte ihrem Blick zum Schlafzimmerfenster und nach drinnen. Sie sah, daß sich Carl und Olga umarmten.

»Was ist daran so komisch?« fragte Frieda. »Eines Tages wirst auch du verliebt sein!«

»O Mama!« widersprach Jeanie. »Das werde ich nicht!«

* * *

Als der Mai kam, stand Frieda am Ostfenster und beobachtete, wie der alte, rostige Lieferwagen beladen mit Carls und Olgas Möbeln die Auffahrt hinunterrumpelte.

»Dummer alter Narr!« murmelte sie, die Tränen zurückhaltend. »Sie werden nicht einmal zwei Meilen entfernt sein.«

An diesem Tag erwischte sie sich ein dutzendmal dabei, wie sie sich umdrehte, um Olga etwas zu sagen. Beim Abendessen stocherte Jeanie in ihrem Essen herum und sagte: »Ich wünschte, sie könnten hierbleiben. Das war lustiger.«

Carl kam jeden Tag, um Wasser zu holen. Am Donnerstag steckte er den Kopf in Friedas Zimmer und sagte: »Olga meinte, ich solle fragen, ob ihr am Sonnabend herüberkommen möchtet.«

Frieda lachte: »Du brauchst uns nicht zweimal zu fragen! Jeanie quält mich schon die ganze Woche, endlich hinüberzugehen!«

»Oh, es ist schön und gemütlich!« rief Frieda aus, als sie am Sonnabendvormittag in der Tür stand. »Und das neue Holz riecht so frisch! Und liebe Zeit – all die Farbe!« Ihre Augen wanderten vom grün-karierten Tischtuch zum grün-beigen Ofen und dann nach rechts zum grünen Weidenschaukelstuhl, dem zierlichen Walnußtisch mit der silbernen Zuckerdose in der Mitte – einem Hochzeitsgeschenk von Nels und Minni.

Und um das Ganze herum waren durch die Fenster schnell wachsendes Gras und Büsche zu sehen. Es war ganz entschieden anders als ihr erstes Blockhaus.

»Kein Wunder, daß Frauen Zimmerpflanzen, Flickenteppiche und bunte Steppdecken mögen. Alles andere war schwarz oder grau oder braun. Und wir hatten nur kleine Butzenscheiben und konnten deshalb nicht viel von den Farben draußen sehen.«

»Das Essen ist fast fertig.« sagte Olga, als sie die Kartoffeln abgoß. »Jeanie, wasch dir die Hände, und dann kannst du von dem silbernen Besteck nehmen.«

Jeanie goß einen Eimer voll Wasser in eine weiße Emaillewaschschüssel, die auf einem Regal nahe beim Ofen stand, und Frieda tat einen Schuß heißes Wasser aus dem Teekessel hinzu. Olga hob den Deckel vom Eisfach der kleinen, braunen Eiskiste und holte einen Laib Brot heraus. »Siehst du meine Brotkiste?«

Frieda spähte in das mit Tuch ausgeschlagene Innere. »Tatsächlich, das ist eine gute Idee.«

»Und hier drin«, fuhr Olga fort, während sie die Tür öffnete, »habe ich Platz für meine Gewürze, Gelee, Sirup und solche Sachen.«

Sie bemerkte, wie Frieda das Porzellanservice und das Kochzubehör auf dem Sims rechts der Tür betrachtete. »Gerti sagte, sie habe etwas grün-weißen Baumwollstoff, den ich nehmen kann, um Vorhänge zu nähen. Und Carl baut dort ein Regal für Bücher und andere Dinge.«

Sie deutete in die Ecke links der Tür. »Zum Herbst werden wir die Trennwand zum Schlafzimmer und die Decke fertig haben.«

Jeanie hüpfte umher. »Das ist wie ›Haus‹ spielen!«

Olga lächelte: »Nun, fast.«

Nach dem Essen sahen sie sich die Holzscheune an, die Carl für die Kuh und die Färse, die Roy ihm gegeben hatte, baute. Jeanie lief zu einem kleinen Nebenhaus. Als sie wieder herauskam, fragte sie: »Wie kommt es , daß da nur ein Loch ist?«

Frieda lächelte in sich hinein: »Wir hatten zwei Löcher, weil wir fünfzehn Leute waren! Es wird einige Jahre dauern, bis Carl und Olga so eins brauchen!«

Als Carl Frieda gerade zeigte, wo er Kartoffeln um die Baumstümpfe pflanzen wollte, hörten sie ein Auto durch das Unterholz rattern. Die ganze Familie quoll aus Georgs und Sadies kleinem, schwarzen Ford. Die älteren Kinder hoben eine große Schachtel heraus und stellten sie vor Olga ab.

»Das ist unser Einweihungsgeschenk.« sagte Dorothy. Die älteren Kinder grinsten und die Kleinen kicherten. Vorsichtg nahm Olga den Deckel ab. Da sah ein brauner Hühnerkopf heraus.

Gluck! Gluck! Gluck!

»Ein Huhn!« schrie Jeanie.

»Eine Henne!« informierte Glen sie.

Georg hob die Henne heraus, und die Mädchen holten Küken um Küken hinterher.

»Elf« sagte Glen.

»Sie sind herrlich!« rief Olga, als die Henne mit ihren Kleinen den Pfad hinunterwackelte. »Vielen, vielen Dank!«

Am nächsten Tag berichtete Frieda Minni: »Du hättest all die strahlenden Kindergesichter sehen müssen. Sie waren so glücklich, etwas schenken zu können!«

Sparen und nochmals sparen

Den ganzen Winter über, wann immer Hank zu Hause war, ertrug Frieda das Radio, dankbar, daß wenigstens Jeanie schlafen konnte. Manchmal schlief sie aus purer Erschöpfung ein, aber während anderer Nächte quälte sie das Knacken und Pfeifen des Radios für lange Stunden.

Während des Frühlings hatte sie im Glauben, daß Hank bald in den Westen ginge, versucht, es zu ignorieren. Aber dann, kurz nachdem Carl und Olga umgezogen waren, erklärte er, er würde den Sommer über bleiben, um im Rib Lake Baseballteam mitzuspielen. Zunächst freute sich Frieda für ihn. Dann erinnerte sie sich, daß die ganzen Spiele sonntags stattfanden – Hank würde niemals zur Kirche gehen – und daß das Team hauptsächlich durch Kneipenbesitzer gesponsort wurde. Als sie ihren Bedenken Ausdruck verlieh, daß er weit weg von Gott geführt werden würde, war Hanks Antwort ein widerwilliges Schnauben. »Ach Mama! Das ist lächerlich!« schnauzte er und bekräftigte das mit einer zugeschlagenen Tür.

Frieda sah ihre künftige Gebetsarbeiten klar vor sich.

Als Hank an dem Abend das Radio andrehte, peinigte sie die Aussicht, es ertragen zu müssen.

»O Gott«, flehte sie in ihr Kissen, »hilf mir.« Sie brauchte doch ihre Nachtruhe, oder nicht? Wie konnte Hank so rücksichtslos sein? Endlich schlief sie ein, träumte unruhig und erwachte mit Kopfschmerzen.

Sie kämpfte zwei weitere Nächte. »Herr, ich verstehe dich nicht«, klagte sie unter der Decke, »ich bin so erschöpft, warum hilfst du mir nicht?«

Dann erinnerte sie sich an ihre Vorstellung von Liebe. Darüber habe ich schon solange nicht mehr nachgedacht. Und sie flüsterte: Liebe ist sanftmütig, geduldig, läßt sich nicht erbittern, rechnet das Böse nicht zu…

»Herr, verzeih mir diese Gedanken, meine Ungeduld, mein eigennütziges Denken und, daß ich überhaupt nicht an Hank gedacht habe. Ich sollte froh sein, daß er hier zu Hause ist. Vergib mir!«

Sie hielt einen Augenblick in einem Anflug von Frieden inne, aber das Radio war so laut wie immer. »Herr, ich bin immer noch böse auf Hank. Aber ich will nicht so fühlen. Du wirst meine Gefühle ändern müssen.«

Fast unmerklich sanft verschwanden die häßlichen Gedanken, und sie schlief. In der nächsten Nacht streckte sich Frieda in ihrem Bett aus, erwartend, daß der süße Friede des Herrn sie umhülle. Statt dessen schlug ihr das Stakkato des Ansagers ins Ohr.

»O nein!« stöhnte sie. »Kein Weltkampf!« Sie schluchzte leise und enttäuscht. Sie wollte hinausgehen und schimpfen: »Was ist los mit dir? Ich brauche wenigstens mal eine Nacht Schlaf!« Aber sie wußte, er würde sich ihr widersetzen. Wenn nicht sogar aus dem Haus donnern und in eine Kneipe gehen. »Warmherzig ... gütig ... geduldig ... nicht leicht herauszufordern.«

Als sie am nächsten Morgen erwachte, stellte sie fest, daß sie beim Nachsinnen über ihre »Vorstellung von Liebe« in den Schlaf gesunken war.

* * *

Frieda beobachtete, wie Jeanie mit dem Springseil auf der festgestampften roten Lehmauffahrt hüpfte – das glänzend braune Haar wippte, und sie zählte atemlos. Sie sprang weiter und weiter, bis sie einmal hängenblieb.

»Mist!« rief sie.

Zuerst wollte Frieda sie für ihre undamenhafte Bemerkung ermahnen, aber sie biß sich auf die Lippen.

»Laß sie sich wie eine Achtjährige benehmen« erinnerte sie sich selbst. »Sehr schnell kommt ihr Selbstbewußtsein als Teenager.«

Frieda legte ihr Strickzeug nieder und rief zu Jeanie: »Komm mal her, ich habe eine Idee.«

Das Seil in wilden Kreisen über dem Kopf schleudernd, lief Jeanie zur Bank und ließ sich fallen. »Ich dachte – Carl wird sein Zimmer nicht mehr brauchen. Willst du es haben?« Der Abend war die falsche Zeit, um Jeanie etwas so Anregendes mitzuteilen, erkannte Frieda später, als sie nach dem Zubettgehen immer noch schwatzte und schwatzte.

Beim Frühstück sagte Frieda: »So, bevor du jetzt anfängst, die Sachen da oben umzuräumen, werden wir richtig sauber machen. Wir hängen das Bettzeug nach draußen auf die Leine, schrubben den Boden und das Holz, putzen die Fenster und waschen die Gardinen.« Jeanie hüpfte schon die Treppe hoch und rief: »Ich bringe die Steppdecke herunter.« Erstaunlich, dachte Frieda Stunden später, was für eine Hilfe Jeanie sein kann, wenn sie nur will. Normalerweise nahm sie nörgelnd den Weg durch ihre samstägliche Hausarbeit, aber heute war sie ohne Murren die Treppe hinauf- und wieder heruntergelaufen, um Tuch, Staubwedel und Wasser zu holen.

»Jeden Sonnabend wirst du es putzen«, legte Frieda fest, »und wenn du möchtest, daß es gut aussieht, dann hängst du immer deine Sachen ordentlich auf.«

Nachdem das weiße, eiserne Bettgestell abgewaschen und das Bettzeug von der Leine geholt worden war, brachte Frieda ihre besten Laken und Bezüge und eine rosa Tagesdecke, die Jeanies Vater ihr Jahre zuvor zu Weihnachten geschenkt hatte.

Jeanie glättete das geometrische Muster. »O Mama! Sie ist so schön! Können Grace und Ruby kommen und hier übernachten?«

Frieda nickte: »Aber nur jeweils eine.«

Frieda fühlte sich beim Schlafen in der darauffolgenden Nacht ein wenig einsam, aber es war bequemer ohne die kleine Wühlmaus neben sich. In der kalten Jahreszeit würde sie Jeanie unten bei sich schlafen lassen.

Im Juli war der Rasen, bis auf die schattigen Stellen unter den Buchsbäumen, braun.

Wenn Frieda Wäsche wusch, trug sie jeden Wassertropfen zu den Tomaten und den wenigen Petunien, die immer noch wacker blühten. Die erhofften Himbeeren wuchsen nur um Gestrüpphaufen herum und wo ein bißchen Schatten war, aber in einer Woche pflückten Carl und Olga genug, um etwas davon in Tomahawk zu verkaufen.

In der folgenden Woche halfen Frieda und Jeanie beim Pflükken und fuhren mit nach Tomahawk. An der Abfahrt von jedem Hügel schaltete Carl in den Leerlauf und ließ den Wagen rollen, wobei sie unter Zuhilfenahme von Bäumen und Pfosten als Markierungen erraten wollten, wie weit der Wagen rollen würde, bevor er wieder einen Gang einlegen mußte.

»Eines Tages, wenn wir mit dem Benzin nicht mehr so sparsam sein müssen«, sagte er über die Schulter zu Frieda, »werde ich wahrscheinlich immer noch jeden Hügel hinunterrollen, so sehr bin ich schon daran gewöhnt.«

Im A&P-Geschäft zählte Frieda sorgfältig ihr Geld. Es wäre schön, ein Paket Corn-Flakes oder etwas Gebäck zu kaufen, aber sie entschloß sich, die zwanzig Cent lieber für Eistüten auszugeben. Sie schafften es, bis Spirit Falls etwas davon zu haben.

Nachdem Jeanie in jener Nacht im Bett war, sprach Frieda lange Zeit mit dem Herrn. »Vater, ich wünschte, ich könnte etwas Geld verdienen – etwas verkaufen, wie die Frau in den Sprüchen. Ich möchte für Roy und Helen und besonders für Carl und Olga eine Hilfe sein. Ich bin so stolz auf sie, wie sie lachen und Spaß haben, sogar ohne zu wissen, woher sie den nächsten Sack Mehl nehmen sollen. Ich habe sie nie klagen gehört. Ich weiß, du wirst sie dafür segnen. Ich denke, du erfreust dich auch daran, sie zu sehen, wie sie das Land bestellen und sich mit solch großer Aufmerksamkeit um ihre kleine Farm kümmern.

Sie sind treu mit dem, was sie besitzen, so wie du es gelehrt hast, Jesus. Ich möchte auch dankbar sein, für das, was du mir gegeben hast. Zeig mir, wie ich für meine Familie und meine Nachbarn ein Segen sein kann.«

Frieda wartete auf einen Gedanken, den ihr der Herr mit auf den Weg geben würde, aber sie fiel ohne eine neue Idee in den Schlaf.

Am nächsten Morgen brachten sie entmutigende Gedanken auf den Boden der Tatsachen zurück, geradeso wie Blei an der Angelschnur. Wie dumm, zu glauben, daß eine schnell alternde Frau, so wie sie, ein Gewinn für ihre Familie sein könnte. Sie würde immer abhängiger von ihnen werden, und nicht hilfreicher. Immerhin konnte sie sich und Jeanie selbst versorgen – und Hank, wenn er zu Hause war. Das war auch etwas.

Sie sortierte gerade die Himbeeren, die sie und Jeanie in Zielkies Wald gesucht hatten, als Carl plötzlich in der Tür auftauchte.

Er wollte wissen, ob er im Keller einige Regale für Olgas Konserven bauen könnte.

Frieda sah keinen Grund, warum er das nicht tun sollte. Dort war sicherlich genug Platz. Als er von Tomaten und grünen Bohnen sprach, fiel Frieda sein verschlissener Arbeitsanzug ins Auge.

Er war übersät mit Flicken, und trotzdem gab es noch neue Löcher. Carl war nie einer gewesen, der besonders vorsichtig war. Wenn seine Hosen im Stacheldraht hängengeblieben waren, ging er immer geradeaus weiter, anstatt zurück, um sie daraus zu lösen.

Frieda bezweifelte, daß Olga genug Stoff für Flicken hatte. Sie wollte in ihrer Flickenkiste nachsehen, was sie fände. Noch besser wäre, sie würde sich anbieten, hinüberzukommen und ein wenig zu helfen. Das war etwas, was sie tun konnte – und auch Socken stopfen! Sie hatte den anderen Mädchen jahrelang geholfen und niemals daran gedacht, eine große Stütze zu sein – aber war nicht erhalten so gut wie neu anschaffen? Sie erinnerte sich daran, daß ein gesparter Pfennig ein verdienter Pfennig ist.

»Nun, Mama«, sagte Ella an einem Herbsttag, als sie gerade hinten auf Friedas Bank Äpfel schälten, »wirst du zu Hoover halten?«

Frieda seufzte. »Ich habe mich noch nicht entschieden. Der arme Hoover hat nicht in jeden Topf ein Huhn getan, geschweige denn ein Auto in jede Garage… Auf der anderen Seite können wir den Präsidenten nicht für alles verantwortlich machen. Ich weiß nicht … vielleicht sollten die Demokraten eine Chance haben.«

»Sieht so aus, als ob die Leute für eine Veränderung bereit wären«, stimmte Ella zu.

Im November, als Roosevelt gewählt wurde, fühlte Frieda eine Woge der Hoffnung und entschloß sich, Segen für ihn zu erbitten.

»Wenn die Leute mehr beten und weniger kritisieren wollten«, sagte sie ernst zu dem Männervolk, als sie eines Abends über Politik diskutierten, »wäre unser Land nicht in solcher Not!«

* * *

An einem Dezembermorgen, nachdem Roy Frieda ein Drittel von dem Molkereischeck gegeben hatte, setzte sich Frieda an Helens Küchentisch.

»Ich weiß nicht, was ich tun soll. Du weißt, wieviel es für Jeanie bedeutet, zu Weihnachten ein neues Kleid zu bekommen. Seit Wochen schon sucht sie nach dem richtigen Stoff – sie will einen grünen Tweed. Aber sie braucht Strümpfe und Unterwäsche, und wir haben einfach nicht genug Geld…«

Helen goß Kaffee ein und setzte sich hin. »Laß uns einmal darüber nachdenken. Vielleicht können wir etwas überarbeiten.«

Frieda schüttelte den Kopf. »Ich habe schon daran gedacht. Ich habe nichts, das man nehmen könnte.«

»Ich vielleicht.« Helen ging nach oben und kam mit einem hellgrünen Flanellkleid zurück. »Das habe ich schon Jahre nicht mehr getragen. Es könnte einige Mottenlöcher haben.«

An diesem Abend trennte Helen das Kleid auf und Frieda glättete es und rieb die Stücke ab. Sie verabredeten, eine Bestellung von Sears Roebuck abzuwarten und es dann in eine der Tüten zu packen.

Frieda faltete die Stücke mit dem größten Teil nach außen. »Ich kann es zuschneiden, wenn sie in der Schule ist. Sie wird nie herausbekommen, daß es nicht neu ist!«

Als die Bestellung ankam, tat Frieda den Stoff in eine Sears-Tüte und stapelte sie mit den anderen Dingen auf.

»O schön! Die Bestellung ist angekommen!« rief Jeanie aus, als sie von der Schule nach Hause kam. »Mein Stoff!« Sie zog ihn teilweise aus der Tüte, während Frieda den Atem anhielt. »Er sollte doch kleine Farbpunkte haben!«

»Sie müssen einen Ersatz geschickt haben« wich Frieda aus, und bevor sie Jeanie stoppen konnte, hatte diese den Stoff aus der Tasche gezogen und begann ihn zu entfalten.

»Er ist zerschnitten!« jammerte sie.

Vorsichtig half Frieda ihr, die Stücke aufzusammeln. »Komm her«, sagte sie und setzte sich auf die Bettkante. »Ich weiß, du bist enttäuscht. Wir glaubten, wir könnten dich täuschen. Aber es ist einfach nicht genug Geld für neuen Stoff da.«

»Aber wo kommt dieser her?«

»Das ist ein Kleid von Helen. Wir haben es aufgetrennt.«

»Helen gab mir ihr Kleid?«

Frieda nickte.

Jeanie griff den Stoff, kuschelte sich hinein und lief los, um

Helen zu finden. Einige Minuten später kam sie wieder mit glänzenden Augen. »Ach Mama! Das war so nett von ihr! Das Kleid wird wunderschön!«

Als die Frauen später, nachdem Jeanie im Bett war, darüber sprachen, lachte Helen: »Das ist doch etwas! Wir dachten, wir könnten sie an der Nase herumführen, aber sie hat den Spieß herumgedreht und uns genarrt!«

Lächelnd ging Frieda in ihr Zimmer zurück, aber aus einem anderen Grund. Als Helen seitwärts in der Kammertür stand, hatte Frieda erkannt, daß im Frühjahr ein weiteres Baby kommen würde.

Neue Sorgen

Wie Frieda bald erfuhr, sollten im Frühjahr noch drei Enkel ankommen. Georg schneite herein, um zu sagen, daß er und Sadie ein weiteres Baby erwarteten, und bald darauf schrieb Eddi, daß er und Peggy ein besonderes Geschenk zum ersten Jahrestag hätten.

»Herr«, flüsterte Frieda, als sie sich für ein Nickerchen hinlegte, »ich weiß, daß Kinder ein Segen sind. Aber Georg und Sadie geht es nicht gut; wegen seinem kranken Herzen und ihrem Kropf. Und Eddi und Peggy hatten so wenig Zeit, sich mit ihren beiden Familien einzurichten. Aber du weißt es am besten.«

Sie schreckte auf und setzte sich einen Moment auf die Bettkante, um in die Wirklichkeit zurückzukehren. »Ach ja«, lachte sie in sich hinein, »ich bin froh, daß dies ein Traum war.« Sie hatte geträumt, daß sie ein weiteres Baby erwartete. Sie hatte sogar das Strampeln gefühlt. Erstaunlich, wie lebendig ein Traum sein konnte.

»Vater«, betete sie, als sie nach ihren Schuhen griff, »laß die erwarteten Kinder ein Segen sein.«

Sie kam unter ihrer Steppdecke hervor und warf einen Blick auf die Uhr. In zwei Stunden sollte Jeanie zu Hause sein. Sie wünschte, sie würde die Abende nicht fürchten, aber der Versuch, ihr Geplapper zu verstehen, war so nervtötend – und dieses Kind konnte plappern! An diesem Abend hatte Jeanie ihren Mantel noch nicht ausgezogen, als sie schon anfing zu schnattern. Sorfältig zog sie einen gefalteten gelben Bogen Papier aus ihrem Lesebuch hervor und gab ihn Frieda.

»Liebe Mutter!

Sie sind am Mittwoch, den 22. Februar um 14 Uhr zu Georg Washingtons Geburtstagsfest eingeladen. Es gibt Unterhaltung und Erfrischungen.

Miss Hinkie und die Schüler der Liberty Schule«

»O ja, das ist sehr nett!«

Jeanie hüpfte vor ihr hin und her. »Wirst du kommen?«

»Ich wüßte nicht, warum nicht!«

Jeanie plapperte in einem fort, während Frieda daran dachte, Ella anzurufen. Vielleicht konnten sie zusammen hingehen.

Am Dienstagabend kam Jeanie wie immer aufgeregt nach Hause.

»Wo sind die Kekse? Was für welche hast du gemacht?«

»Kekse?«

»Für das Fest morgen!«

Frieda war erstaunt: »Wovon sprichst du?«

»Du hast gesagt, du würdest Kekse für das Fest backen!«

»Habe ich nicht!«

Jeanie war den Tränen nahe: »Hast du wohl gesagt!«

»Nun werde nicht aufsässig, junge Dame. Ich weiß nichts von Keksen.« Jeanie begann zu weinen. »Ich habe dich gefragt und du hast ›ja, ja‹ gesagt.«

»Ach du liebe Zeit.« Frieda setzte sich in den Schaukelstuhl. »Ich backe morgen welche.«

Jeanie wischte sich die Tränen aus dem Gesicht: »Wir sollen sie morgen früh mitbringen, damit wir alles fertig haben, wenn die Mütter kommen.«

Frieda legte ihren Arm um Jeanie: »Ich denke, es wird in Ordnung sein, daß ich sie mitbringe, wenn ich komme.«

* * *

Es war schön, die gespannten Gesichter zu sehen und die stolzen jungen Mütter zu beobachten, aber durch die ganzen herumschwirrenden Dreikäsehochs und das Reden und Lachen der Schulkinder bekam Frieda nicht viel von dem vorbereiteten Programm mit. Sie fragte sich, ob es irgend jemand bemerkte, daß sie zu lachen versuchte, wann immer es die anderen taten.

Nachdem Jeanie im Bett war, dachte Frieda noch lange nach. Es hatte keinen Sinn, es zu leugnen. Sie verlor ihr Gehör. Erst einige Wochen zuvor war sie überrascht gewesen, als Bertel und

Maime am Sonntagnachmittag vorbeikamen. Als Maime ihre Überraschung sah, sagte sie: »Ich habe dir doch gesagt, daß wir vorbeikommen wollten, als wir heute morgen die Stufen vor der Kirche hinuntergingen. Ich glaube, du hast mich nicht gehört.«

Zum Glück hatte Reverend Krause eine gute kräftige Stimme. Frieda saß weit vorne, und das half auch.

Aber das Schlimmste war, zu versuchen, Jeanie zu verstehen. Frieda seufzte, als sie ihre Haarnadeln herauszog. Reichte es nicht, in ihrem Alter für ein Kind sorgen zu müssen? Und jetzt das noch!

Einige Tage später, als sie im Schaukelstuhl saß, strickte und nachdachte, stand Carl plötzlich vor ihr.

Er entschuldigte sich, als er bemerkte, wie überrascht sie war: »Ich dachte, du hättest mich hereinkommen hören.«

»Ich glaube, ich war in Gedanken versunken«, entschuldigte sie sich.

Als er gegangen war, dachte sie: »Warum habe ich das gesagt? Warum kann ich nicht zugeben, daß ich schlecht höre?« In jener Nacht erkannte sie, warum: sie hatte Angst.

Eines Morgens sah Frieda, wie Helen zum Telefon ging. Der kleine Ronni lief herein und setzte sich zu ihr in den Schaukelstuhl. Er liebte es, sie kurze deutsche Lieder singen zu hören und natürlich auch, auf ihrem Fuß zu reiten. Frieda sah auf und sah, wie Helen in der Tür stand, sie beobachtete und lächelte. Einige Minuten später sprang Ronni herunter, und Frieda fuhr fort, Socken zu stopfen. Etwas später stand Helen wieder in der Tür.

»Sieh mal hierher«, sagte sie und zeigte in die Ecke, wo sie ihr Nähkästchen aufbewahrte, »warum hast du nicht auf ihn geachtet?«

Frieda folgte ihr verwirrt. Was für eine Bescherung! Verknoteter Zwirn, Nadeln, Garn und Bänder waren über den Boden verteilt. Frieda schüttelte den Kopf. »Du batest mich, auf ihn zu achten?«

»Ich stand genau hier in der Tür«, rief Helen, »und sagte dir, daß Carl angerufen hatte und ich hinunter zur Scheune gehen müsse, um Roy etwas zu sagen.«

»Ich habe dich nicht gehört!« Frieda kniete nieder und begann die Spulen aufzusammeln.

»Oh, das ist nicht so schlimm«, sagte Helen ruhig, »ich habe einen solchen Schreck bekommen! Er hätte an den Herd gehen können – Messer – alles mögliche!«

Friedas Knie zitterten immer noch, als sie sich wieder hinsetzte. »Jetzt ist es soweit«, sagte sie zu sich selbst, »ich muß die Leute wissen lassen, daß ich nicht mehr richtig hören kann.«

Als sie Ella von ihrem Hörverlust erzählte, war diese nicht überrascht. »O Mama, das haben wir doch schon lange gewußt. Wir versuchten, uns deiner Aufmerksamkeit zu versichern, wenn wir mit dir sprachen, aber manchmal haben wir einfach nicht daran gedacht, daß du uns nicht gehört hast, wenn du gelacht hast und ›ja, ja‹ genickt hast. Du mußt uns nur sagen, wenn du uns nicht verstanden hast.«

Sie sprachen über die Möglichkeit, ihr eine Hörhilfe zu besorgen, aber Frieda war dagegen. Sie hatte die Schwierigkeiten gesehen, die ihre Schwester Winnie damit gehabt hatte.

Eines Tages, früh im März, holte Frieda einen Armvoll Feuerholz und ließ ihn in die Holzkiste gleiten. Als sie sich wieder aufrichtete, schoß ihr ein heftiger Schmerz über den Brustkorb in die rechte Schulter. Sie stand einen Moment still, bevor sie ihren Mantel und ihre Überschuhe auszog, aber sobald sie sich bewegte und atmete, kam der Schmerz wieder.

Frieda glitt vorsichtig in den Schaukelstuhl. Konnte es ihr Herz sein? Nein – irgendwo hatte sie gehört, daß ein Herzinfarkt Schmerzen auf der linken Seite mit sich brachte. Sie entspannte sich ein wenig; sie fühlte sich besser, wenn sie stillsaß.

Ihre nächste Aufgabe war, einen Eimer mit Wasser zu füllen. Obwohl sie mit der linken Hand pumpte, schoß ihr der Schmerz wieder über die Schulter. Sie war froh, daß Helen nicht da war und nicht hören konnte, wie sie nach Luft schnappte.

»O Herr! Hilf mir über diesen Abend hinweg.« betete sie.

Glücklicherweise war Jeanie zu interessiert an einem neu entliehenen Buch, um zu bemerken, wie Frieda zusammenfuhr, als sie die Essensreste für das Abendessen aufwärmte. Alles was sie brauchte, war eine Nacht gut zu schlafen, und sie wäre wieder gesund. Es brauchte niemand zu wissen.

Aber als sie vor dem Zubettgehen Holz im Ofen nachlegen

wollte, hörten Helen und Roy sie stöhnen. Roy schob seinen Kopf durch die Tür: »Mama, was ist los?«

Er half ihr in den Schaukelstuhl, und Helen legte ihr eine Decke um den zitternden Körper. Frieda brachte es fertig, ihnen zu sagen, wo der Schmerz saß und wie es angefangen hatte. Tränen der Angst und des Schreckens rollten ihre Wangen hinunter, als Roy ging, um den Doktor zu rufen. Was war geschehen? Dieser durch alles hindurchgehende Schmerz. Konnte es ein Herzinfarkt sein? Jeanie würde große Angst bekommen! Und Helens Baby war bald fällig. Sie mußte einfach gesund sein.

»Der Doktor ist in Town-of-Hill bei einer Geburt«, berichtete Roy, »er wird so schnell wie möglich kommen.«

Sie konnte das Feuer knistern hören, und den Schaukelstuhl, wann immer Roy sich bewegte. Sie würde eine schöne Hilfe sein, so krank wie sie jetzt war. »Vater, bitte erlöse mich von diesen Schmerzen!«

Roy legte Holz nach und bot ihr ein Glas Wasser an.

Schließlich kam Dr. McKinnon und hörte sie ab. »Brustfellentzündung«, stellte er fest. »Das ist eine Entzündung der Wand zwischen der Lunge und dem Brustkasten.« Er lächelte sie an. »Ich wette, Sie glaubten, Sie hätten einen Herzinfarkt.«

Frieda lächelte schwach.

Er faßte ihre Hand. »Ihr Herz ist in Ordnung. Ich werde Ihnen einen Verband anlegen, damit Sie nicht so tief atmen können, und ich möchte, daß Sie mindestens eine Woche im Bett bleiben. Oder länger, wenn Sie noch Schmerzen haben.«

Es war nach Mitternacht, als sie ins Bett gingen. Frieda wollte Roy und Helen sagen, wie leid es ihr tat, daß sie solchen Ärger verursachte.

»Schhh«, sagte Roy, »sprich nicht. Ich weiß, daß du nicht krank sein willst...« Er half ihr ins Bett. »Versuche jetzt zu schlafen.«

Am Morgen schlich Jeanie, angezogen für die Schule, herein. Sie versuchte zu lächeln: »Helen sagt – oh, Mama!« Sie kniete neben dem Bett nieder und schluchzte in Friedas Kopfkissen.

»Ist ja gut, mein Liebchen. Ich werde schon gesund werden.«

»Ich will nicht in die Schule gehen.«

»Du mußt gehen; ich werde gesund. Ich muß mich nur ausruhen.«

Die Tage gingen ineinander über. Olga kam, und Ella und Gerti und Mamie, aber Frieda konnte nicht reden. Sie konnte ihnen nicht sagen, welche Sorgen sie sich um Jeanie machte. Ihr kleines Gesicht hatte die ganze Farbe verloren und ihre Augen hatten dunkle Ränder. Frieda wußte, daß sie nichts aß. Jeden Morgen bettelte sie darum, zu Hause bleiben zu dürfen, und jede Nacht saß sie im Schaukelstuhl – schaukelnd, schaukelnd.

Eine Woche später saß Frieda aufrecht im Bett, als Clara kam. »Der Schmerz ist nicht mehr schlimm.« versicherte sie.

»Ich bleibe nur einen kleinen Augenblick. Versuche nicht zu sprechen«, sagte Clara und zog einen Stuhl näher zu Frieda.

Frieda griff Claras Hand. »Ich mache mir solche Sorgen um Jeanie. Was passiert mit dem Kind, wenn – wenn…« Frieda hielt die Tränen zurück.

»Frieda! Frieda! Bist du nicht diejenige, die uns immer mahnt, daß es eine Sünde ist, sich zu grämen?« Am nächsten Morgen nahm sie den Verband ab. Es war ein gutes Gefühl, wieder tief atmen zu können. Nach einer weiteren Woche war der Schmerz entgültig verschwunden. Hank kam nach Hause und trug Holz und Wasser, und Olga half beim Waschen. Auch Jeanies Wangen glühten wieder rosa.

* * *

Im April kamen innerhalb von einer Woche alle drei neuen Enkelkinder an: es waren alles Mädchen. Eddi schrieb von Ruths Ankunft und Georg berichtete, daß der Name seiner neuen Tochter Gardia sei.

Einige Tage später steckte Roy seinen Kopf durch Friedas Tür, um zu sagen, daß der Doktor und Helens Mutter auf dem Wege seien. Vor dem Mittag war die kleine Marilyn angekommen. Frieda empfand Marilyn als ein besonders hübsches Baby, aber Hank murmelte nur, daß alle Neugeborenen gleich aussähen.

Eines Abends, als Frieda strickte und Hank Zeitung las, fragte Jeanie: »Woher wissen die Mütter, daß sie ein Baby bekommen werden?«

Frieda schluckte. »Uh … nun … der Doktor sagt es ihnen.«

»Ja, aber wenn sie dick werden, dann wissen sie es. Darum war Helen auch so dick. Das Baby war in ihrem Bauch, nicht?«

Hank legte die Zeitung nieder. »Tatsächlich? Hm, ich dachte, der Doktor hätte es in seiner kleinen schwarzen Tasche mitgebracht.«

Frieda zeigte ihm über Jeanies Kopf hinweg die Faust, und er versteckte sein spöttisches Grinsen hinter der Zeitung.

Als keine weiteren Fragen mehr kamen, atmete Frieda auf. O nein! Noch eine Aufgabe, mit der sie nicht gerechnet hatte!

* * *

Im Juni schrieb Eddi und bot an, wenn jemand Frieda und Jeanie für einen Wochenbesuch brächte, würde er sie zurückbringen. Carl und Olga sagten gerne zu.

»Ich bin wie ein kleines Kind«, sagte Frieda, als sie dahinfuhren, »ich kann es gar nicht erwarten, Peggy und die Kinder zu sehen.«

»Hier muß es sein«, sagte Olga, als sie auf Eddis und Peggys Haus zufuhren, »überall sind Kinder!« Frieda mochte Peggy sofort. Ihr rundes Gesicht mit dem breiten Lächeln hatte einen ganz eigenen Charme, und Frieda dachte gar nicht daran, sie mit Conni zu vergleichen. Frieda hatte schnell das Gefühl, daß sie sich schon seit Jahren kannten.

Als sie eines Abends Kartoffeln schälten, hielt Peggy inne und legte ihre Hände auf den Rand des großen Kessels. »Oma, ist es eigentlich ein großer Unterschied, Jeanie großzuziehen statt deiner eigenen Kinder?«

»O ja, es ist ein sehr großer Unterschied« sagte Frieda. »Manchmal meine ich, daß es schwerer ist als bei allen anderen dreizehn zusammen.«

»Glaubst du, es liegt an der Zeit, in der wir leben?«

Frieda seufzte. »Ich glaube ja, zum Teil. Es scheint, als ob Jeanie immer etwas haben möchte, das wir uns nicht leisten können, oder sie möchte etwas tun, von dem ich keine Ahnung habe. Als meine Kinder klein waren, gingen sie einfach immer mit den älteren mit. Ich hatte alle diese Entscheidungen nicht zu treffen.«

»Aber ist es nicht auch eine andere Art von Verantwortung?«

»Ja, das auch. Irgendwie ist es so, als ob dir immer jemand bei der Arbeit über die Schulter sehen würde.«

Peggy seufzte. »Genauso empfinde ich es Eddis Kindern gegenüber. Jedesmal, wenn ich etwas zu entscheiden habe, frage ich mich, was Conni gemacht hätte. Glaubst du, daß ich immer so fühlen werde?«

»Oh, das glaube ich nicht. Insgesamt hast du sie erst ein Jahr, weißt du. Auf der anderen Seite mußt du dich daran erinnern, daß die Liebe wächst. Fühle dich nicht schuldig, wenn du jetzt Eddis Kindern gegenüber noch nicht die gleiche Liebe empfindest wie bei deinen eigenen.«

Peggy errötete. »Das mußte ich hören. Manchmal fühle ich mich so schuldig.«

»Mach dir keine Gedanken! Lerne sie richtig kennen, und du wirst sie lieben.«

»Ich versuche es. Es ist nicht einfach. Aber Oma, Eddi ist ein so guter Ehemann und Vater.« Sie setzte die Kartoffeln zum Kochen auf. »Das einzige Mal, als ich wirklich böse mit ihm war, war im letzten Herbst, als er die älteren Kinder mit zum Rummelplatz nahm und fast das ganze Geld eines Wocheneinkaufs ausgab.«

Sie lachten beide, als Eddi hereinkam. »Habt ihr euch immer noch nicht ausgeschwatzt?«

Peggy lächelte ihn an. »Nein, natürlich nicht! Ich denke, sie sollten noch eine Woche bleiben.«

»Na, wie wär's damit, Mama?«

Frieda schüttelte den Kopf. »Ich würde gerne. Es geht mir so gut bei euch, und ich weiß, daß es Jeanie auch gefällt. Aber ich kann nicht erwarten, daß Helen immer meinen Garten gießt. Wenn wir keinen Regen bekommen, verliere ich das bißchen Gemüse, das ich gezogen habe.«

Die vier ältesten Kinder von Eddi kamen mit, als er Frieda und Jeanie nach Hause brachte. Normalerweise hätte Frieda die Fahrt genossen, aber der Anblick von nichts als braunem, knochentrokkenen Gras machte ihr das Herz schwer.

»Immerhin werden uns noch die Kartoffeln bleiben.« sagte sie. »Roy hat so schwer gearbeitet, um das Kartoffelfeld zu bewässern. Hört sich das nicht komisch an – bewässern, in unserem Teil des Landes? Erinnerst du dich an das Feld auf der anderen Seite des Flusses?«

Eddi nickte.

»Nun, ich weiß nicht, ob Roy mit noch einem weiteren trockenen Jahr rechnete, als er in diesem Frühjahr die Kartoffeln angepflanzt hat, aber sie haben sich gut entwickelt. Er hatte sich eine hydraulische Ramme von Oscar Norlin geliehen, einen kleinen Damm gebaut und Rohre über das Feld verlegt. Das Wasser fließt Tag und Nacht! Roy stellt die Beregnung um, und das ganze Feld wird bewässert. Ist das nichts?«

»Hört sich gut an. Glücklicherweise ist der Fluß nicht ausgetrocknet. Er muß sehr flach sein.«

Frieda war den Tränen nahe, als sie ihren Garten sah. Trotz Helens Bewässerung waren die Tomatenpflanzen welk und trokken, und es hingen nur einige verkrüppelte grüne Tomaten an den Ranken. Die Bohnen waren völlig braun und die Kürbisblätter sahen aus, als ob kochendes Wasser über sie gegossen worden wäre. »Nun«, tröstete Frieda sich, »immerhin haben wir Kartoffeln!«

Waldbrand

Eines Abends im September kam Jeanie schreiend nach der Schule heimgerannt: »Mama! Du mußt den Rauch sehen – ganz in der Nähe von Tomahawk.«

»Rauch?«

»Uh huh!« keuchte sie. »Der Wald brennt.«

»Du liebe Zeit ... so trocken wie jetzt alles ist...«

Sie stiegen den Ahornhügel hinauf, von wo aus sie in etwa zwanzig Meilen Entfernung Rauch aufsteigen sahen.

Frieda bekam Bauchschmerzen. Nur noch ein kräftiger Regen konnte das Feuer davon abhalten, sich durch das dicht stehende Holz nach Süden und durch das Grün um die Anwesen, genau dahin, wo sie jetzt standen, auszubreiten! Die trockenen Felder würden kein Hindernis sein.

»Mama! Wird es hierherkommen?«

»Es ist noch weit weg«, sagte Frieda, »wir werden um Regen beten – um viel Regen.« Als Frieda Roy beim Melken half, fragte sie ihn, was er gehört hatte.

»Der Postbote sagte, es gäbe das Gerücht, daß Anwohner Gegenfeuer angezündet hätten, um ihr Eigentum vor dem Feuer zu schützen und es noch einmal an ihnen vorbeigezogen sei.«

»Welche Unvorsichtigkeit! Normalerweise, wenn jemand ein Gegenfeuer anzündet, hat er eine große Mannschaft aufgestellt, die das Feuer löscht, wenn es sich weiter ausbreitet. Der Wind hätte sich drehen können, und sie wären nicht darauf vorbereitet gewesen. Das kann leicht passieren.«

Am nächsten Tag nahm Frieda die Sache ernst genug und stieg wieder den Hügel hinauf.

Jetzt war noch mehr Rauch über dem Gebiet wie auch über anderen. Roy sagte, daß es sehr ernst aussehe, und man höre einige häßliche Geschichten: Das Feuer sei mit Absicht gelegt worden, damit man wieder für einige Tage Arbeit bekäme.

»Wie können Leute nur so verzweifelt sein?«

»Nun, der Staat zahlt zwanzig Cent pro Stunde.«

Frieda wischte ihr Gesicht mit der Schürze ab. »Wer hätte je daran gedacht, daß es soweit kommen würde?«

Tag für Tag stieg der Rauch auf, und immer mehr Männer gingen, um das Feuer zu bekämpfen. »Wenn du gehen willst«, sagte Frieda zu Roy, »kann ich das Melken auch allein machen.«

Am nächsten Mittag setzte er sich an Friedas Tisch. »Ich muß gehen und helfen, Mama. Du bist sicher, daß das Melken nicht zuviel für dich ist?«

»Ich kann es machen, mach dir keine Gedanken.«

»Ich komme zurück, sobald ich kann, aber der Gouverneur hat den Kommandeur der Nationalgarde geschickt, um beim Schutz des Baumbestandes von New Wood zu helfen. Er bringt einige hundert CCC-Jungs mit.

Carl und ich sollen ihnen, soweit wir können – ohne eingekesselt zu werden – einen Zugang zum Feuer verschaffen. Sie folgen uns mit einem Schlepper und einem Doppel-Schaar-Pflug. Die CCC-Jungs werden diese Schneise überwachen und bei Funkenflug die Feuer löschen. So können wir mit ziemlicher Sicherheit den Holzbestand retten.«

Frieda biß sich auf die Lippen. »Seid nur vorsichtig!« bat sie. »Und macht euch um uns keine Sorgen, uns geht's hier gut.«

Einige bange Tage vergingen.

Roy kam jede Nacht nach Hause, um einige Stunden zu schlafen und bei einigen Arbeiten zu helfen; dann war er schon wieder weg.

Das Feuer war an der Linie aufgehalten worden, und die CCC-Jungs wurden ins Lager zurückgeschickt. Das Holz war gerettet.

»Aber es ist noch nicht vorüber«, sagte Roy erschöpft, als er auf der Verandaschaukel saß, die Hände über den brennenden Augen. »Der Wind kommt genau aus Osten. Wir müssen es an der Bezirksgrenze aufhalten. Bei der Geschwindigkeit, mit der es jetzt vorwärts geht, haben wir noch einige Stunden Zeit. Ich muß jetzt etwas schlafen.«

Er bestand darauf, Frieda morgens beim Melken zu helfen und brach dann mit einem Wassertank und einer Schaufel auf.

»Ich hasse es, die Windeln nach draußen zu hängen«, sagte Helen, als sie sie in die Mangel tat. »Alles riecht nach Rauch.«

Frieda sah in den Himmel. »Ich hoffe immer noch, Regenwolken zu sehen, aber es ist nur Rauch. Hast du gesehen, wie rot gestern Abend die Sonne war?«

Prüfend sah sie in zwei Wasserfässer, die neben dem Haus standen – und dann die Leiter hinauf, die am Haus lehnte. Sie konnte sich weder Helen noch sich selbst dabei vorstellen, wie sie Feuer auf dem Dach löschten. Und was würde passieren, wenn Funken auf das Scheunendach getragen werden würden? All die trockenen, alten Schindeln! Und die grünen Bäume davor! Wenn die Feuer fangen würden, wäre die Hitze nicht einzudämmen und das Haus wäre verloren.

Sie ging in ihr Zimmer zurück und betete: »Vater, ich weiß nicht, wann ich mich je hilfloser gefühlt habe. Du bist unsere einzige Hilfe.«

Sie setzte sich mit ihrer Bibel hin und schlug die Psalmen auf. »Gott ist unsere Zuflucht und unsere Stärke. Deshalb brauche ich keine Angst zu haben, auch wenn die Erde erbebt und Berge in die Mitte der See versetzt werden...«

»Auch, wenn die Bäume Feuer fangen und das Haus brennt und die Scheune in Flammen aufgeht, werde ich an dich glauben«, ergänzte Frieda. »O Gott, ich spüre diesen Rückhalt nicht. Wohin würden wir gehen? Was würden wir tun?«

Sie blätterte weiter und las: »Und ich sage vom Herrn: er ist meine Zuflucht und meine Burg; mein Gott; auf ihn will ich vertrauen... Und es soll dir nichts Böses widerfahren und keine Plage soll dein Haus befallen.«

»Ich weiß nicht, wie du es machen wirst, Herr, aber du wirst uns beschützen.«

Sie schreckte auf, als Georg hereinkam.

»Roy sagte, er käme vorbei, um dir zu sagen, daß sie das Feuer am frühen Nachmittag an der Bezirksgrenze erwarten. Colonel Heinz ist da. Der Kommandeur der Nationalgarde ließ ihn zurück, um uns zu helfen. Wir wollen ein Gegenfeuer, aber er sagte, daß er es nicht erlauben wird, denn es seien schon zu viele Feuer gelegt worden.« Georg nahm die Kelle und trank einen großen Schluck Wasser. »Wir haben eine Menge Jungs mit Wasserkanistern, aber ich weiß nicht, was passieren wird, wenn es den Kiefernbestand erreicht und auf YY und 86 hinunterbrennt.«

Frieda stöhnte. »Die armen Farmer da unten.«

»Sie pflügen Furchen um die Gebäude und wässern die Dächer.« Er schüttelte den Kopf.

»Ich muß los.«

Die Kühe kamen um siebzehn Uhr nach Hause und Frieda begann zu melken und zu hoffen, daß Jeanie endlich aufhören würde, hinter ihr herzulaufen und Fragen zu stellen.

»Werden sie das Feuer löschen? Die großen Jungs sagen, daß alle unsere Häuser und Scheunen abbrennen werden und wir weit weg ziehen müssen.«

»Ach was, die wissen nicht, wovon sie sprechen! Das Feuer wird nicht über die Bezirksgrenze kommen. Geh und gib den Hühnern Wasser.«

»Ich höre ein Auto!« rief Jeanie und rannte los, um zu sehen, wer kam. Sie war einige Minuten später zurück. »Mama! Carl und Roy sind wieder da und liegen auf dem Rasen.«

»Sie liegen auf dem Rasen?«

Sie nickte. »Mit den Gesichtern im Gras.«

Friedas Herz machte einen Sprung, als sie sie sah. Ihre Augen! Sie brachte ihnen nasse Waschlappen.

Carl ruhte sich eine Weile aus und fuhr dann nach Hause; seine Augen waren fast zugeschwollen.

»Haben sie irgend etwas gesagt?« fragte sie Helen.

»Sie konnten es an der Straße der Bezirksgrenze nicht aufhalten«, antwortete sie. »Sie mußten an der nächsten Straße ein Gegenfeuer legen. Wenn der Wind sich nicht dreht…«

Sie wandte sich ab, und Frieda zog ihre Arbeitsjacke aus und betete: »Vater, hilf uns!«

Roy lag immer noch auf dem Rasen, als sie ins Bett ging. Sie hoffte, daß er schlief.

Als sie um Mitternacht aufstand und aus dem Fenster sah, war Roy gegangen. Sie eilte zum Küchenfenster. Das Auto war da. Er mußte oben im Bett sein. Sie ging hinaus auf die Veranda, um den Schein des Feuers, das weniger als drei Meilen entfernt war, zu beobachten. Dunkle, rauchige Luft stand vor den Sternen, aber sie konnte den Umriß der Wetterfahne auf der Scheune erkennen. Konnte es sein? Ja! Der Wind hatte sich gedreht! Er kam aus dem Süden, nicht aus dem Osten.

»O Vater! Danke! Danke!« Das Feuer würde auf das schon niedergebrannte Gebiet zurückgehen und dort ohne Nahrung erlöschen.

Schließlich schlief Frieda ein, aber sie wachte früh auf und sah die ersten Sonnenstrahlen, die über den Rasen fielen. Das Gras glänzte! Es sah aus, als ob es geregnet hätte! Barfuß lief sie hinaus. Ja! Ja! Das Gras war voll von kleinen Tropfen. Es hatte schon seit Wochen keinen Regen gegeben, nicht einmal Tau. Ja, sogar die Auffahrt sah feucht aus! Es mußte einen leichten Regen gegeben haben!

Einige Augenblicke später teilte Roy mit geschwollenen und roten Augen ihre Erleichterung und fuhr dann schnell los, um zu sehen, was passiert war. Nach einer halben Stunde kam er zurück. Das Feuer war unter Kontrolle. Der Wind hatte es wieder auf das verbrannte Land getrieben und der leichte Regen hatte verhindert, daß es auf die feuchten Felder übersprang. Später erzählte Roy ihnen mehr Einzelheiten von dem Kampf an der Bezirksgrenze. Seine Augen waren immer noch blutunterlaufen und er hielt sie geschlossen, während er erzählte. »Gestern Morgen müssen mindestens hundert Leute unten an der Bezirksgrenze gewesen sein. Wir wollten ein Gegenfeuer, aber Colonel Heinz erlaubte es nicht. Wir erklärten, daß es kein Halten mehr geben würde, wenn es die immergrünen Bäume erreichen würde, aber er wollte nicht darauf hören.« Roy hielt inne und nahm einen Schluck Kaffee. »Als wir an dem Morgen hinunterkamen, fühlten wir den heißen Wind von Nordosten wehen, aber wir konnten keine Flammen sehen – nur Rauch, Rauch, Rauch.

Funken flogen, und wir schlugen sie aus und tränkten einander mit Wasser. Plötzlich war es, als ob die Bäume explodierten. Die Druckwelle war stark genug, um unsere Hüte herunterzublasen. Mann! Diese Hitze! Ich erinnere mich an ein Brausen und Carl und ich tauchten mit dem Gesicht nach unten in den Dreck, aber die anderen liefen über die Straße und dann weiter.« Er schüttelte den Kopf. »Ich dachte, das wär's gewesen. Ich hätte nie geglaubt, daß irgend etwas so heiß werden könnte. Als es ruhig geworden war, standen wir auf und sahen, daß es genau über uns hinweggegangen war. Es gab brennende Fetzen, die aussahen wie entflammte Katalogseiten und durch die Luft flogen. Das Feld auf der anderen Seite der Straße begann Feuer zu fangen. Wir rannten mit unseren Wasserkanistern hinüber und fingen an, das Feuer zu löschen, und dann kamen einige der Jungs zurück, um uns zu helfen.«

Jeanie unterbrach: »Was waren das für brennende Sachen, die durch die Luft flogen?«

Roy lachte in sich hinein: »Rutabagablätter! Finn John hat einen Schlag entlang der Straße. Das Feuer hatte diese großen Blätter ausgetrocknet, und dann sind sie brennend durch die Luft geflogen.«

»Habt ihr es dort löschen können?« fragte Frieda.

»Nun, Carl und ich konnten kaum noch sehen, und deshalb hat der Colonel uns nach Hause geschickt. Wir waren Tage vor den meisten anderen Jungs da draußen. Als wir gingen, wußten wir wirklich nicht, was noch passieren würde. Wir konnten einfach nicht mehr gehen. Nachdem wir uns ein wenig ausgeruht hatten, haben wir sofort beschlossen, Furchen um unsere Gebäude zu pflügen.«

Frieda schnappte nach Luft. »Du meinst – ihr hattet wirklich geglaubt, es würde hierher durchkommen?«

Roy nickte: »Wenn sich der Wind nicht gedreht hätte und der leichte Regen nicht gekommen wäre…«

Frieda hörte den Rest des Gesprächs nicht mehr. Tief in ihrem Herzen dankte sie dem Herrn immer und immer wieder.

Am folgenden Samstag lief Jeanie nach dem Essen nach draußen, kam aber sofort wieder zurück und schrie. »Es regnet! Es regnet!«

Frieda ließ das Geschirrtuch fallen und eilte hinaus auf die Veranda. »O Herr, ich danke dir!« flüsterte sie, als sie die dicken Regentropfen auf den Treppenstufen sah.

»Regen, Regen, geh nicht weg!« rief Jeanie hinauf in den Himmel.

»Ich bringe es nicht übers Herz, sie hereinzurufen«, sagte Frieda. »Es ist doch warm genug, um draußen herumzulaufen, oder?«

Roy grinste. »Laß sie laufen.«

Nun begann es zu gießen, und Jeanie und Ronni blickten nach oben und fingen die Regentropfen mit dem Mund auf, dann schüttelten sie den Kopf und rannten weiter.

Ein kalter Windstoß fuhr über die Veranda, und Frieda rief: »Jeanie, komm jetzt herein, es wird kühl.«
Sie mußte einige Male rufen, bevor Jeanie und Ronni tropfend auf der Veranda standen. Die kleine Marilyn winkte mit den Armen und lachte.

Frieda beeilte sich, Jeanie in trockene Sachen zu stecken. »Glaube ja nicht, daß du jetzt jedesmal in den Regen hinauslaufen darfst«, warnte sie, »dies war eine besondere Gelegenheit.«

Ungeahnter Segen

Auch wenn Jeanie geahnt hatte, daß Olga ein Baby erwartete, so hatte sie doch Frieda nichts davon gesagt. Aber als sie am neunzehnten Dezember von der Schule nach Hause kam und Frieda ihr erzählte, daß Carl und Olga einen kleinen Albert hätten, reagierte sie nicht so überrascht, wie Frieda es erwartet hatte; doch sie war sehr erfreut. Sie wollte sofort gehen, um ihn zu sehen.

»Morgen«, sagte Frieda. Sie erwähnte nicht, daß es eine lange, harte Geburt gewesen und Olga immer noch erschöpft war.

Du liebe Zeit, Carl und Vater! grübelte Frieda, als sie zu Bett ging. Er war erst zwölf, als der Vater starb, und jetzt ist er ein fescher junger Mann.

Das Verlangen, mit Papa zu sprechen, ihm von dem Feuer, dem knappen Entkommen der Jungs, Eddis neuer Familie und so viel mehr zu berichten, kam in ihr hoch und entlud sich in einem Schluchzen. »Jesus, bitte sag du es ihm!«

* * *

»Ich denke, die Hühner legen deshalb so viele Eier, weil sie wissen, wie sehr du sie brauchst«, sagte Frieda eines Nachmittags im Februar mit einem Augenzwinkern, als Olga sieben Eier hereinbrachte. Frieda hatte den Tag flickend und stopfend mit ihr verbracht.

Olga hängte ihre wollene Strickjacke an einen Haken neben der Tür. »Es gab nur zwei Tage in diesem Monat, an dem nicht jede von ihnen ein Ei gelegt hatte.«

Sechs der elf Hühner, die Georg und Sadie gebracht hatten, waren Hennen gewesen. Ein kleiner Hahn hatte ein frühzeitiges Ende unter dem Huf einer Kuh gefunden, drei andere waren Sonntagsbraten geworden, und nur einer stolzierte und krähte noch in der kleinen Holzscheune.

»Ich wette, du dachtest, daß ich nie wieder hinüberkommen würde«, sagte Olga. »Wenn das Baby allein im Haus ist, beeile ich mich immer zurückzukommen, aber heute habe ich Dinge erledigt, die ich schon Wochen vor mir hergeschoben habe.«

»Ja, ich kenne das Gefühl – das Herz schlug mir bei der Arbeit bis zum Hals, wenn die Kleinen allein im Haus waren. In den Jahren, als Papa im Camp arbeitete, mußte ich das Vieh füttern, und ich konnte die Kleinen nicht mit mir nehmen, wegen der Kälte und dem Wind. Lange Zeit war ich so ängstlich… Es ist eine lange Geschichte – ich werde sie dir mal erzählen – aber ich habe gelernt, Gott zu vertrauen, daß er auf sie aufpaßt. Ich konnte es nicht allein tun.«

Frieda hielt eine Nadel gegen das Licht, fädelte ein und sprach weiter. »Ich wußte es damals nicht, aber das lehrte mich zu vertrauen. Das war nicht lange bevor Bertel allein hinaus konnte. Er hätte in einen Bach fallen können, oder von einem Baum stürzen, oder von einem Pferd getreten werden können.« Sie winkte mit der Hand ab. »Und das war nur der Anfang. Einer nach dem anderen wuchs auf, begann Auto zu fahren und über das ganze Land zu fahren.«

Der kleine Albert begann zu schreien, Olga nahm ihn auf und drückte ihn an sich. »Mit anderen Worten: wir können sie nicht mit Sicherheit beschützen. Wir müssen Gott zutrauen, daß er auf sie achtet.«

Frieda lächelte und nickte. »Ich habe das nie so gut gelernt, wie ich sollte – jedes Mal, wenn etwas Neues passiert, muß ich diese Gedanken verdrängen.«

Olga lachte. »Und so ist es oft mit Jeanie, nicht?«

»O ja! Ich weiß nie, was als nächstes kommt. Ich weiß nicht, ob mich das jung hält oder mich etwas früher ins Grab bringt.«

Olga legte die Hand auf Friedas Schulter. »Es hält dich jung! Glaub mir!«

* * *

»Mama, heute kam ein Mann aus Phillips zu uns in die Schule, um den Lehrer zu prüfen«, erzählte Jeanie eines Nachmittags. »In der Pause kam er zu mir und sagte: ›Kleines Mädchen, ich habe gerade herausgefunden, wer du bist.“ Er hielt seine Hand unter mein Kinn, und ich mußte ihn ansehen, und er sagte: ›Ich hoffe, du wirst einmal wie deine Mutter. Sie war ein ganz besonderer Mensch.‹ Er hatte Tränen in den Augen.«

»Kennst du seinen Namen?«

»Mr. Milne – oder so.«

Frieda nickte. »Er war der Direktor, als deine Mutter in der Ausbildungsschule für Lehrer war. Sie wurde ›Normal-Schule‹ genannt. Sie erzählte oft, wie schön es dort war.«

Was für ein gutes Gefühl, zu wissen, daß man Emmi nach all diesen Jahren in so guter Erinnerung hatte.

* * *

Im April mußte Ellas Tochter Myrtle der Blinddarm entfernt werden. Ella blieb einige Tage bei ihr im Marshfield-Krankenhaus, und als sie nach Hause kam, rief sie Frieda an.

»Mama, Jeanies Vater ist im Krankenhaus. Er stirbt, Mama.«

»Das ist aber schlimm. Zu Weihnachten hatte er geschrieben, daß er einen guten Teil des Jahres im Bett gelegen hätte, aber ich wußte nicht –.«

»Er möchte Jeanie sehen.«

»Ach du liebe Zeit!«

»Mama, es ist schrecklich. Er hat einen Tumor am Rücken und liegt nicht in einem normalen Bett – es ist ein häßlicher Apparat.«

»Der arme Mann! Aber ich kann das Jeanie nicht sehen lassen. Sie regt sich so leicht auf.«

»Ich habe versucht, es ihm zu erklären. Er hat nur geweint.«

Anfang Mai kam der Anruf, daß Ed tot war.

Ella und Gerti fuhren mit Roy, Frieda und Jeanie zur Beerdigung. Vorher gingen sie zu Eds Haus, wo der Leichnam im Wohnzimmer aufgebahrt lag. Sein kleiner Sohn und seine Tochter spielten draußen; sie waren zu klein, um alles zu verstehen.

Amanda, Eds Frau, war zu allen herzlich. So sehr sie ihn auch vermißte, er hatte sehr gelitten, daß sie ihn nicht zurückwünschen konnte.

Jeanie stand mit Tränen in den Augen am Sarg, aber doch nicht vom Schmerz überwältigt; sie hatte ihren Vater kaum gekannt.

In der Kirche fiel Frieda ein, daß es ja der zehnte Mai war – genau zehn Jahre nach Emmis Tod. Würde Emmi noch leben, säße sie jetzt da, in Schwarz, eine Witwe von neunundzwanzig Jahren.

Frieda hatte sich immer gefragt, was aus Emmis Schlafzimmermöbeln und der Zederntruhe geworden war. Sie hatte das elfenbeinerne Set gekauft, als sie in der Schule lehrte. Sie zögerte, das jetzt anzusprechen, aber es war ihre einzige Gelegenheit. Als sie in einem ruhigen Moment Amanda sprechen konnte, fragte sie, ob Jeanie Emmis Sachen haben könne. Amanda sagte, sie könne jederzeit kommen und sie holen.

Jeanie war auf dem Nachhauseweg ruhig, sie schien nicht verstört zu sein. Nachdem Frieda an diesem Abend zu Bett gegangen war, spürte sie eine Hand auf ihrer Schulter. »Mama? Ich sehe ihn immer noch dort liegen.«

»Willst du heute hier schlafen?«

Sie krabbelte über Frieda, kuschelte sich an sie und schlief ein.

Einige Wochen später besorgte sich Len einen Anhänger und fuhr Emmis Möbel aus Phillips herunter. Nachdem sie in Jeanies Zimmer aufgestellt worden waren, schleppte diese jeden, der seinen Fuß in das Haus gesetzt hatte, nach oben, damit er sich das Bett mit dem geschwungenen Fußteil und den Schminktisch mit den Klappspiegeln sowie die Zederntruhe ansehen konnte. Während Jeanie in den höchsten Wolken schwebte, kämpfte Frieda gegen die Wogen des Kummers. Der Anblick der Möbel hatte Tränen in Friedas Augen treten lassen, aber sie war nicht auf die Gefühle vorbereitet, die sie überkamen, als sie die Zederntruhe durchsahen.

Ed hatte alle Handarbeiten aus Leinen von Emmi aufgehoben und dazu noch einige von ihren Kleidungsstücken.

Jeanie hörte zu und fragte, solange Frieda bereit war, über Emmi zu sprechen. In einem kleinen Kistchen fanden sie eine fein gehäkelte Kugel.

»Was ist das?« fragte Jeanie und drehte es auf ihrem Finger. Es waren auch Bändchen daran.

Frieda nahm eine gefaltete Magazinseite aus der Kiste und entfaltete sie.

»Oh!« rief Jeanie aus. »Eine Babymütze!«

Frieda versuchte zu lächeln. »Sie hatte sie für dich gemacht.«

Sorgfältig legte Jeanie sie zurück in die Kiste und warf sich schluchzend in Friedas Schoß: »Ich wünschte, ich hätte sie gekannt.«

Frieda streichelte ihren Kopf. »Das kommt noch, Schatz, warte nur!«

* * *

In diesem Sommer frohlockte Frieda über den bedeckten Himmel, statt sich darüber zu ärgern. Regen war immer noch willkommen, obwohl der Rasen grüner war als sonst im Juli. Aber wichtiger noch, die Weiden und Felder waren grün, und man konnte das Getreide fast wachsen sehen. Wurde Gott irgendwann doch müde, ihren Dank zu hören?

Eines Tages im August sah Frieda mit einem Anflug von Eifersucht Jeanie auf ihrem Weg den Hügel hinaufgehen, um – wieder einmal – einen Tag bei Olga zu verbringen.

Jeanie war zu Hause häufig unzufrieden, da sie immer etwas tun wollte, das von Frieda mehr Geduld forderte, als sie hatte.

Frieda schüttelte den Kopf und begann den Tisch abzuräumen. Wie wurde Olga mit ihr fertig?

An einem Tag hatte Jeanie auf dem Weg zur Wäscheleine alle frisch gewaschenen Windeln in den Dreck fallen lassen.

Ein anderes Mal hatte sie Jeanie einen ganzen Pott mit Zucker gegeben, damit sie daraus Karamelbonbons machen sollte. Sie zeigte ihr, wie sie sie zum Kühlen in den Wassertopf halten sollte, während sie es aufschlug. Doch als Jeanie schlug und schlug und es nicht dick wurde, erkannte Olga, daß immer Wasser in die Pfanne lief und es so immer und immer wieder zu kochen anfing.

Aber Frieda konnte verstehen, warum sich Jeanie zu Olga hingezogen fühlte. Sie hatte eine Art, aus alltäglichen Dingen etwas Besonderes zu machen. So sagte sie: »Nach dem Essen legen wir eine Decke hinaus in den Schatten und enthülsen Erbsen«, oder: »Wenn der kleine Albert aufwacht, dann machen wir einen Spaziergang in den Wald.«

Als Carl Jeanie an jenem Abend nach Hause brachte, rief sie schon am Eingang: »Mama, hast du eine extra Nadel? Olga hat mir geholfen, ein Puppenkleid zu nähen, und als ich die Nadel einfädelte, fiel sie hinunter, genau in einen Spalt im Fußboden.«

Sie machte eine dramatische Geste und seufzte. »Es war ihre letzte Nadel!«

Frieda stöberte in ihrem Nähkästchen und fand ein Päckchen Nadeln. Sie steckte drei davon in ein Stück Stoff und gab sie Carl.

Er lachte vergnügt. »Danke, Mama. Ich träumte letzte Nacht, die Risse im Fußboden wären so groß, daß ich von einer Diele zur nächsten springen mußte.«

Frieda lachte zurück: »O nein! Denke nur, wenn du springen müßtest, was dann die kleine Olga tun müßte!«

«Ich dachte, das Holz wäre trocken, aber es zieht sich immer noch zusammen.«

»Es wäre schön, wenn ihr Linoleum für die Küchenecke bekommen könntet.«

»Nun, wenn genug Leute sterben...« sagte er mit einem Augenzwinkern.

»Wie sprichst du denn!« schalt sie ihn, als er sie über seine Schulter hinweg anlachte und zur Tür hinausging.

Carls Anstellung als Totengräber war schon ein Segen.

Olga sagte einmal: »Wir fragen uns manchmal, wo der nächste Sack Mehl herkommen soll; dann stirbt jemand, und Carl bekommt drei Dollar dafür, daß er das Grab aushebt. Ich meine damit nicht, daß ich mich freue, wenn jemand stirbt – aber ich kann nicht umhin, mich über das Geld zu freuen.«

In der letzten Augustwoche sagte Frieda zu Ella: »Einen Tag in dieser Woche werde ich hinüberkommen.

Ich weiß, wieviel Arbeit du mit der Vorbereitung der Jubiläumsfeier hast. Ich kann dir etwas beim Flicken helfen und so den Mädchen noch eine Gelegenheit geben, sich zu sehen, bevor die Schule wieder anfängt.«

»Was um alles in der Welt findet ihr Kinder nur daran, die ganze Zeit im Wald zu sein?«, fragte Frieda Jeanie, als sie den letzten Hügel vor Ellens Haus hinaufgingen.

»O ganz viel. Wir klettern auf kleine Bäume, erkunden und bauen Häuser und spielen Verstecken. Kann ich vorlaufen?«

Frieda lächelte, als sie Jeanie mühelos den Berg hinaufrennen sah. Was für eine Energie!

Der Hügel schien heute ungewöhnlich steil zu sein.

Frieda hielt an und spürte leicht ihren Puls im Ohr. Sie lächelte in Richtung des niedlichen weißen Hauses und der großen roten Scheune, als sie an die neun aufgeweckten Leutchen dachte. Es gab so vieles, für das man dankbar sein mußte – für die Heuhaufen, Silage im Silo, Haferflocken im Kasten und viele Kartoffeln.

»O Herr, ich bin so zufrieden, daß ich weinen könnte. Ich kann diese zwei Meilen gehen, ohne daß mich jemand fahren müßte. Ich kann meinen eigenen Haushalt führen, Jeanie versorgen und sogar melken und Flickarbeit für die Mädchen erledigen. Und du gibst mir diesen besonderen Frieden! Du bist alles, was ich brauche! Oh, Jesus«, flüsterte sie nun mit geschlossenen Augen, »du bist hier – in mir, um mich herum – ich kann es nicht erklären. Ich bin ständig bereit, zu dir zu kommen. Ich empfinde es nicht als Sterben – nur als ein Gehen in deine Welt, so wie man durch eine Tür hindurchgeht.

Aber, Herr«, und ein Seufzer entwich ihr, »ich möchte, daß alle meine Kinder das wissen. Es schmerzt so, wenn sie nicht zuhören wollen – wenn sie denken, daß du ihnen den ganzen Spaß am Leben nimmst, sobald sie es dir zur Verfügung stellen. Sie wissen bloß nicht, daß der Spaß nichts ist, verglichen mit der Freude, die du gibst. Vater, wenn ich mich schon so sehr danach sehne, daß sie dich kennenlernen, dich lieben und dir vertrauen, wie sehr mußt du dich erst danach sehnen!«

Sie sah auf und Jeanie winkte ihr von der Auffahrt her zu, aber sie konnte nicht verstehen, was sie ihr zurief.

»Ich komme!« rief sie und ging weiter.

Sie putzte die Nase und trocknete sich die Tränen. Ella würde es nicht verstehen, noch nicht.

Erregte Erwartung kam in ihr auf, als sie an das Jubiläumsfest dachte. Fünfundzwanzig Jahre. Sie konnte Henry und Ella und ihre sieben Kinder schon sehen, wie sie sich für ein Foto aufstellten. Es schien erst gestern gewesen zu sein, als Ella noch ein junges, arbeitendes Mädchen neben ihr gewesen war.

»Was hätte ich nur ohne sie getan?«, fragte sie sich selbst und begann leise zu singen, während sie weiterging.

»Wie wird's sein, wenn wir uns einstens alle an dem Strom finden, der an Gottes Thron so herrlich fließt…«

Eine Aufgabe zu erfüllen

Am Morgen des Jubiläumsfestes dankte Frieda dem Herrn sofort für den schönen Tag, obwohl sie eine schlaflose Nacht gehabt hatte. Sie versuchte, sich zu erinnern, was sie am Tag zuvor gegessen hatte und sie belasten könnte, aber sie konnte sich an nichts Ungewöhnliches erinnern.

Sie trank Tee statt Kaffee an jenem Morgen, aß ein Stückchen Toast und beschloß, daß dieses körperliche Unwohlsein ihr diesen aufregenden Tag nicht verderben solle, jedenfalls nicht mehr, als sie vor fünfundzwanzig Jahren zugelassen hätte, als es im Haus nur so von Hochzeitsgästen wimmelte. Wenn Papa Ella nur sehen könnte – eine gute Ehefrau, eine geliebte Mutter.

»Ich werde darauf achten, was ich esse«, ermahnte sich Frieda, als sie die Auffahrt hinauffuhren. So viele ihrer Lieben sah sie nur sehr selten. Len und Nora, John und Esther, Clara und Walter – und so viele andere. Sie vergaß, daß sie sich nicht wohl fühlte.

Obwohl das Essen köstlich aussah, entschloß sich Frieda zu warten, bis die anderen sich genommen hatten, bevor sie aß. Sie fand eine stille Ecke im Wohnzimmer – fast alle waren draußen – und versuchte, das drückende Gefühl und den stechenden Schmerz über ihrer Brust zu ignorieren. Hoffentlich war es nicht wieder eine Brustfellentzündung, sie hatte sie nie bei warmem Wetter gehabt.

Als sie in der Schlange stand, um sich etwas zum Essen zu holen, bemerkte sie, daß nur noch wenige Gabeln dalagen, und sie ging in die Küche, um welche zu holen.

Jeanie stürmte herein, so laut lachend, daß sie kaum sprechen konnte. »O Mama, du hättest hören sollen…«

Frieda hörte überhaupt nichts mehr. Ein unsichtbarer Schraubstock drückte in einem stechenden Schmerz ihre Brust zusammen.

»Geh spielen«, stieß sie heraus und wankte in Richtung von Ellas Schlafzimmer. Wenn sie es doch nur bis zum Bett schaffen würde. Sie hörte Jeanie schreien, Arme und Stimmen waren überall.

»Leg sie nicht hin, du würdest sie töten!«
»Hallo! Mehr Kissen!«
»Ruf den Doktor!«
»Du wirst wieder gesund werden, Frieda!«
»Beweg dich nicht, Mama!« schärfte Roy ihr ein.
Sie erhaschte einen Blick in Jeanies vor Angst aufgerissene Augen.
Sie konnte nicht sprechen, aber in Gedanken flehte sie inständig: »O, Herr, noch nicht, noch nicht! Sie braucht mich!«
Der Schmerz war überall – im Arm, in der Schulter, sogar im Kiefer. Und ein schrecklich drückendes Gewicht auf ihrer Brust. Jemand sagte etwas, das sie schon wußte: »Herzinfarkt.« Gesichter – Stimmen. »Tief durchatmen! Entspann dich!«
Würde es jemals aufhören? Wenn es nicht für Jeanie wäre, würde es ihr leicht fallen zu gehen.
»Ich kann Dr. McKinnon nicht erreichen.« hörte sie. »Dr. Baker aus Rib Lake kommt.«
Wo war Jeanie? War sie in Ordnung? Sie versuchte zu fragen, aber sie konnte die Worte nicht herausbringen. Überall der Schmerz, Schmerz. Schwer zu atmen – so viele Leute. »Herr, hilf mir!«
»Der Doktor ist da.«
Hände öffnen ihre Kleidung, sanfte Hände bewegen ein Stethoskop über ihre Brust. Ein Schuß in den Arm. Der Schraubstock läßt nach, läßt nach. Sie trieb … trieb weg … Dunkelheit … Stille.
»Ella?«
»Ich bin hier, Mama.«
»Es tut mir so leid.«
»Mach dir mal keine Gedanken. Du bist wichtiger als irgendeine Party. Hier, trink von diesem.«
»Ich bin so müde.«
»Ella?«
»Nein, Frieda. Ich bin's, Clara. Ruh dich nur aus.«
»Wie spät ist es?«
»Fast fünf.«
»Abends?«
»Nein, fünf Uhr morgens.«
»Oh, Liebes, du solltest zu Hause im Bett sein.«

»Nimm einen Schluck Wasser.«

Frieda drehte ihren Kopf weg. Ich darf nichts trinken, sonst muß ich die Bettschüssel benutzen, ich habe Angst, mich zu bewegen.

»Hast du Schmerzen, Frieda?«

Sie nickte und hatte Schwierigkeiten zu sprechen: »Mein kleines Mädchen. Was wird sie tun? Ich bin alles, was sie hat.«

Clara drückte Friedas Hand. »Nein, Frieda. Wem gehört sie wirklich?«

Müde … so müde … Schmerz. Claras Worte klangen in ihr.

* * *

Tageslicht – Fußtritte – Türenschlagen. »Mama?« Jeanie stand neben ihrem Bett und Ellen überredete sie liebevoll, hinauszugehen.

Das arme Kind, was wird sie tun?

Gesichter im Türrahmen – Roy und Helen – Carl und Olga. Hank mit bebendem Kinn. Bertel und Maime. Alle sind so ruhig – streicheln ihre Hand, gehen schnell.

»Ich muß sterben – mein kleines Mädchen! Was wird passieren? Was sagte Clara? Muß mich erinnern…«

Wieder Nacht. Die Lampe wirft unheimliche Schatten an die Wand. Ellas weiche Hand streicht über ihren Kopf. Arme Ella, sie muß so müde sein.

* * *

Tageslicht – Jeanies betroffenes kleines Gesicht. Muß versuchen zu lächeln – sagen, sie soll zur Schule gehen. Schmerz! Ruhe – allein. »Herr, ich verstehe das nicht. Ich bin alles, was sie hat! Nein, Clara sagte: ›Wohin gehört sie wirklich?‹ Ich sehe, sie gehört zu dir. Du wirst dich um sie kümmern.« So müde – schwer zu atmen. »Jesus, ich möchte zu dir kommen – die ganze Zeit bei dir sein – das wunderbare Gefühl empfinden, das ich im Wald gehabt habe, die ganze Zeit.«

»Mama, versuche etwas Tee zu trinken.«

Sie drehte ihren Kopf zur Seite.

Jetzt Roys Stimme: »Mama! Trink jetzt! Wir können es nicht für dich tun!«

Sie nahm einige Schlucke.

* * *

Nacht – wieder die Schatten und der Geruch der Kerosinlampe.

Treiben … treiben. Gehen über eine blumenübersäte Wiese. Herrlich! Papas starker Arm um sie gelegt. Glücklich! Muß ihm so viel erzählen. »Es muß schon eine Million Gelegenheiten gegeben haben, bei denen ich dir etwas mitteilen wollte, aber nie warst du da!«

Emmi! Auf sie zulaufend.

»Mama! Bitte nimm einen Schluck!«

Tränen. »Ich möchte mit Emmi sprechen!«

Ellas Stimme bebte. »Hast du vergessen? Emmi ist schon gegangen!«

»Ich weiß, ich meine, wenn ich dort hinkomme.«

* * *

Tageslicht. Jeanie hält mit beiden Händen ihre Hand.

»Mama? Geht's dir besser?«

Lächeln, nicken.

»Mama, wir haben versucht, Dr. McKinnon zu erreichen. Habe mit ihm am Telefon gesprochen. Er sagt, du mußt still liegen – aber viel trinken. Er kommt so schnell er kann.«

Ella ist immer beim Arbeiten. Sie wechselt die Laken und wäscht sie.

»Laß mich.«

»Tut mir leid, Mama, ich muß es machen.«

»Was für ein Tag ist heute?«

»Dienstag.«

»Ella, ich möchte dir etwas sagen. Ich habe keine Angst zu sterben.«

»Ich weiß.«

Ruhe – allein. Ich kann das erschrockene kleine Gesicht sehen.

»Vater, kümmere dich um sie.« Tränen laufen herunter. Zu müde, um sie wegzuwischen…

Dieser Geruch – Desinfektionsmittel – Dr.McKinnon!

»Nun, lassen Sie uns mal sehen!« Seine Stimme hallte von den Wänden des kleinen Raumes wider. »Setzen Sie sich ein wenig auf. Atmen Sie durch den offenen Mund. Nochmal, nochmal. Schmerzen?«

»Uh, huh.«

»Schwierigkeiten zu atmen?«

»Uh, huh.«

»Es wird eine Weile dauern, aber Sie werden wieder gesund werden.«

Friedas Augen sprangen auf. »Ich werde nicht sterben?«

Er lachte laut: »Jetzt jedenfalls nicht.« Er tätschelte ihre Hand.

»Ein Blutklümpchen hatte die Zirkulation in einem Teil Ihres Herzens verhindert, aber es wird heilen. Andere Adern werden die Aufgabe übernehmen.«

»Werden sie? Was soll ich tun?«

»Ich sage das Ihrer Tochter. Hören Sie auf sie, denn ich muß Sie wieder auf die Beine bringen.« Er lächelte Jeanie an, die gespannt im Türrahmen wartete. »Sie haben noch eine wichtige Aufgabe zu erledigen.«

* * *

Wieder allein. »Ich werde nicht sterben. Ich werde mich bewegen. Ich werde herumlaufen. Oh, aber ich habe keine Lust, zu kämpfen!« Wieder Tränen. »Ich wollte bei Papa sein – mit Emmi sprechen.« Wieder Nacht und immer noch Schmerzen.

»Mama, hier ist etwas Stärkebrei. Willst du etwas essen?«

Zu erschöpft – möchte schlafen – von Papa träumen – Emmi.

»Mama? Tante Ella weint, weil du nicht essen willst.«

»Sag ihr, daß ich es versuche.«

Irgend jemand versucht immer, ihr etwas zum Trinken und zum Essen zu geben.

* * *

Wieder Nacht – ruhelos – das rechte Bein verkrampft sich.

»Mama, was ist los?«

»Krampf im Bein.«

»Laß dein Bein schwingen! Hier! Setz dich auf!«

»Ah. Jetzt geht es vorbei. Es tut mir leid.«

»Ruf nur! Versuch nicht, dich alleine aufzusetzen.«

Die Tage verschmelzen. So viele Gesichter. So viele Fragen.

»Wie geht es dir? Hast du noch Schmerzen? Willst du etwas Wasser?«

* * *

Morgen.

»Mama, Clara wird gleich bei dir bleiben, wenn du dich in den Stuhl setzt, und ich werde dann das Bett machen.«

»Bin froh, mich aufzusetzen. Mein Rücken schmerzt.«

»Mach langsam. So, ist dir schwindlig?

»Ein wenig.«

Es tut gut, wieder im Bett zu sein.

– Jeanie – sie weint am Bett. »Gut, gut, Liebchen. Ich bin auf dem Weg der Besserung. Das hat der Doktor gesagt.«

Kleine Arme umschlingen sie – herzen sie. »Oh, Mama!«

»Weiß nicht, wie ich jemals wieder laufen kann, ich muß es versuchen.«

Wieder Abend. »Mama, ich helfe dir wieder, dich in den Sessel zu setzen. Vielleicht verkrampfen sich deine Beine heute nacht nicht.«

Ihr linkes Bein verkrampfte sich einmal, aber sie stöhnte nicht – ließ nur ihre Beine ausschwingen und setzte sich auf – selbst. Frieda lächelte, als sie sich wieder zurückgelegt hatte. Eine große Leistung!

Am nächsten Tag setzte sie sich dreimal auf und ging einige Schritte, die Füße fühlten sich an, als ob sie voller Nadeln wären.

Jeden Tag etwas mehr – hinaus ins Wohnzimmer – am nächsten Tag bis zum Küchenstuhl.

Noch schwach, aber besser – sehr viel besser.

Die Tage sind jetzt lang. Die Dinge haben sich gut entwickelt! Wie kann sich das Leben so schnell ändern?

Keine Lust mehr zu liegen. Wenn sie doch nur das kleine Stück Papier dort über der Tür bewegen könnte – nur ein kleines Stückchen, bis es zu dem nächsten passen würde. In Gedanken schon tausendmal bewegt. Muß nach einem Abschluß suchen, der paßt. Ich sollte nicht immer darauf sehen, was falsch ist.

Jeanie – blaß und mit eingefallenen Augen – saß oft ruhig bei ihr und kämmte ihr Haar. »Es geht dir jeden Tag besser, Mama.«

»Ich muß versuchen, allein zu gehen. Ich muß allein gehen können, bevor ich nach Hause gehe.«

»Mama, was machst du?« schrie Ella und ließ einen Teller in den Küchenschrank fallen.

»Ich muß anfangen, alleine zu gehen.« Sie setzte sich einen Augenblick auf den Küchenhocker und sagte: »Ich denke, ich gehe jetzt zurück ins Bett.«

Ella eilte an ihre Seite. »Erinnerst du dich, wie ich immer davon geträumt habe, eine Krankenschwester zu sein?«

»Uh, huh.«

»Ich kümmere mich immer noch gern um Leute – aber ich mag es nicht, wenn sie krank sind.«

»Du bist sehr gut darin – sehr gut.«

In jener Nacht träumte sie wieder von Papa und Emmi. Es war so schön, bei ihnen zu sein. Aber es war nur ein Traum.

Einige Tage darauf war sie in der Lage, eine halbe Stunde aufrecht zu sitzen, ohne daß ihr schwindelig wurde. Sie hatte nicht mehr viele Schmerzen.

Es war Zeit nach Hause zu gehen. Würde guttun, wieder in ihrem eigenen Bett zu schlafen. Wäre schön, im Schaukelstuhl zu sitzen und Papas und Emmis Bilder zu betrachten. Sie würde noch nicht viel tun können und Helens Hilfe brauchen.

»Mama, schläfst du?«

»Nein, ich habe nachgedacht. Ich denke, wir sollten nach Hause gehen. Willst du mir helfen?«

»Oh, Mama! Ich werde Wasser und Holz tragen, und ich kann auch einiges kochen.«

»Geh, und hole Tante Ella.«

»Du bist noch so schwach«, sagte Ella«, du weißt, daß du hierbleiben kannst, solange du willst.«

»Ich weiß, aber ich möchte nach Hause zurück. Du warst so gut zu mir.« Sie konnte nichts weiter sagen.

Am nächsten Tag kam Roy und holte sie ab. Er parkte so nahe am Haus, wie er konnte und sie ging hinein, bis zu ihrem Schaukelstuhl auf seinen Arm gestützt.

Jeanie lief zum Auto zurück, um noch das Gepäck zu holen. Frieda sah auf Papas Bild und dann hinüber zu Emmis und seufzte. »Noch nicht«, flüsterte sie, »noch nicht. Ich habe hier erst noch eine Aufgabe zu erfüllen.«

Namensregister der Familie Verleger

Frieda und Albert

Kinder	Schwiegerkinder	Enkel
Albert (Bertel)	Maime	Paul, Arthur, Ruby
Fred	Helen	Kermit, Everett
Ellen (Ella)	Henry	Carl, Edward, Harvey, Harold, Myrtle, Grace, Jim
Georg	Sadie	Dorothy, Norma, Glen, Ardis, Owen, Betty, Georg Jr., Bunetta, Gardia
Leonhard	Nora	Elaine, Goldie, Shirley Emma, Joy Ann, Len Jr.
Minni	Nels	Amy, Georg, Rose, John
Eduard (Eddi)	Connie	Allison Shirley, Maybelle, Marylou, Richard, Eduard
	Peggy	Rosemary, Gordon, Frank, Kathleen, Ruth
John	Esther	Jean
Gertrude (Gerti)	Joe	Clyde, Earl, Donald (Don)
Roy	Helen	Ronald (Ronni), Marilyn

Emma (Emmi)	Ed	Jeanie
Carl	Olga	Albert
Hank (Henny)		

Jeanette Gilge
Frieda
160 Seiten, Bestell-Nr. 072342

Eine warmherzige Liebes- und Familiengeschichte um die Jahrhundertwende aus dem Pionierleben in den USA im Norden von Wisconsin. Das harte Leben in der Einsamkeit wird sehr eindrücklich beschrieben – aber auch der wachsende Glaube von Frieda – heraus aus Zweifel und Anfechtungen. Ihr Mann ist Holzfäller und kommt nur am Wochenende nach Hause. Durch die Ritzen der Blockhütte kriecht die Kälte, wenn man nicht die ganze Nacht durchheizt. Frieda hat vier kleine Kinder, der Älteste, Albert, ist erst fünf Jahre alt.
Eine eindrückliche Familiengeschichte für Alt und Jung aus einer besonderen Zeit.

Jeanette Gilge
Vergib mir, Mutter
216 Seiten, Bestell-Nr. 072346

»Vergib mir Mutter« ist eine in sich abgeschlossene Fortsetzung der Erzählung »Frieda«, die sich im Norden von Wisconsin/USA abspielt. Die Erzählung beruht auf wahren Begebenheiten.
Die älteste Tochter von Frieda, die dreizehnjährige Ellen, wünscht sich viel freie Zeit zum Träumen, zum Nachdenken über sich selbst und das ganze Leben. Ihre Mutter erwartet jedoch wieder ein Baby. Sie sieht ihre Träume zerrinnen. Deshalb betet sie, daß das Baby sterben möchte. Als es aber tatsächlich stirbt, fühlt sie sich schuldig. Ihre Mutter hilft ihr diese Last abzulegen, indem sie ihr Gottes Liebe und Vergebung klarmacht.